Kinder als Lernende

Europäische Hochschulschriften

Publications Universitaires Européennes
European University Studies

Reihe XI
Pädagogik

Série XI Series XI
Pédagogie
Education

Bd./Vol. 902

PETER LANG

Frankfurt am Main · Berlin · Bern · Bruxelles · New York · Oxford · Wien

Birgit Brandt

Kinder als Lernende

Partizipationsspielräume und -profile im Klassenzimmer

Eine mikrosoziologische Studie zur Partizipation im Klassenzimmer

PETER LANG
Europäischer Verlag der Wissenschaften

Bibliografische Information Der Deutschen Bibliothek
Die Deutsche Bibliothek verzeichnet diese Publikation in der
Deutschen Nationalbibliografie; detaillierte bibliografische
Daten sind im Internet über <http://dnb.ddb.de> abrufbar.

Zugl.: Berlin, Freie Univ., Diss., 2002

Gedruckt auf alterungsbeständigem,
säurefreiem Papier.

D 188
ISSN 0531-7398
ISBN 3-631-52101-4

© Peter Lang GmbH
Europäischer Verlag der Wissenschaften
Frankfurt am Main 2004
Alle Rechte vorbehalten.

Printed in Germany 1 2 3 4 6 7

www.peterlang.de

Diese Arbeit wurde am Fachbereich Erziehungswissenschaft und Psychologie der Freien Universität Berlin als Dissertation angenommen.

Dank

Das DFG-Projekt „Rekonstruktion von Formaten kollektiven Argumentierens im Mathematikunterricht der Grundschule", an dem ich als wissenschaftliche Mitarbeiterin tätig war, bildet die Basis dieser Arbeit. Sie wäre ohne den intensiven Austausch über theoretische und methodische Grundlagen aber vor allem auch ohne die gemeinsame Interpretation der Daten in der Arbeitsgruppe zu diesem Projekt nicht möglich gewesen. Danken möchte ich daher allen, die an dieser Arbeitsgruppe beteiligt waren und natürlich den SchülerInnen und Lehrerinnen, deren Unterrichtsalltag wir im Rahmen des Projektes mit der Videokamera begleiten durften – erst dies macht eine empirische Arbeit wie diese möglich.

Namentlich hervorgehoben sei hier zunächst mein Doktorvater Götz Krummheuer, der während seiner Tätigkeit an der Freien Universität Berlin dieses Projekt eingerichtet hat und vor allem für eine angenehme und produktive Forschungspraxis Sorge getragen hat. Für die engagierte Betreuung meiner Arbeit möchte ich ihm herzlichst danken.

Mein besonderer Dank gilt weiter meiner Kollegin Natascha Naujok, die ich nicht nur in den etablierten Arbeitsformen der Projektgruppe schätzen gelernt habe. Mit ihrer grundsätzlichen Gesprächsbereitschaft und nachdrücklichen Ermutigung war sie mir in allen Phasen meiner wissenschaftlichen Arbeit eine wertvolle Hilfe.

Danken möchte ich auch meiner Erstgutachterin Christine Keitel-Kreidt. Sie hat mir als Mitarbeiterin in ihrem Arbeitsbereich die Möglichkeit gegeben, auch nach Abschluss des DFG-Projekts wissenschaftlich zu arbeiten und mir dabei in der schwierigen Endphase mit ihrer langjährigen Erfahrung im Hochschulbereich unterstützend zur Seite gestanden.

Inhaltsverzeichnis

Einleitung

Kinder als Lernende in der Grundschule sind an der gemeinsamen Konstituierung von Unterricht wesentlich mitbeteiligt – sie gestalten durch ihre Beteiligung am Unterricht die Partizipationsstrukturen und tragen damit zur Ermöglichung von individuellen Lernprozessen bei. Das Anliegen dieser Arbeit ist, unterschiedliche individuelle Partizipationen zu rekonstruieren und unter der Perspektive der Lernermöglichung zu beschreiben. Dabei wird auf das Forschungsprojekt „Rekonstruktion von ‚Formaten kollektiven Argumentierens' im Mathematikunterricht der Grundschule"[1] zurückgegriffen. Für die Herausarbeitung der (individuellen) Mitgestaltung im Interaktionsprozess wird das dort entwickelte Theoriekonzept zu unterrichtlichen Partizipationsstrukturen durch die Betrachtung individueller Partizipationsprofile einzelner SchülerInnen ergänzt. Wie im Folgenden näher erläutert wird, soll damit den Beschränkungen der interaktionistischen Perspektive auf kollektive Lernprozesse begegnet werden, ohne jedoch diesen Theorierahmen grundsätzlich zu verlassen.

Die im Projekt eingenommene „*(symbolisch-)interaktionistische Perspektive*" (Naujok/Brandt/Krummheuer, erscheint demnächst) versteht Interaktion als eine nicht weiter reduzierbare Einheit, die unabhängig von den beteiligten Subjekten zu betrachten ist; die „*interactio*"[2] als eigenständiges System ist Mittelpunkt der Untersuchungen und Theoretisierungen. Diese Position geht auf den Symbolischen Interaktionismus zurück:

> „*Die gemeinsame Handlung hat einen spezifischen Charakter, der in der Verbindung und Verknüpfung selbst begründet ist, unabhängig von dem, was nun verbunden oder verknüpft wird. (...) Entsprechend können wir von einer Gesamtheit sprechen, die gemeinsames Handeln eingeht, ohne die individuellen Mitglieder jener Gesamtheit bestimmen zu müssen, wie wir es z.B. tun, wenn wir von einer Familie, einer Handelsgesellschaft, einer Kirche, einer Universität oder einer Nation sprechen.*" (Blumer 1973, 97)

Interaktionistisch ausgerichtete Unterrichtsforschung fasst so zumeist die Schule, Klasse oder eine bestimmte Lerngruppe als Gesamtheit[3] auf, so auch das partizi-

---

[1] Das Projekt wurde von der DFG finanziert und an der Freien Universität Berlin durchgeführt. Ich war an diesem Projekt als wissenschaftliche Mitarbeiterin von Oktober 1996 bis September 1999 tätig. Ein Abschlussbericht liegt mit Krummheuer/Brandt (2001) vor.

[2] Zur Unterscheidung zwischen „*inter*action" und „*actio*" siehe Krummheuer (1992, 13; s.a. Naujok/Brandt/Krummheuer, erscheint demnächst).

[3] Als Ausnahme wäre hier z.b. Lambrich zu nennen, der die Identität „*‚schlechter' Schüler*" mit dem Persönlichkeitskonzept der „*I-Me-Dialektik*" (Lambrich 1987, 7) ausarbeitet. Die Differenzierung in „*I*" und „*Me*" geht auf Mead (1973) zurück, der mit seinen Arbeiten wesentliche Fundamente für den Symbolischen Interaktionismus gelegt hat (vgl. Blumer 1973, 80).

pationstheoretische Modell schulischen Lernens von Krummheuer/Brandt (2001). Unter dieser Perspektive gilt die soziale Interaktion als Konstituente individueller Lernprozesse; die Spezifität der Interaktion ist eine Bedingung der Möglichkeit für individuelle Lernprozesse der beteiligten Subjekte. Die handelnden Subjekte werden lediglich über ihre Beteiligung am Interaktionsprozess erfasst, nicht jedoch die *„action"* eines einzelnen Beteiligten zum Untersuchungsgegenstand (s.a Naujok/Brandt/Krummheuer, erscheint demnächst). Damit gewinnt unter der interaktionistischen Perspektive die Rekonstruktion der interaktiv erzeugten Strukturen eine Eigenständigkeit, die – in Hinblick auf Lernprozesse – die *„handelnden Subjekte als Entwicklungs- und Lerninstanzen aus dem Blick zu verlieren"* droht (Sutter 1994, 25). Insbesondere im Zusammenhang mit Lernprozessen greift dieser Erklärungsansatz zu kurz, auch wenn damit zunächst die Defizite entwicklungstheoretischer Ansätze, die die subjektiven Konstruktionsleistungen in den Mittelpunkt stellen, überwunden werden können (vgl. Sutter/Charlton 1994, 19). In der vorliegenden Arbeit wird durch die Fokussierung auf die Partizipation nur weniger Kinder der Blick auf individuelle Deutungen gerichtet. Damit wird die dem zugrunde liegenden Theoriekonzept fehlende Individualität aufgearbeitet, der interaktionistische Rahmen jedoch nicht aufgekündigt.

Mein Forschungsinteresse richtet sich auf die aus schulischen Interaktionsprozessen zu rekonstruierenden lernproduktiven Orientierungen der SchülerInnen. Damit schließt diese Arbeit auch an die Ergebnisse von Naujok (2000) an, die in ihrer Untersuchung zu schulischen Kooperationsprozessen unter Schülern/Schülerinnen deren alltagspädagogische Vorstellungen als *„eine soziale Bedingung zur Ermöglichung ihrer eigenen Lernprozesse"* (ebenda, 30) herausgearbeitet hat. In meiner Arbeit möchte ich versuchen, die lernenden Subjekte mit ihren individuellen Orientierungen, Deutungen und Vorstellungen bezüglich der Partizipation zu beschreiben. Weiter wird die Wechselbeziehung dieser individuellen Orientierungen und der kollektiv gegründeten Lernprozesse betrachtet. Bruner (1997, 116) verweist auf David Perkins, der fordert, *„die Person als solche nicht als einen reinen und dauerhaften Kern aufzufassen, sondern als eine Summe und einen Schwarm von Partizipationen."* Die zu rekonstruierenden Partizipationsvarianten als *„Schwarm von Partizipationen"* sind somit ein Aspekt der Persönlichkeit, der als das Partizipationsprofil der einzelnen Kinder herausgearbeitet wird.

Im Gegensatz zu der Arbeit von Naujok (2000) bilden hier die asymmetrisch angelegten Interaktionsprozesse in Unterrichtsgesprächen mit der Lehrerin den Schwerpunkt.[4] Derartige Gespräche werden häufig einseitig untersucht und inter-

---

[4] „Lehrerin" verweist hier auf die zugrunde liegende Datenbasis, in der eine Lehrerin die Klasse leitet (was in der Grundschule der Regelfall ist). In Aussagen, die nicht unmittelbar die Datenbasis betreffen und für beide Geschlechter gelten sollen, wird die Endung „In" oder „Innen" verwendet, sofern dies grammatikalisch möglich ist.

pretiert, mit einem „Wirkungsschwerpunkt" oder „Intentionsvorschub" auf der Seite der LehrerInnen. Aus dem Forschungsspektrum der Mathematikdidaktik wird hier das Konzept zur Entwicklung von „sociomathematical norms" aufgegriffen (siehe gleichnamigen Aufsatz Yackel/Coob 1996). Yackel und Cobb beschreiben spezifische Vorstellungen, die den Handlungspraxen im Mathematikunterricht zugrunde liegen, als „sociomathematical norms". Diese im Interaktionsprozess auszuhandelnen Vorstellungen dienen als Grundlage dafür, Handlungsmöglichkeiten im Mathematikunterricht festzuhalten und zu differenzieren sowie deren Bewertungsmaßstäbe festzulegen. Auch wenn die LehrerInnen nicht zuletzt aufgrund institutioneller Rahmenbedingungen eine besondere Rolle einnimmt, kann mit der Fokussierung auf die Partizipation nur weniger SchülerInnen deren Mitgestaltung an den Interaktionsstruktur(ierung)en aufgezeigt werden – damit erhält auch die Ausbildung der „sociomathematical norms" eine stärker interaktive Wendung, die die Kognitionen der LehrerInnen weniger intentional hervortreten lässt (vgl. zur interaktiven Aushandlung dieser Normen auch Voigt 1995, 105f.; zur Auseinandersetzung in dieser Arbeit siehe insbesondere 5.1.3.2.3).

Meine Arbeit ist der „Interpretativen Unterrichtsforschung" (Krummheuer/ Naujok 1999, 7) zuzuordnen, also der qualitativen Sozialforschung. Dieses Forschungsparadigma zielt auf empirisch begründete Theorieentwicklung; die zu erwartenden Theoriekonstrukte erhalten durch den spezifischen Zugriff auf Realität eine gewisse Vagheit:

„Sie entwickelt also in einem an gewissen Standards ausgerichteten Analyse- und Reflexionsprozess Theorie weiter. Wiewohl aus forschungslogischen Gründen derartige Theorieausgriffe prinzipiell ein hypothetisches Moment enthalten, so sind sie in ihrer methodischen Begründbarkeit und theoretischen Vernetztheit nicht einfach nur reine Spekulation." (Krummheuer/Brandt 2001, 7)

So sind auch die von mir entworfenen Partizipationsprofile und die daraus abgeleiteten alltagspädagogischen Überlegungen „vage Konstrukte", die nicht in einem unmittelbaren Zusammenhang zu den betrachteten Kindern und deren eigenem Erleben stehen. Es kann auch nicht das Ziel sein, die innerpsychischen Zustände der fokussierten Lernenden widerzuspiegeln – hier wäre nur „reine Spekulation" möglich. Indem die Partizipationsprofile jedoch das Zusammenspiel zwischen den einzelnen beteiligten Individuen und den Struktur(ierung)en der Interaktion zu erhellen vermögen, sind sie keine „reine Spekulation", sondern erklärungsfähige Theorieelemente.

Die empirische Grundlage der Theoriekonstruktion bilden Videoaufnahmen aus einer Berliner Grundschule, die im Rahmen des DFG-Projektes „Rekonstruktion von ‚Formaten kollektiven Argumentierens' im Mathematikunterricht der Grundschule" aufgezeichnet und transkribiert wurden; ich übernehme hier auch den entsprechenden Transkriptkorpus (Brandt/Krummheuer 1999). Die theoriegeleitete Auswahl von Realitätsausschnitten zur Transkription, das Transkriptionsverfahren sowie das Zustandekommen der Theoriekonstrukte zum Partizipationsmodell durch die komparative Analyse sind ausführlich dokumentiert (Krummheuer/Brandt 2001) und werden hier nur soweit ausgeführt, wie es für ein in sich geschlossenes Textverständnis erforderlich ist (s.u., insbesondere Kap. 2 und 3). In Kapitel 3.2 werden die durch die Fokussierung auf individuelle Beteiligungsformen notwendigen Modifikationen der Analyseverfahren dargestellt und dabei die doppelte Rekonstruktivität interpretativer Ansätze (Bohnsack 1993, 34; s.a. Bohnsack 1996) verdeutlicht. Die in Krummheuer/Brandt (2001) dargelegten Theorieelemente zur Partizipationsstruktur unterrichtlicher Interaktionen, die auf die Bedingungen der Möglichkeit dialogisch konstituierter (fachlicher) Lernprozesse fokussieren, dienen mir somit als empirisch gehaltvolles Konzept. In Kapitel 4 der vorliegenden Arbeit werden auf dieser Grundlage zunächst Partizipationsspielräume in längeren Unterrichtsausschnitten rekonstruiert und in der Deutung dieser (Unterrichts-)Episoden der individuelle Beitrag der „Partizipationseinheit" (Goffman 1974, 25) fokussiert. Die so gewonnenen Partizipationsvarianten der einzelnen Kinder werden in Kapitel 5 zusammengefasst. Ergebnis dieser abschließenden Komparation sind die Partizipationsprofile, für die jeweils eine „Lernorientierung" herausgearbeiten wird.

In Krummheuer/Brandt (2001) und den entsprechenden Vorarbeiten (insbesondere Brandt/Krummheuer 1999a, 2000) wurden die individuellen Aspekte der Partizipation gerade zugunsten der Entwicklung einer formatorientierten Partizipationstheorie ausgeblendet. Somit hat sich mein Interesse aus „Auffälligkeiten" und „Merkwürdigkeiten" in der Analysearbeit im Forschungsprozess ergeben, die von dem Theoriekonstrukt nicht erfasst werden, da sie in der Anonymität der Interaktionsprozesse als Untersuchungsgegenstand entschwinden. Ziel ist es aber nicht, eine umfassende Partizipations*typisierung* darzulegen, sondern vielmehr, individuelles Mitwirken zu bestimmten Partizipationsstruktur(ierung)en zu erfassen. Die im fünften Kapitel vorgestellten Fallbeispiele stellen keine (lern-)biographischen Rekonstruktionen dar. Die Partizipationsprofile sind lediglich die Bündelung der Vielfalt von Interaktionsvariationen einer „*Partizipationseinheit*" SchülerIn und so der Versuch, unter interaktionistischer Perspektive einen Blick auf das lernende Subjekt zu erhalten. Dabei werden den fokussierten Kindern über die Partizipationsprofile jeweils Handlungsorientierungen zugeschrieben. Sie sind in Hinblick auf die Umsetzung ihrer Handlungsorientierung und der sich daraus ergebenden Gestaltung günstiger Bedingungen für die Ermöglichung von Lernprozessen in der Interaktion jedoch unterschiedlich „erfolgreich". Markowitz beschreibt Partizipation im Klassenraum im Spannungsfeld zwischen „*Teilsein*" und „*Teilnahme*" (Markowitz 1986, 9). Er rekurriert mit dem „*Teilsein*" auf eher rezeptive, interpretierende Aspekte der Interaktion, während mit dem „*Teilnehmen*" eher produktive und mitgestaltende Aspekte angesprochen werden (vgl. Krummheuer/Brandt 2001, 17f; s.a. Brandt 1997). Der „Erfolg" der partizipativen Bemühungen, die sich in den Partizipationsprofilen ausdrücken, wird in diesem Spannungsfeld zwischen „Teilsein" und „Teilnehmen" in der mitgestaltenden „Kraft" konkretisiert und dabei werden auch Parallelen der rekonstruierten alltagspädagogischen Vorstellungen zu lerntheoretischen Konzepten aufgezeigt.

1 Zur dialogischen Gestaltung individueller Lernprozesse

In diesem Kapitel stelle ich zunächst den theoretischen Rahmen meiner empirischen Arbeit vor. Die hier aufgeführten Grundbegriffe werden im Sinne einer empirisch gehaltvollen Theorieentwicklung in den folgenden Kapiteln in ihren phänomenologischen Umsetzungen konkretisiert.

In den aktuellen lerntheoretischen Diskussionen herrscht weitgehend Einigkeit, dass der Lernprozess nicht in einem Transfermodell beschrieben werden kann, in dem das Wissen vom Lehrenden durch Unterrichtsprozesse auf die Lernenden übertragen wird. Dieses Modell des Wissenstransfers bezeichnen Olson und Bruner als das alltagspädagogische Konzept *„Acquisition of Propositional Knowledge"* (Olson/Bruner 1996, 17) und unterstellen ihm eine besonders weite Verbreitung, trotz gegenläufiger Tendenzen in den lerntheoretischen Diskussionen. Es beruht auf der Annahme, dass ein fest gegründetes, in den Köpfen der Unterrichtenden und den Lehrbüchern festgehaltenes Wissen existiert, das über die Vermittlung von Fakten, Regeln und Prinzipien *(„facts, rules and principles"*, ebenda) weitergegeben werden kann. Kritik an diesem Modell wird vor allem aus zwei paradigmatischen Positionen geübt, dem Konstruktivismus und dem Interaktionismus:

• Konstruktivistische Sichtweisen sind in vielen Bereichen der Sozialwissenschaft entwickelt worden. Ausgehend von Piagets Theorie der kognitiven Entwicklung durch den Aufbau und die Weiterentwicklung kognitiver Schemata liegt hier ein lern- bzw. entwicklungstheoretischer Ansatz vor, der die konstruktive Leistung des lernenden Individuums in den Mittelpunkt stellt. Mit dem radikalen Konstruktivismus (Richards/von Glasersfeld 1980; s.a. Steffe/Kierken 1994) ist die Wahrnehmung der Wirklichkeit immer ein individuelles Konstrukt, das sich in seiner Nützlichkeit bewähren muss. Damit kann auch keine dem Wissenden schon zur Verfügung stehende „Wahrheit" existieren, die lediglich „weiterzugeben" ist. Das oben angeführte Transfermodell wird somit aus konstruktivistischer Perspektive durch die hervorgehobene Bedeutung des Individuums für die Wahrnehmung und die Lernprozesse kritisiert.

Innerhalb der konstruktivistischen Entwicklungs- und Lerntheorien gelingt es allerdings nicht, die Weiterentwicklung subjektiver Kognitionen zu klären. Zwar werden mit sozialen Spielarten des Konstruktivismus (Berger/Luckmann 1969, Vygotsky 1969, 1979) hier Auswege eröffnet, jedoch wird auch in diesen Ansätzen das Individuum mit seinen Vorstellungen und Ideen über die Eigenständigkeit der Interaktion herausgestellt (vgl. Sutter/Charlton 1994, 19). Somit ist letztendlich nicht klärbar, wie das Subjekt die Grenzen des eigenen Wissens überschreitet (ebenda, 16). Hier setzen interaktionistisch orientierte Lerntheorien an:

• In der Position des Symbolischen Interaktionismus (Blumer 1954, 1973; s.o. in der Einleitung) wird das oben angeführte Transfermodell durch die Unmöglichkeit der unmittelbaren Bedeutungsweitergabe kritisiert. Zwischen den einzelnen Subjekten ist ein „Gedankenaustausch" nur über eine symbolisch vermittelte Interaktion möglich und beinhaltet damit eine grundsätzliche Mehrdeutigkeit.[5] Der Lernprozess kann so nicht – wie im Transfermodell – über die Kognition des Lehrenden sowie dessen Intentionen induziert werden. In der sozialen Interaktion werden als gemeinsam geteilt geltende Deutungen erzeugt und so *„Bedeutungen, Strukturierungen und Geltungsnormen ausgehandelt, abgeändert und stabilisiert"* (Krummheuer 1992, 14). Damit erhält der Interaktionismus eine lerntheoretische Perspektive:

„Die generelle lerntheoretische These des Interaktionismus lautet, daß Lernen als situationsüberdauernde Bedeutungskonstruktion seinen Ursprung in der sozialen Interaktion hat." *(Krummheuer 1992, 5)*

Das Forschungsprojekt, das dieser Arbeit zugrunde liegt, folgt der interaktionistischen Perspektive und beruft sich mit Miller auf die Grundannahme der sozialen Konstitution von (individuellen) Lernprozessen:

„Für den genetischen Interaktionismus sind (...) Prozesse des kognitiven und moralischen Lernens im wesentlichen dialogische Prozesse – Prozesse, die nur als eine Koordination der mentalen Aktivitäten von mindestens zwei Individuen und, in diesem Sinne, als kollektive Prozesse möglich sind." *(Miller 1986, 17).*

Während soziale Konflikte im *„genetischen Individualismus"* (Miller 1986, 15f.) als Anstoß für grundsätzlich individuelle Prozesse gesehen werden, verlegt Miller im *„genetischen Interaktionismus"* den Lernmechanismus in den sozialen Austausch (Miller 1986, 210; vgl. Sutter 1994, 69). Für die damit grundlegend interaktive Konstitution individuellen Lernens beschreibt Miller die kollektive Argumentation als Interaktionsform, in der die individuellen Lernprozesse kollektiv organisiert werden. Auf Miller und Vorarbeiten von Krummheuer (insbesondere 1992, 1995, 1997) zurückgreifend geht die *„kollektive Argumentation"* auch in dem zugrunde liegenden Partizipationsmodell als Basisbegriff in die lerntheoretischen Überlegungen ein (Krummheuer/Brandt 2001, 18; s.u. 1.1.1).

Sutter setzt sich mit den Defizite des Konstruktivismus, aber auch des Interaktionismus für Entwicklungs- und Lernprozesse auseinander; er kritisiert die Konzentration auf jeweils eine Seite der Wechselbeziehung zwischen lernendem Subjekt und sozialer Interaktion und sucht einen Ausweg im Konzept des *„interaktionistischen Konstruktivismus"* (Sutter/Charlton 1994, 19; vgl. zur Kompatibilität interaktionistischer und konstruktivistischer Ideen auch Bauersfeld 1995, 272).

---

[5]   Auf den damit angesprochenen systemtheoretischen Aspekt dieser Position wird hier zunächst nicht weiter eingegangen. Zu einer Auseinandersetzung dazu siehe z.B. Sutter (1994, 2002) und Naujok/Brandt/Krummheuer (erscheint demnächst); innerhalb dieser Arbeit wird dieser Gedanke in Kap. 1.2 weiter ausgeführt.

Aus dem von ihm entworfenen Konzept sollen hier zwei Thesen als Leitideen für diese Arbeit aufgegriffen werden:

„• *Der Ort der sozialen Lernbedingung und der möglichen Lerngegenstände sind die Sinnstrukturen bzw. Handlungsmöglichkeiten eines zu einem bestimmten Zeitpunkt gegebenen Interaktionssystems. Hier liegt das Potential der Organisation des praktischen Handelns durch Sinnstrukturen bereit.*

• *Der Ort der Konstruktion von Selektionen und Reflexionen, d.h. der Realisierungen und kognitiven Verarbeitung von Handlungsentscheidungen, ist ein handelndes Subjekt. Es ist eine auf nichts anderes reduzierbare Selektions- und Lerninstanz.“ (Sutter 1994, 92f.)*

Der ersten These folgend wird hier das in Krummheuer/Brandt (2001) ausgearbeitete interaktionistisch orientierte Partizipationsmodell schulischer Interaktion zugrundegelegt (insbesondere Kap. 2), um das in den analysierten Unterrichtsrealitäten *„zu einem bestimmten Zeitpunkt gegebene Interaktionssystem“* als *„soziale Lernbedingung“* zur Ermöglichung von Lernprozessen zu erfassen. Durch die Fokussierung auf die einzelnen Lernenden werden diese (im Interaktionssystem) mit ihren individuellen Handlungsentscheidungen als nicht *„reduzierbare Selektions- und Lerninstanz“* betrachtet.

In diesem Kapitel wird im Anschluss zunächst das Unterrichtsgespräch als *„Ort der sozialen Lernbedingung“* näher betrachtet. Eine erste Erweiterung erhält das in Krummheuer/Brandt (2001) dargelegte Grundgerüst durch ergänzende Überlegungen zur interaktiven Strukturierung der Prozesse, für die auf Mehan (1979) verwiesen wird. Mit dem Verweis auf die kulturpsychologischen Überlegungen Bruners zur Alltagspsychologie bzw. Alltagspädagogik (Bruner 1996, 1997, Olson/Bruner 1996; s.a. Naujok 2000, 22ff.) werden die individuellen Handlungsorientierungen in den Unterrichtsgesprächen in Hinblick auf individuelle Lernorientierungen konzipiert.

1.1 Das Gespräch als Interaktionsprozess

Der interaktionistischen These individueller Lernprozesse folgend sind Gespräche im Klassenzimmer Ausgangspunkt der Untersuchung. Als Gespräche werden aufeinander bezogene Sprechhandlungen der an diesen Gesprächen Beteiligten verstanden. In diesen Gesprächen wird durch wechselseitige Interpretationen von den Beteiligten ein *„ 'als geteilt geltendes' Verständnis“* (Voigt 1994, 78) über die in den Aushandlungsprozessen thematisierten Objekte, Ideen, Normen, Regeln u.Ä. entwickelt. Es werden somit nicht Informationen mehr oder weniger erfolgreich weitergegeben, sondern es findet eine Bedeutungsgenese im Gespräch statt. Die Gedanken und Intentionen der handelnden Individuen werden *„insofern interessant, wie sie in der Interaktion thematisiert* (bzw. wahrnehmbar, B.B.) *werden und sich dabei im Gespräch gegebenenfalls weiterentwickeln“* (Krummheuer/Brandt 2001, 15). Gespräche sind interaktive Aushandlungsprozesse, an denen alle Beteiligten gleichermaßen teilhaben. Auch wenn unterrichtliche Gespräche durch eine gewisse Steuerung der Lehrerenden gekennzeichnet sind, unterliegen sie somit sowohl in struktureller als auch in inhaltlicher Hinsicht einer auf Wechselseitigkeit ausgerichteten Dynamik, die im Folgenden näher erläutert wird (s.a. 1.1.2).

In „struktureller" Hinsicht wird durch die Kohortenbildung die dyadische Beziehung zwischen Erzieher und Zögling in ein polyadisch organisiertes Beziehungsgefüge zwischen LehrerIn und SchülerInnen überführt. Die – ihrem Wesen nach ökonomisierten und egalisierenden – schulischen Interaktionsprozesse weisen nicht mehr die typische wechselseitige Aufmerksamkeit einer dyadischen Erzieher-Zögling-Beziehung (bzw. Eltern-Kind-Beziehung) auf. Damit lassen sich diese nur unzureichend mit den für dyadische Kommunikation konzipierten Begriffen des Hörers und des Sprecher erfassen, die zudem eher dem auf Informationsaustausch ausgerichteten Sender-Empfänger-Modell entsprechen. So wird für die Beschreibung der wechselseitigen Dynamik in der strukturellen Dimension ein umfangreiches Begriffsnetz herangezogen. Goffman (1981) entwirft eine analytische Unterteilung der Alltagsbegriffe „Hörer" und „Sprecher" für nicht dyadisch gestaltete Interaktion, die in Krummheuer/Brandt (2001) für schulische Interaktionsprozesse modifiziert wird. Dabei zeigt Goffman auf, dass die meisten dyadischen Interaktionen öffentlich stattfinden, d.h. auch Außenstehenden in verschiedener Weise zugänglich sind (Goffman 1981, 132). Somit wird schon für Dyaden, die in der Öffentlichkeit stattfinden, ein anderes Beschreibungsmodell notwendig. Im Unterricht kann allein aufgrund der räumlichen Nähe diese „Öffentlichkeit" und Zugänglichkeit für alle darin stattfindenden dyadischen Interaktionsprozesse nachgezeichnet werden (s. Brandt 1997a, 2001). Mit „dyadischen Interaktionsprozessen" werden im Folgenden Aushandlungsprozesse bezeichnet, in die zwei Personen unmittelbar eingebunden sind, auch wenn hier immer eine Einbettung in das Gesamtgeschehen mitzudenken ist. Alle anderen werden als „polyadische Interaktionsprozesse" bezeichnet (vgl. Krummheuer/Brandt 2001, 16). Eine detaillierte Auseinandersetzung mit den Formen des Sprechens und Formen des Hörens und deren interaktiven Zuschreibungsprozessen im Unterrichtsgespräch findet sich in Kap. 2. Dort werden über das Rezipientendesign und das Produktionsdesign Partizipationsstrukturen von (aufgabenbezogenen) Interaktionsprozessen im Grundschulunterricht aufgezeigt und insbesondere über das Rezipientendesign die strukturellen Aspekte abgehandelt.

Bezogen auf die „inhaltliche" Dimension kann der thematische Verlauf nicht allein durch die/den Lehrenden durchgesetzt werden. Der thematische Verlauf wird von der/dem Lehrenden und den Lernenden gemeinsam erzeugt und nicht durch Intentionen einzelner (z.B. die in einer Unterrichtsplanung festgehaltenen Ziele der/des Lehrenden) bestimmt. Mit dem Begriff der „thematischen Entwicklung des Unterrichtsgespräches" (Voigt 1994, 95) wird diese interaktionistische Perspektive auf das, was gemeinhin als „Unterrichtsthema" bezeichnet wird, hervorgehoben. Voigt bezeichnet als „Thema" das in Bedeutungsaushandlungen hervorgebrachte „*Beziehungsgefüge zwischen den einzelnen Bedeutungen*" (ebenda, 93). Er grenzt damit diese Verwendung des Begriffs von der häufig üblichen Verwendung als eine außerhalb der Interaktion existierende Sache oder Thema ab, die nicht mit interaktionistischen Ansätzen vereinbar ist (s.o.). In der Interaktion erhält das „*Thema*" dann über „*fachspezifische Interaktionsmuster*" eine auf Intersubjektivität ausgerichtete „*thematische Entwicklung*" (ebenda, 95). Dieses interaktionistische Verständnis liegt auch der Verwendung der Begriffe „thematische Entwicklung" oder „thematischer Verlauf" in meinen Analysen zugrunde. Über das Produktionsdesign können die individuellen Verantwortlichkeiten für diese gemeinsame thematische Entwicklung nachgezeichnet werden. Dabei werden vor allem die argumentativen Aspekte der thematischen Entwicklung herausgearbeitet.

1.1.1 Kollektive Argumentationen als lernförderlicher Interaktionsprozess

Wie oben bereits erwähnt, werden argumentativ strukturierte Interaktionsprozesse in Anlehnung an Miller (1986) als besonders lernförderlich begriffen. Die Analysen konzentrieren sich daher auf argumentative Momente im Unterrichtsgespräch.

Kollektive Argumentationen gehen über die bloße Zusammenfassung individueller Argumente hinaus, da

*   nicht ein einzelner Beteiligter alle „Begründungen" in dieser Form hätte hervorbringen können und

*   sich die hervorgebrachten, individuellen Argumente so erst in der Dynamik des Interaktionsprozesses entfalten können.

Jedoch sind die diese argumentativen Momente unterrichtlicher Interaktion nicht auf eine rationale Konsensfindung ausgerichtet; die an der Interaktion Beteiligten sind vielmehr bemüht, ihre Handlungen als überzeugend und stichhaltig darzustellen und ggf. durch die Anführung „*guter Gründe*" (Miller 1986, 27) akzeptabel erscheinen zu lassen.

Für eine Untersuchung und Beschreibung der „Rationalität" derartiger Argumentationen kann auf Toulmin (1975) zurückgegriffen werden, der eine entsprechend weite Reflexion des Argumentationsbegriffs bietet. Toulmin unterscheidet zwischen analytischen und substanziellen Argumentationen (Toulmin 1975, 111ff.). Während die analytische Argumentation deduktive Argumentationsprozesse formalisiert, ist die substanzielle Argumentation eher an rhetorischen Argumentationsprozessen orientiert. In Hinblick auf die Wissenserweiterung durch Lernen in der Grundschule, die über die oben beschriebenen kollektiven Argumentationen ermöglicht wird, kann der substanziellen Argumentation eine hervorgehobene Rolle zugewiesen werden (vgl. Krummheuer 1995, 236; s.a. Brandt/Krummheuer 1999a).

Die Mikrostruktur der untersuchten (in der Regel substanziell geformten) Argumentationsprozesse wird mit Hilfe des von Toulmin (1975, 88ff.) dargelegten Schemas herausgearbeitet, das zwar einige Widerstände gegen „reale Argumentationsabläufe" (vgl. Werner 1996, 67) aufweist, aber dennoch die argumentativen Strukturen zu erkennen erlaubt (s. Krummheuer 1995, Brandt/Krummheuer 1999a). Die von Werner formulierten Widerstände gegen „reale Argumentationsabläufe" ergeben sich vor allem durch die fehlende Sequenzialität, womit nicht immer zu klären ist, „ob und wie sich deren Rationalität in ihrem konkreten Aufbau wiederfindet" (Werner 1996, 67). Diese Sequenzialität kann über das Produktionsdesign herausgearbeitet werden, das Bestandteil des Partizipationsmodells schulichen Lernens ist (s.u. 2.2) und in der Analyse dem Toulmin-Schema nachgeschaltet wird (s.u. 3.3.3).

Toulmins Schema wird hier in verkürzter Form wiedergegeben: Die generelle Idee einer Argumentation besteht darin, dass eine aktuelle Aussage (Konklusion) auf unbezweifelte Aussagen (Daten) zurückgeführt wird. Wird eine Aussage bezweifelt, so werden zunächst meist entsprechende Daten genannt (vgl. Toulmin 1975, 88). In der folgenden Darstellung entspricht die oberste Zeile diesem Zusammenhang, den man die „Herstellung eines Schlusses" (Brandt/Krummheuer 1999a, 6) nennen kann. Dieser erste Schritt kann dann gegebenenfalls durch Garanten abgesichert werden, die die Zulässigkeit des Schlusses in diesem speziellen Fall erklären (vgl. Toulmin 1975, 90). Garanten hingegen können wiederum durch Angabe fundamentaler Überzeugungen Stützung erfahren (ebenda, 93). Eventuelle Angaben über Unsicherheiten oder Einschränkungen (modale Operatoren) geben Auskunft über die Zuverlässigkeit und Sicherheit der Argumentation (ebenda, 92f.). Wie Toulmin ausführt, wird eine unbezweifelte Aussage in einer Argumentation überhaupt erst durch einen bestimmten Garanten zum Datum. Somit benötigt eine vollständige Argumentation zumindest die Elemente Datum, Garant und Konklusion.

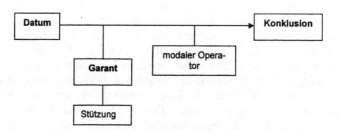

Es hat sich jedoch in zahlreichen Vorarbeiten (insbesondere Krummheuer 1995, 1997) gezeigt, dass diese Elemente in schulischer Interaktion nicht immer explizit ausgeführt werden, sondern häufig schon als gemeinsam geteilt unterstellt werden. In der Argumentationsanalyse werden die fehlenden Elemente ggf. „passend ergänzt". Diese Ergänzungen, die in den Analysenentsprechend gekennzeichnet werden, sind möglich, da erst durch den Garanten bestimmte Aussagen zu Daten werden, der Garant also in der rekonstruierten Datengenerierung impliziert ist.

Aus lerntheoretischer Sicht werden diese Argumentationen eingebunden in Interaktionsmuster, die die Beteiligten gemeinsam hervorbringen und denen sie lernbegünstigende Funktionen zuschreiben. Hier hat sich der Bruner'schen Begriff des „Formats" vielfach bewährt. Diesen Begriff hat Bruner in seinen Studien zum Mutterspracherwerb eingeführt und er wird von ihm definiert als

„... standardisiertes Interaktionsmuster zwischen einem Erwachsenen und einem Kleinkind, welches als ursprünglicher ,Mikrokosmos' feste Rollen enthält, die mit der Zeit vertauschbar werden." (Bruner 1987, 103)

Der Format-Begriff beinhaltet allgemein die Vorstellung vom Lernen als schrittweise zunehmende Handlungsautonomie im Rahmen von interaktiv stabilisierten Interaktionsstrukturen. Der Autonomiezuwachs dokumentiert sich dann in der Rollenverschiebung innerhalb dieser Strukturen. In diesem von den Beteiligten generierten Partizipationsmodell werden über schrittweise veränderte Rollenübernahmen Lernprozesse indiziert (vgl. Krummheuer/Brandt 2001, 20). Obwohl Bruner diesen Begriff generell für die soziale Konstitution von Lernen gebraucht, ist er der dyadischen, asymmetrischen Interaktion der Eltern-Kind-Beziehung verhaftet. In 2.3 erhält er mit der Beschreibung interaktionaler Verdichtungen eine empirisch begründete Konkretisierung für die unterrichtlichen Argumentationsprozesse.

1.1.2 Interaktive Strukturierung kollektiver Lernprozesse

Wie schon ausgeführt, unterliegen die Unterrichtsgespräche sowohl in struktureller als auch in inhaltlicher Hinsicht einer wechselseitigen Dynamik. Für die kollektiven Argumentationsprozesse müssen so der argumentative Gehalt und die Interaktionsstruktur interaktiv gesichert werden; d. h., es werden Strukturierungsprozesse notwendig, die die Sequenzialität in beiden Aspekten gewährleisten. Ausgehend von konversationsanalytischen Überlegungen alltäglicher Kommunikation (z.B. Sacks/ Scheggloff/ Jefferson 1974, Gofmann 1978, Sacks 1998) beschreibt Mehan für die unterrichtliche Interaktion eine dreischrittige Sequenzicrung, die beide Aspekte erfasst (Mehan 1979, zusammenfassend 52ff.): Auf die Initiation (I) der/des Lehrerin/Lehrers erfolgt zunächst ein Reply (R) durch eine/einen Schülerin/Schüler. Dieses Reply kann als Versuch gesehen werden, der durch die Initiation angedachten inhaltlichen Entwicklung nachzukommen. Während in der alltäglichen Konversation damit die Paarsequenz „Frage-Antwort" zunächst abgeschlossen wäre (vgl. „adjacency pair" Sacks 1998, 521-541; s.a. Goffman 1978), schließt sich im Unterrichtsgespräch als dritter Schritt die Evaluation (E) an, die gewöhnlich erneut durch die/den Lehrerin/Lehrer erfolgt. Mit der Evaluation gibt die/der Lehrerin/Lehrer Auskunft, ob die Antwort (Reply) der thematischen Orientierung der Initiation entspricht bzw. gegebenenfalls korrigiert werden muss. Die Evaluation lässt sich so als „Antwort" auf das durch die Initiation und das Reply erzeugte Paar (I-R) begreifen und sichert die inhaltliche Folgerichtigkeit. Insgesamt ergibt sich somit folgendes sequenzielles Grundmuster: (I-R)-E. Zu einer ähnlichen dreischrittigen Sequenzierung kommen Ehlich und Rehbein mit dem *„Aufgabe-Lösungs-Muster"* (Ehlich/Rehbein 1986, 8f.) schulischer Interaktion, wenn auch unter einer anderen Perspektive (s.a. Naujok/Brandt/Krummheuer, erscheint demnächst).

Diese Basissequenz (I-R)-E wird durch musterhafte Sprecherwechsel strukturiert. Die Organisation dieses Sprecherwechsels hat Mehan ebenfalls in Anlehnung an die Konversationsanalyse modelliert. Für das *„turn-taking-system"* alltäglicher Kommunikation (Sacks/Scheggloff/Jefferson 1974) rekonstruiert Mehan mit der *„turn-allocation machinery"* (1979, 83ff.) ein Korrelat für schulische Interaktionen. Mit den jeweiligen Strukturierungsprozeduren des *„turn-taking-systems"* bzw. der schulischen *„turn-allocation machinery"* wird die sequenzielle Abfolge der Beiträge interaktiv organisiert. Im Folgenden wird *„turn-allocation machinery"* mit „Mechanismus der Rederecht-Zuweisung" übersetzt; die stark technizistische Konnotation der *„machinery"* wird durch „Mechanismus" abgeschwächt, wobei die darin enthaltene Selbstläufigkeit der Prozeduren erhalten bleibt. Die Strukturierungsprozeduren dieses Mechanismus tragen insbesondere dem polyadischen Charakter unterrichtlicher Interaktion Rechnung.

Zunächst muss gewährleistet werden, dass trotz der Gruppengröße ein (hinreichend) stringenter Interaktionsstrang als Unterrichtsgespräch für eine gemeinsame thematische Entwicklung entstehen kann, der sich nicht durch Abspaltungen einzelner Interaktionsstränge auflöst:

"In a non-formal setting, any gathering of more the twenty would be quickly ‚shism' into a number of parallel conversation." (Sahlström 1997, 21)

Die einzelnen aus einer Abspaltung entstehenden Interaktionsstränge stehen zwar nicht gänzlich isoliert nebeneinander[6], weisen jedoch jeweils eigene thematische Entwicklungen auf. Im lehrerzentrierten Unterricht ist daher z.B. der Sprecherwechsel nicht frei aushandelbar, sondern meist hierarchisch organisiert. Damit gekoppelt ist eine gewisse Teilnahmeverpflichtung: Das Gespräch ist auch dann weiterhin zu verfolgen, wenn nicht damit gerechnet werden muss/kann, für den nächsten Redezug (und damit unmittelbar bezogen auf den gegenwärtigen Redezug) das Rederecht zu erhalten (vgl. Wood 1997, 30) – gegebenenfalls werden gegenläufige Tendenzen sanktioniert, wenn durch die Abspaltung Einzelner der gemeinsame „offizielle" Interaktionsstrang zusammenzubrechen droht bzw. aus der Sicht der/des Lehrenden nicht mehr ausreichend Aufmerksamkeit erhält (s.u. 5.1.1.1.1).

---

[6] So reagieren z.B. die meisten Menschen auf die Nennung des eigenen Namens, auch wenn sie zuvor den entsprechenden Interaktionsstrang nicht verfolgt haben.

Die Kontrolle über die Rederecht-Zuweisung kommt in den meisten Phasen der/dem Lehrenden zu; den anderen Beteiligten wird damit eine entsprechende Rezipientenrolle zugewiesen. Die Organisation des Sprecherwechsel in (lehrerzentrierten) Klassengesprächen ist meist eng mit dem Melden und Aufrufen verknüpft. Mit Mehan können das Melden und das Aufrufen in ihrem Zusammenspiel als Basisprozedur des Mechanismus der Rederecht-Zuweisung gesehen werden (Mehan 1979, 84ff.).[7] Das Melden signalisiert – eingebunden in die dreischrittige Basiseinheit (I-R)-E – die Bereitschaft zur Übernahme des Rederechtes (vgl. „bid for the floor" Mehan 1979, 91). Entsprechend kann das Melden als eine strukturelle Anpassung der „Selbstwahl" des nächsten Sprechers („allocation by self-selection"; Schegloff/ Sacks/Jefferson 1974, 12) an das polyadische Unterrichtsgeschehen gesehen werden (s.a. Füssenich 1981, Mazeland 1983). Schneider kommt aus einer stärker systemtheoretischen Perspektive zu einer sehr ähnlichen Einschätzung, in dem er das Melden und Aufrufen als eine Form der „turn-taking-Regelung" (Schneider 1997, 182) sieht, die in Veranstaltungen mit hoher Teilnehmerzahl hilft, die Beiträge sequenziell zu ordnen.

In der Verknüpfung der Basisprozeduren des Mechanismus der Rederecht-Zuweisung und der oben beschriebenen dreischrittigen Basiseinheit (I-R)-E können weitere Besonderheiten schulischer Interaktion herausgearbeitet werden. Da Melden lediglich als „potenzielle Selbstwahl" gelten kann, ist es auf der Seite der SchülerInnen als Täuschungsmanöver einsetzbar, um der Teilnahmeverpflichtung zumindest dem Anschein nach zu genügen. Auf der anderen Seite kann die/der Lehrerin/Lehrer aber auch SchülerInnen aufrufen, die zuvor nicht durch Melden ihre Bereitschaft zur Übernahme des Rederechts angekündigt haben (s.u. im Fallbeispiel 5.1.1.1.1). Bei gerade gültiger Melde- und Aufrufprozedur betont das Aufrufen bei fehlender Meldung (also fehlender „potenzieller Selbstwahl") die von Schneider herausgearbeiteten Funktionen der Basisprozeduren als „Diagnoseinstrument" und „Ordnungsvorrichtung" (Schneider 1997, 188): Das Aufrufen ohne „potenzielle Selbstwahl" kann z.B. auf die Bewertung der mündlichen Mitarbeit beziehen oder auf die Teilnahmeverpflichtung verweisen und damit eine aufmerksamere Rezeption eingefordert werden. Als weitere situative Variante (unter gültiger Meldens- und Aufrufprozedur) kann gerade auf das Melden und Aufrufen verzichtet werden: Einwürfe werden möglich, d.h. im offiziellen Interaktionsstrang berücksichtigt, wenn der Interaktionsfluss unter inhaltlichen Gesichtspunkten zusammenzubrechen droht. Um in schwierigen Situationen doch noch zu einer Lösungsfindung zu gelangen, an der die Lernenden beteiligt sind, ist die Erweiterung des Gesprächskreises bzw. die Akzeptanz unangeforderter

---

[7] Als weitere Basisprozeduren nennt Mehan die unmittelbare „individuelle Nominierung" (ohne vorgeschaltete Möglichkeit zum Melden) und die offene „Aufforderung zur Antwort", die dann auch chorisch erfolgen kann.

Schülerantworten möglich (vgl. dazu die Improvisationsstrategien bei Mehan 1979, 107f.).[8]

Für eine erfolgreiche Partizipation an unterrichtlichen Prozessen – bzw. an kollektiven Argumentationen – müssen somit Entscheidungen über „wie" und „was" getroffen werden, die sich an dem Mechanismus der Rederecht-Zuweisung und der thematischen Entwicklung orientieren. Mehan unterscheidet hier zwischen „form"und „content" (Mehan 1979, 133f.), eine erfolgreiche Beteiligung ist nur über die Integration des akademischen Wissens und der interaktionalen Fähigkeiten möglich (ebenda, 139).

- Um für ihre eigenen Äußerungen in der sequenziellen Abfolge der Beiträge einen geeigneten Moment zu finden, müssen die SchülerInnen Entscheidungen über den Zeitpunkt der Sprecherwahl treffen und die richtige Adressierung wählen. Im Klassengespräch müssen sich die SchülerInnen für eine erfolgreiche Partizipation dazu meist dem vom Lehrenden dominierten Mechanismus der Rederecht-Zuweisung anpassen, um als Sprechende im offiziellen Unterrichtsgespräch mitwirken zu können. Diese „strukturelle" Passung wird vor allem über das Rezipientendesign erfasst (s.u. 0).

- Hinsichtlich einer inhaltlichen Passung müssen die SchülerInnen in den Äußerungen anderer die Anbindung an ihr eigenes „academic knowlegde" (ebenda, 133) finden und mit ihrem eigenen Beitrag entsprechend anknüpfen, um die gemeinsame thematische Entwicklung voranzubringen bzw. ein passendes Reply zur Initiation der/des Lehrerin/Lehrers zu geben. Im Rahmen kollektiver Argumentationen wird diese inhaltliche Passung über die Entwicklung(en) der argumentativen Ideen in der Interaktion analysiert. Mit der Berücksichtigung der Originalität und Verantwortlichkeit für diese Ideen lassen sich auch die Anforderungen an die Affinität zum eigenen „akademischen Wissen" („akademic knowledge", s.o.) für einen „inhaltlich passenden Beitrag" abschätzen. Dieser inhaltliche Aspekt wird vor allem über das Produktionsdesign erfasst (s.u. 2.2).

Im Folgenden verweisen „strukturell" bzw. „inhaltlich" auf diese hier aufgezeigte Unterscheidung der partizipatorischen Anpassung einer Äußerung; entsprechend wird in dieser Arbeit „partizipatorisch" für das Zusammenspiel von „inhaltlichen und strukturellen" Momenten benutzt.[9] Insgesamt weisen die beiden Dimensionen jedoch eine enge Wechselbeziehung auf. In dem hier zugrunde

---

[8]   Ehlich und Rehbein stellen mit der „Lehrer-Assertation" (Ehlich/Rehbein, 26f.) einen Ausweg aus derart missglückten Situationen vor, in dem die/der Lehrin/Lehrer die Frage selbst beantwortet und damit auf die weitere Beteiligung der SchülerInnen an dieser Stelle verzichtet.

[9]   Auch „strukturell" umfasst „inhaltliche" Aspekte; ein klare Trennung ist aufgrund der Wechselbeziehung nicht möglich, so ist auch die hier gewählte Bezeichnung lediglich als Kompromiss zu verstehen.

liegenden Partizipationsmodell (Kap. 2) drückt sich diese Wechselbeziehung in der Verschränkung des Rezipienten- und des Produktionsdesigns aus.[10] Mehan beschreibt diese Wechselbeziehung in der interaktiven Kompetenz als „Integration" der „akademischen und sozialen Fähigkeiten", wobei er hier zwischen kommunikativen und interpretativen Aspekten unterscheidet, die für eine erfolgreiche Integrationsleistung notwendig sind: Der kommunikative Aspekt betrifft die aktuelle Produktion von „akademisch korrekten und interaktional angepassten Antworten" („academically correct and interactionally appropriate replies"; Mehan 1979, 169) in einer bestimmten Situation. Da die zugrunde liegenden Regeln aber für beide Dimensionen meist implizit bleiben, müssen diese von den Lernenden über interpretative Leistungen in den Situationen erfasst werden (vgl. ebenda, 170). Der Zuwachs an interpretativer Kompetenz in beiden Dimensionen sichert so die zunehmend eigenständigere Partizipation. Im anschließenden Abschnitt wird das Konzept der „Alltagspsychologie" bzw. „Alltagpädagogik" (Bruner 1996, 1997) vorgestellt, mit dem in dieser Arbeit die interpretativen Aspekte der strukturellen Dimension herausgearbeitet werden.

1.2 Alltagspsychologie als Deutungshintergrund

Bruners Konzept der „Alltagspsychologie" befasst sich mit ganz grundlegenden Einsichten in das „Miteinander" in Interaktionsprozessen. Er beschreibt die Alltagspsychologie als ein Interpretationssystem, mit „dem Menschen ihre Erfahrungen und Transaktionen in ihrer sozialen Welt ebenso wie ihr Wissen über diese organisieren" (ebenda, 53). Stabilität im Sinne eines kulturspezifischen Weltwissens erhält dieses Interpretationssystem über normativ orientierte Einrichtungen (z.B. die Schule) und kann damit einzelnen Kulturen zugeschrieben werden.

Die Alltagspsychologie als kognitives System ist auch in den einzelnen Individuen zu verorten. Eingebunden in die „für das gemeinschaftliche Leben erforderlichen interpersonalen Transaktionen" (ebenda, 53) wird die Alltagspsychologie gemeinsam mit dem Sprachgebrauch in sehr frühen Lernprozessen erworben.[11] Die enge Bindung des Individuums an die Kultur, der Bruner mit Rückgriff auf den Anthropologen C. Geertz eine konstitutive Rolle für das Individuum zuschreibt (ebenda, 31), gibt der Psychologie Bruners eine soziologische Orientierung, die mir in meiner Arbeit die Integration psychologischer Aspekte ermöglicht (vgl. Naujok 2000, 22).

---

[10] Erickson (1982) kommt mit der „social participation structure" (SPS) und der „academic task structure" (ATS) zu einer entsprechenden Unterscheidung. Vollmer/Krummheuer 1997 verdeutlichen die Wechselbeziehung zwischen der strukturellen und inhaltlichen Dimension in einem Kooperationsprozess zweier SchülerInnen über die ATS und die SPS.

[11] Mit der hier dargestellten Gleichzeitigkeit dieser beiden grundlegenden Lernprozesse folge ich der Interpretation von Naujok (2000, 24).

Eine Grundannahme der Alltagspsychologie besagt, dass Menschen Überzeugungen und Wünsche haben, die in ihren Handlungen wirksam werden.[12] Dabei besteht zwischen den eigenen Wünschen und den wahrgenommenen Zuständen eine enge Wechselbeziehung: Die äußere Welt bildet den Kontext für innere Zustände, die wiederum auf die Wahrnehmung der Außenwelt wirken (vgl. Bruner 1997, 56f.). In der Interaktion steht so mit der Alltagspsychologie ein Interpretationssystem zur Verfügung, das die situative Bedeutungsaushandlung für intentionale Zustände ermöglicht: Die eigenen intentionalen Zustände orientieren die Wahrnehmung der Handlungen des Gegenübers in der Interaktion und es werden Annahmen auf intentionale Zustände des Gegenübers entworfen, die dann die eigenen Handlungsentscheidungen orientieren. *„Sind die Dinge, ,wie sie sein sollten', "* (ebenda, 57), so werden die zugrunde liegenden Deutungs- und Interpretationsmuster stabilisiert. Abweichungen von den jeweiligen Erwartungen führen zu Aushandlungsprozessen über die zugrunde liegende Alltagspsychologie in der Interaktion. Da die Alltagspsychologie eher narrativ organisiert ist, also über „Geschichten" und nicht über Begriffe, werden auch Abweichungen narrativ – über das Erzählen – festgehalten bzw. begründet (ebenda, 53). Alltagspsychologie dient so in der Interaktion nicht nur als individueller Deutungshintergrund, sondern dieser individuelle Deutungshintergrund erfährt in der Interaktion Veränderungen, nicht zuletzt über derartige Narrationen.[13] Alltagspsychologie ist somit auch über ihre Veränderlichkeit definiert und so über die damit verbundenen Aushandlungsprozesse in ihrem situativen Zustand rekonstruierbar.

Die Alltagspsychologie umfasst Annahmen und Überzeugungen, die die Entwicklung und das Lernen der Heranwachsenden betreffen. Olson/Bruner (1996) beschreiben das Verhältnis zwischen Alltagspsychologie und Alltagspädagogik als die Umsetzung der Annahmen über *„minds and knowledge"* (ebenda, 23) in Konzepte für Lernen und Lehren. Grundlage alltagspädagogischer Modelle ist jeweils *„the learners' mind"* (ebenda, 16), also ein alltagspsychologisches Konzept. Olson und Bruner unterscheiden vier Modelle der Alltagspädagogik:

- *„The Acquisition of ,Know-How'"* für eher handwerkliche Lernprozesse, die durch Imitation erfolgen (ebenda, 16),

- *„The Acquisition of Propositional Knowlegde"*, das auf der Weitergabe von Wissen beruht (s.o. Kap. 1) und, so Olson und Bruner, *„the most widely adhered to line of ,folk pedagogy' in practice today"* ist (ebenda, 17),

---

[12] Der hier anklingende „Wirkungsmechanismus" der Alltagspsychologie bzw. Alltagspädagogik wird weiter unten für die vorliegende Arbeit relativiert.

[13] Eine Auseinandersetzung mit Bruners Konzept der Narrativität im Zusammenhang mit einer interaktionistisch orientierten Lerntheorie findet sich in Krummheuer (1997). Hier wird nicht weiter darauf eingegangen, gleichwohl aber in den späteren Analysen auf entsprechende narrative Formen der Interaktion verwiesen (s. insbesondere 5.1.2.2 und 5.1.2.3).

- *„The Development of Intersubjective Interchange"*, das eine starke konstruktivistische Komponente hat und auch diskursive Prozesse einbezieht (ebenda, 19),

- *„The Management of ‚Objektive' Knowledge"*, eine kulturell verankerte Sicht auf Wissen und Lernprozesse, die ebenfalls auf Diskurse rekurriert, aber historisch (kulturell) gewachsene Strukturen als Grenzen der (Re)Konstruktion stärker einbezieht (ebenda, 22).

Diese Modelle ordnen sie verschiedenen theoretischen Zugängen zu, unterscheiden sie aber vor allem hinsichtlich ihrer Praxis in Lehr-Lern-Situationen, die sie über spezifische Rollenzuschreibungen für Lernende und Lehrende beschreiben (ebenda, 24). In der über die alltagspädagogischen Vorstellungen geprägten Praxis der Erziehungsprozesse wird Alltagspädagogik ebenfalls von Anfang an mit gelernt; d.h., auch Kinder haben Vorstellungen über (ihre eigenen) Lernprozesse (ebenda, 11). In unterrichtlicher Interaktion ermöglichen diese Vorstellungen den Kindern eine Lernorientierung für ihre Handlungen. Naujok (2000) arbeitet heraus, wie diese alltagspädagogischen Vorstellungen der SchülerInnen in Schülerkooperationsprozessen „wirksam" werden und lernproduktive Interaktionen ermöglichen. Dieser Einfluss auf die Interaktion durch die Lernenden beruht u.a. auch darauf, dass entsprechende Interaktionen wahrgenommen werden, die Neues und Unbekanntes aufweisen. Dieses Neue und Unbekannte bezieht sich dabei nicht nur auf entsprechende Potenziale zur thematischen Weiterentwicklung im Sinne fachlichen Lernens, sondern auch auf die Weiterentwicklung der interaktiven Kompetenz (vgl. Oswald/Krappmann 1988, insbesondere 95f.). Zum anderen werden durch die Beteiligten in diesen Interaktionen gemeinsam Interaktionsformen hervorgebracht, die die Beteiligten für „lernbegünstigend" erachten (s.a. Brandt 2000) und so gehen hier auch die Vorstellungen des Lernenden in die Emergenz der Interaktionsform ein. Die den Handlungen zugrunde liegende individuelle Alltagspädagogik kann somit einerseits über entsprechende Thematisierungen in der Interaktion rekonstruiert werden. Andererseits zeigen sich die spezifischen Handlungsorientierungen auch in den „typischen" Anpassungen an Interaktionssituationen, die immer gewisse Handlungsspielräume eröffnen (vgl. Naujok 2000, 30). In dieser Arbeit wird vor allem der zweite Zugang umgesetzt.

Für diese Arbeit wird das Konzept der Alltagspädagogik hinsichtlich des anklingenden „Wirkungsmechanismus" relativiert: Alltagspädagogik kann nicht unmittelbar in der Interaktion wirksam werden – unmittelbar in der Interaktion kann sie nur als Lerngegenstand thematisiert werden. Das Konzept der Alltagspädagogik (und entsprechend der Alltagspsychologie) dient in der vorliegenden Arbeit als Deutungshintergrund für die Interpretationsleistung, die den Handlungen eines jeden Beteiligten in der Situation vorausgehen muss. Systemtheoretisch (z.B. Luhmann 1984, 1991) betrachtet ist die Alltagspädagogik als kognitives Interpretationssystem im psychischen System zu verorten. Psychische Systeme sind *„zustandsdeterminierte Systeme. Das heißt: sie setzen ihre eigenen Operationen im*

Ausgang von dem Zustand fort, in dem sie sich jeweils befinden" (Luhmann 1991, 25). Damit grenzt Luhmann psychische Systeme von der *„Trivialmaschine"* ab, *„die nach Maßgabe einer Transformationsfunktion Inputs in Outputs umsetzt und dies (ohne ihren jeweiligen Zustand damit zu beeinflussen) auf immer gleiche Weise"* (ebenda, 38). Die gegenwärtige individuelle Alltagspädagogik wird hier als Teil des inneren Zustandes der beteiligten psychischen Systeme aufgefasst, bestimmt somit den jeweiligen Output, ist aber zugleich auch als „historisches Wissen" von Moment zu Moment veränderbar (vgl. Luhmann 1991, 30f.). Als kognitive Ausstattung des psychischen Systems hilft sie diesem, die Sinnangebote der Interaktion als soziales System, an dem es beteiligt ist, zu deuten, d.h. die zur Verfügung gestellte Komplexität der Interaktion zu interpretieren und situativ individuelle Handlungsentscheidungen zu treffen. Die daraus resultierenden Handlungen gehen als Sinnangebote in das soziale System ein. Wie diese Angebote dann von den anderen Beteiligten gedeutet und im sozialen System der Interaktion verarbeitet werden, ist nicht unter der Kontrolle des einzelnen psychischen Systems und somit auch nicht abhängig von der individuellen Alltagspädagogik; allerdings kann diese auf dem Hintergrund der „Wirkung" eigener Handlungen im sozialen System modifiziert werden.

Die damit vorgenommene Trennung in das soziale und in das psychische System wird in Bruners Ansatz nicht in dieser Deutlichkeit formuliert (vgl. etwa Sutter 2002, 93). Dennoch lassen sich in der doppelten Bedeutung der Alltagspädagogik als individuelles und kulturelles Interpretationssystem Anknüpfungspunkte für die Wechselbeziehung zwischen den beteiligten Systemen erkennen. In der Systemtheorie wird neben der Geschlossenheit der Systeme auch die notwendige Offenheit der Systeme für die gegenseitige Wahrnehmung und Anpassung zu fassen versucht. Diese wechselseitigen Beziehungen zwischen Systemen werden als *„strukturelle Kopplungen"* beschrieben (Sutter 2002, 88; s.a. Luhmann 1991, 21). Im Zusammenhang mit der interaktiven Verarbeitung medialer Angebote arbeitet Sutter ein Netzwerk verschiedener struktureller Kopplungsbeziehungen aus (Sutter 2002 88f.). Für die hier betrachteten schulischen Aneignungsprozesse wäre in Anlehnung an seine Darstellung eine strukturelle Kopplung zwischen „Psychischen Systemen" und „Kommunikativer Verarbeitung" (schulischer Lernangebote) zu betrachten:

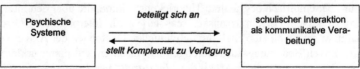

(vgl. Sutter 2002, 89). Das Konzept der Alltagspädagogik ist dabei als individuelles Interpretationssystem in den einzelnen psychischen Systemen zu verorten; auf der anderen Seite ist es als kulturelles Interpretationssystem aber auch Lerngegenstand der kommunikativen Verarbeitung (vgl. a. Sutter 1994) und wird durch das lernende Subjekt in der Auseinandersetzung mit dem sozialen System als sozial-kognitive Fähigkeit erworben. Die rekonstruierten Partizipationsprofile sind somit spezifische Ausformungen dieser strukturellen Koppelung. Sie lassen sich als die Realisierungen der individuellen interaktiven Kompetenz in spezifischen Situationen beschreiben, die auf der jeweils individuellen Alltagspädagogik als Deutungshintergrund beruhen.

1.3 Methodischer Zugang zu Struktur(ierung)en und Deutungsprozessen

In dieser Arbeit werden über die Wechselbeziehung zwischen den individuellen Partizipationsprofilen und den Struktur(ierung)en des unterrichtlichen Interaktionsflusses Kinder als Lernende im Klassenzimmer beschrieben. Die individuelle Partizipation orientiert sich dabei an den alltagspädagogischen Vorstellungen der Kinder, die die Grundlage ihrer interpretativen Bemühungen zur Anpassung der eigenen Handlungen an das Interaktionsgeschehen bilden. Somit zielt die Theoriebildung *„auf die Sinnerschließung sozialer Phänomene"* (Wagner 1999, 89) und bezieht sich dabei auf die Interpretationsakte der Beobachteten und deren dazu aktivierten Alltagsvorstellungen zu den betreffenden Situationen. Für die Rekonstruktion der auf alltagspädagogischen Vorstellungen beruhenden Handlungsorientierungen soll hier nochmals betont werden, dass nicht die Rekonstruktion *„gewußter singulärer Perspektiven"* (Reichertz 1997, 101) das Ziel ist. Es geht, ebenfalls im Anschluss an Reichertz,

*„bei der Rekonstruktion des Handelns um die Sichtbarmachung der (als Wissen abgelagerten) strukturellen, vorgegebenen Handlungsprobleme und -möglichkeiten, die bei der Herausbildung der ‚egologischen Perspektive' dem Protagonisten **mit guten Gründen zugeschrieben werden können.**" (ebenda, 101; Hervorhebung im Original)*

Partizipation an der sozialen Interaktion im Unterricht gehört zu den Gegenstandsbereichen mit sich permanent verändernden Situationsdefinitionen, und zwar sowohl aus entwicklungs- und lernpsychologischer Sicht als auch auf dem Hintergrund zunehmender kultureller Vielfalt (Brandt/Krummheuer 2000, 196). Somit sind hier Vorstellungen und Erklärungen für soziales Handeln nicht mit a-priori formulierten hypothetiko-deduktiven Modellen fassbar (Kelle 1994), sondern nur über empirisch begründete Theoriekonstruktion, die über den interpretativ-rekonstruktiven Forschungsansatz realisiert wird. Interpretative Forschung setzt an bzw. setzt sich zum Ziel, die individuellen Deutungen der Akteure sowie die interaktiven Bedeutungsaushandlungen zu verstehen und damit erklärbar zu machen. Daher ist auch diese Arbeit der *„Interpretativen Unterrichtsforschung"* (Krummheuer/Naujok 1999, 7) und damit dem Spektrum der interpretativ-rekonstruktiven Sozialforschung zuzuordnen.

Methodologisch geht dieser Forschungsansatz auf Arbeiten der Grounded Theorie von Glaser/Strauss (1967) und Strauss/Corbin (1990) zurück (s.a. Bohnsack

1993, Kelle 1994). Die Interaktionsabläufe werden nicht mit Hilfe vorher festgelegter Kategorien erfasst und analysiert, sondern sowohl die Analysemethoden als auch die für die theoretische Konzeptionalisierung heranzuziehenden Begriffe werden im Forschungsprozess (weiter)entwickelt. Bohnsack beschreibt dieses in zweifacher Weise rekonstruktive Verfahren als das praxeologische Methodenverständnis empirisch-interpretativer Sozialforschung, das in dieser Arbeit wie folgt realisiert wird (zu beiden Punkten auch Bohnsack 1993, 8):

• Zunächst werden die Interaktionsprozesse unter den Beteiligten rekonstruiert, und zwar interaktions-, argumentations- und partizipationstheoretisch.

• Die bei diesem Vorgehen eingesetzten Analyseschritte sind für das DFG-Projekt „Rekonstruktion von Formaten kollektiven Argumentierens im Mathematikunterricht der Grundschule" entwickelt worden und kommen hier modifiziert zum Einsatz (siehe Krummheuer/Brandt 2001, insbesondere 77ff.). Die Modifikation in der vorliegenden Arbeit besteht in der Zusammenstellung der Analyseschritte, vor allem aber in der Neuordnung der analysierten Realitätsauschnitte und der Komparation über die „Partizipationseinheit" (Goffman 1974, 25) SchülerIn.

Die Interaktions- Argumentations- und Rezeptionsanalyse sowie die Modifikationen der Komparation werden in Kapitel 3 näher erläutert.

Strauss/Corbin (1990) heben die Bedeutung der Komparation von Analysen beobachteter Realitätsausschnitte auf nahezu allen Analyseebenen hervor: von der ersten deutenden Annäherung an die einzelnen Ausschnitte bis zur späteren theoretischen Durchdringung des analysierten Datenkorpus (vgl. Bohnsack 1993, 136). Diese sich durchziehende Komparation wird hier durch den Wechsel in den Unterrichtsfächern der analysierten Episoden im Klassenunterricht gewährleistet und in Hinblick auf ein möglichst breites Spektrum bezüglich der Partizipationsformen durch einzelne ergänzende Szenen (teilweise aus der Tischarbeit) für die fokussierten Kinder weiter ausgebaut (s. Kap. 5.1).

1.3.1 Zur Theoriekonstruktion durch Abduktion

Forschungslogisch werden die empirisch begründeten Theoriekonstruktionen über das Modell der Abduktion gewonnen, das von Peirce (1978) und Hanson (1958) ausgearbeitet worden ist. Abduktives Schließen ermöglicht die Konstruktion neuer Theorieelemente (vgl. Naujok 2000, 34ff.), d. h., es werden ausgehend von überraschenden, mit den zur Verfügung stehenden Theorien nicht zu erklärenden Phänomenen hypothetisch Regeln formuliert, die diese Phänomen als „Fälle" erklären (vgl. Naujok 2000, 36):

"The surprising fact, C, is observed;

But if A were true, C would be a matter of course,

Hence, there is reason to suspect that A is true." (Peirce 1978, 5.189).

Die Abduktion ist *„im Vergleich zur Induktion und Deduktion (...) ein relativ schwacher Schluss"* (Krummheuer/Brandt 2001, 80) der leicht zu Fehlschlüssen führen kann. Diese scheinbare „Schwäche" der Abduktion beruht darauf, dass sich logisch gesehen zu einem überraschenden Phänomen C immer eine Vielzahl von alternativen Regeln A konstruieren lassen, so dass C ein Fall von ihnen ist. Es existiert kein Algorithmus, der einen sicheren Schluss auf eine bestimmte Regel A ermöglicht. Reichertz bezeichnet die Abduktion als *„äußerst waghalsig"* (Reichertz 1997, 104), allerdings als die einzige Möglichkeit, einen neuen Typus zu generieren, und hebt sie so in ihrer Bedeutung auch gegenüber der qualitativen Induktion ab, bei der die Regelformulierung über die Verallgemeinerung von gesicherten Erkenntnissen aus einem Einzelfall erfolgt. So werden bei der qualitativen Induktion keine „neuen" Erkenntnisse gewonnen, sondern Theorie und Emperie schlüssig in Verbindung gebracht (vgl. Naujok 2000, 34).

Die oben schon angeführte komparative Analyse kann als eine Heuristik gesehen werden, die eine empirisch begründete und theoretisch kontrollierte Auswahl zwischen alternativen Hypothesen ermöglicht (für eine ausführliche Auseinandersetzung im Zusammenhang mit dem Forschungskontext s. Brandt/Krummheuer 2000). Der Vergleich von Interpretationen verschiedener Episoden orientiert den theoretischen Ausgriff der Abduktion, da Defizite der verwendeten Ausgangstheorien verdeutlicht werden und bestimmte Theoriekonstrukte ausgeschlossen werden können, wenn sie nicht zu den Interpretationen aller herangezogenen Realitätsausschnitte passen. Somit impliziert die Komparation letztendlich eine „induktive" Überprüfung der durch Abduktion gewonnenen Regeln; allerdings lässt sich hier im Forschungsprozess die Hypothesengenerierung und -überprüfung nicht voneinander abgrenzen (vgl. Krummheuer/Brandt 2001, 82; Kelle 1994, 367).

1.3.2 Zur Lokalität und Repräsentanz der konstruierten Begriffe

Interpretative Unterrichtsforschung erhebt nicht den Anspruch, allgemein gültige und universelle Theoriekonstruktion zu betreiben. Vielmehr ist die komparative Analyse eine *„lokale Methodologie der Entdeckungen"* (Kelle 1994, 361), deren Produkte als Elemente einer kontextbezogenen (lokalen) Theorie beschrieben werden können (Krummheuer 1997, 103; vgl. Naujok 2000, 32). Zunächst sind die Bemühungen darauf gerichtet, den ausgewählten Realitätsausschnitt in seiner Spezifität zu erfassen und die einzigartigen Bedingungen des Falles theoretisch möglichst erschöpfend zu beschreiben (vgl. Strauss/Corbin 1990, 191). Durch eine geeignete – theoretisch kontrollierte – Auswahl der zu vergleichenden Ausschnitte kann die Spezifität der jeweiligen Fälle in Relation zueinander bestimmt werden (vgl. Bohnsack 1993, 135ff.). Entscheidend ist hierbei die Auswahl der zu vergleichenden Wirklichkeitsausschnitte, die als *„theoretical sampling"* (Glaser/Strauss 1967, 35) den Forschungsprozess entscheidend mitbestimmt (für die Umsetzung in dieser Arbeit s. 3.2).

Auf den Anspruch der Universalität des Theoriebegriffs wird damit verzichtet, allerdings weisen die Aussagen durchaus über den Einzelfall hinaus. Die Frage der Generalisierbarkeit der theoretischen Begriffe wird in der rekonstruktiven Sozialforschung unter *„conceptual representativeness"* (Strauss/Corbin 1990, 190) diskutiert. Während in der quantitativen Sozialforschung die Repräsentativität auf der Ebene der Stichprobenauswahl angestrebt wird, geht es in der qualitativen Forschung um den *„Nachweis von **Repräsentanz** der entwickelten ‚theoretischen Begriffe' in den Interpretationen der ausgewählten Wirklichkeitsausschnitte"* (Krummheuer/Brandt 2001, 81f., Hervorhebungen im Original; vgl. Beck/Jungwirth 1999, 242; Naujok 2000, 37), d.h., die ausgewählten Wirklichkeitsausschnitte müssen mit Hilfe der entwickelten Begriffe verstehbar werden. Ein relativ globaler Geltungsanspruch lässt sich für empirisch begründete Theorien geltend machen, wenn sie für sehr unterschiedliche Realitätsausschnitte anwendbar sind; dies kann durch eine möglichst kontrastreiche Auswahl der zur Begründung der Begriffe herangezogenen Situationen erreicht werden (vgl. Strauss/Corbin 1990, 190f.).

Letztendlich entscheiden jedoch die LeserInnen durch die Anwendung der theoretischen Begriffe auf ihre Fragen und Interessen über die Reichweite der empirisch begründeten lokalen Theorie – der von Naujok für ihre Arbeit aufgestellte Anspruch gilt somit auch für die hier vorliegende Arbeit:

„Die theoretischen Formulierungen, zu denen man in der Interpretativen Unterrichtsforschung kommt, können vielleicht auch für andere Umstände sinnvoll sein; es wäre aber unangemessen, diesen Anspruch mit einer Arbeit wie der vorliegenden zu erheben. Eine Einschätzung der Geltung über den untersuchten Bereich hinaus muss denjenigen überlassen bleiben, die in anderen Bereichen arbeiten." (Naujok 2000, 33).

31

2 Das Partizipationsmodell schulischer Interaktion

Das von Brandt und Krummheuer entwickelte Partizipationsmodell, das dieser Arbeit zugrunde liegt, dient zur Beschreibung argumentativer unterrichtlicher Interaktionsprozesse (s. Brandt/Krummheuer 1999a und Krummheuer Brandt 2001) und greift auf konversationsanalytische Arbeiten von Goffman (1974, 1981; vgl a. Levinson 1988, Sahlström 1997) zurück. Mit diesem Partizipationsmodell wird der polyadische Charakter unterrichtlicher Interaktionsprozesse hervorgehoben, der mit den Begriffen „Hörer" und "Sprecher" nur unzureichend wiedergegeben werden kann (Krummheuer Brandt 2001, 16f.). Die Alltagsbegriffe „Hörer" und „Sprecher" werden für unterrichtliche Interaktionen über das Rezipienten- bzw. Produzentendesign modelliert; über das gesamte Partizipationsdesign wird auch die interaktive Hervorbringung der situativen Partizipationsstruktur fassbar (vgl. Krummheuer/Brandt 2001, 17f.):

- Mit dem Rezipientendesign werden Ausdifferenzierungen hinsichtlich der Hörerschaft und die Beziehung verschiedener Interaktionsstränge im Klassenzimmer zueinander ausgearbeitet (s.a. Brandt 1998a, 1999, 2001).

- Das Produktionsdesign erfasst die unterschiedlichen Formen der Verantwortung und der Originalität sprachlicher Äußerungen (s.a. Brandt 1997a, 1997b, 1998b, 2000a, 2002).

Die entsprechenden Begrifflichkeiten für das Rezipienten- und das Produktionsdesign werden zunächst getrennt dargestellt und anschließend in ihrem Zusammenspiel in unterrichtlicher Interaktion als Bedingung für die Ermöglichung von kollektiven Lernprozessen ausgearbeitet.

2.1 Das Rezipientendesign

Das Geschehen im Klassenraum teilt sich in viele gleichzeitig stattfindende Handlungszusammenhänge auf, und für jede/jeden einzelne/einzelnen Schülerin/Schüler eröffnet sich ein umfangreiches Repertoire zum rezeptiven „Teilsein" (Markowitz 1986, 9; s.o. 1.2) im Unterrichtsgeschehen. Dies beschreibt Goffman in seinem Aufsatz „Footing" (1981) allgemein für Kommunikationsprozesse:

> "The point of all this, of course, is that an utterance does not carve up the world beyond the speaker into precisely two parts, recipients and non–recipients, but rather opens up an array of structurally differentiated possibilities, establishing the participation framework in which the speaker will be guiding his delivery." (ebenda, 137).

Auf der Grundlage des von Goffman (1981) konzipierten „participation framework" haben wir im Projekt den Alltagsbegriff „Hörer" in abgestufte Rezipientenstatus unterteilt. Mit dem Rezipientendesign werden sowohl die Gestaltung der Zuhörerschaft einer einzelnen Äußerung als auch das Verhältnis der an der polyadischen Interaktion Beteiligten zu eventuell gleichzeitig stattfindenden Interaktionsprozessen erfasst.[14] Hier wird insbesondere der erste Punkt ausgeführt.

Zunächst lässt sich eine *direkte Beteiligung*, die eine engere Verbundenheit zu dem Gesagten beschreibt, von einer *nicht direkten Beteiligung* unterscheiden. Diese beiden Kategorien lassen sich jedoch jeweils noch weiter unterteilen. Innerhalb der direkten Beteiligung kann die Sprechende durch Namensnennung, Personalpronomen oder über den Inhalt einen Beitrag an ausgewählte *GesprächspartnerInnen* adressieren. Diesen kommt z.b. ein besonderes Recht zur nachfolgenden Turn-Zuweisung zu, sie sind aber auch zu erhöhter Aufmerksamkeit verpflichtet. Hingegen werden die *ZuhörerInnen* zwar in der Äußerung mitbedacht, jedoch nicht direkt adressiert. Für die direkte Beteiligung wird so zwischen den Status der GesprächspartnerIn und ZuhörerIn unterschieden. Im Klassengespräch lässt sich diese Differenzierung z.B. in der engeren Beziehung zwischen der Lehrerin und der/dem gerade aufgerufenen Schüler/Schülerin finden, der Rest der Klasse ist häufig als Zuhörerschaft konzipiert.

Personen im Rahmen der Erreichbarkeit einer Äußerung, die nicht zu den direkt Beteiligten zählen, machen die nicht direkt Beteiligten dieser Äußerung aus. Während der Tischarbeitsphasen ist diese Unterscheidung offensichtlich, da hier viele Gespräche parallel stattfinden und somit die einzelnen Äußerungen dieser Gespräche jeweils nur einen kleineren Kreis direkt betreffen. Für Unterrichtsphasen im lehrergelenkten Klassenunterricht sind hier beispielsweise die Gespräche zwischen Nachbarn zu nennen, die den Rest der Klasse nicht direkt betreffen. Aber auch Äußerungen im offiziellen Interaktionsstrang schließen hinsichtlich der Anpassung der Äußerung an das Vorwissen einige Beteiligte von vornherein aus. Die nicht direkt Beteiligten lassen sich in *MithörerInnen* und *LauscherInnen* unterscheiden; beispielsweise sind für das „Vorsagen" im Klassengespräch die meisten Beteiligten als LauscherInnen konzipiert (s.u. 4.1.1.4 und 4.1.2). Entscheidend ist hier jeweils die Perspektive der Sprechenden und nicht die Intention oder Aufmerksamkeit der Rezipientinnen/Rezipienten. Während das „Mithören" von den direkt Beteiligten geduldet wird, werden die LauscherInnen durch Körperhaltung oder Stimmlage in der Rezeption behindert. Inwieweit diese Rezipientinnen/Rezipienten tatsächlich das Gesagte „hören" oder sich der Äußerung interessiert zuwenden, ist im Video meist nicht erkennbar und für die Zuweisung der Status auch nicht entscheidend (s.a. Sahlström 1997; vgl. für die Abb. Krummheuer/Brandt 2001, 54).

---

[14]   Für eine ausführliche Diskussion sowie einen Einblick in die forschreitende Theoretisierung siehe Brandt (1997a, 1998, 2001), Brandt/Krummheuer (1998) sowie Krummheuer/Brandt (2001).

Anwesende im Umkreis der (akustischen) Erreichbarkeit			
direkte Beteiligung		nicht direkte Beteiligung	
GesprächspartnerIn	ZuhörerIn	MithörerIn	LauscherIn
(adressiert)	(mit angesprochen)	(geduldet)	(ausgeschlossen)

Der Rezipientenstatus bezieht sich zunächst unmittelbar auf eine Äußerung. Die Stabilität in der Zuordnung der Rezipientenstatus über eine Äußerungsfolge (ggf. in wechselseitiger Verkettung der Status) gibt somit auch Auskunft über die Stabilität des Interaktionsstranges (Brandt 2001, 2002a). So lässt sich die oben beschriebene dreischrittige Sequenz I-R-E für den lehrerzentrierten Unterricht als eine entsprechende Verkettung der Gesprächspartnerschaft zwischen der/dem Lehrerin/Lehrer und der/dem eingebundenen Schülerin/Schüler begreifen. Während der Tischarbeit kann eine solche wechselseitige Verkettung als Gesprächspartnerschaft in Kooperationsprozessen beschrieben werden. Die sich damit ergebenden Bedingungen zur Ermöglichung von Lernprozessen werden in 2.3 näher erläutert.

2.2 Das Produktionsdesign

Im Zusammenhang mit der Argumentationsanalyse ergibt sich die Frage nach der Verantwortlichkeit der Sprechenden für ihre Beiträge zur Konstituierung einer Argumentation. Hier lässt sich zwischen der Authentizität bzw. Originalität der einzelnen Sprechbeiträge und deren Ursprüngen bzw. Initiationen unterscheiden. Auch in dieser Hinsicht sind die Arbeiten von Goffman (1977, 1981) originär. Er spricht vom *„production format"* einer Äußerung und verdeutlicht dies z.B. wie folgt:

„Plainly, reciting *a fully memorized text or* reading aloud *from a prepared script allows us to animate words we had no hand in formulating, and to express opinions, beliefs, and sentiments we do not hold."* (Goffman 1981, 145)

Levinson greift das von Goffman über die Funktionen des Sprechenden aufgestellte Kategoriensystem auf, geht jedoch in seinem Ansatz auf analytische Komponenten einer Äußerung über (Levinson 1988, 171f.). Krummheuer/Brandt (2001) nutzen diese Zuwendung der Analyse auf (fokussierte) Äußerungen und zerlegen eine einzelne Äußerung in drei Komponenten, und zwar in

„1. eine akustische Realisierung (Lautsprecherfunktion),

2. *ein syntaktisches Gebilde mit einer bestimmten Wortwahl und Form (Formulierungsfunktion) und*

3. *einen inhaltsbezogenen (semantischen) Beitrag zur Bedeutungsaushandlung (Inhaltsfunktion)."* (ebenda, 42)

Im Rahmen einer kollektiven Argumentation wird der Inhalt eines Beitrages (3. Funktion) als dessen explanative Idee gefasst, die mit Hilfe der Kategorien der funktionalen Argumentationsanalyse (Toulmin 1975, s.o. 1.1.1) herausgearbeitet wird. Eine Äußerung wird somit dahingehend betrachtet, ob mit ihr Daten generiert werden, eine Konklusion ausgeführt wird oder ob sie die Argumentation in der Herstellung der Schlussmöglichkeit begründet. Insbesondere komplexere Äußerungen können dabei verschiedene argumentative Funktionen übernehmen, aber auch einzelne Wortbeiträge können z.B. sowohl als Datum als auch als Konklusion dienen.

Alle Aspekte eines Gesprächszuges, also die Lautsprecherfunktion (1), die Formulierungsfunktion (2) und die Inhaltsfunktion (3), müssen durch einen oder mehrere Beteiligte ausgefüllt werden. Den an der Interaktion Beteiligten kann je nach Einschätzung der interaktiven Hervorbringung die Verantwortlichkeit für ein, zwei oder alle dieser Aspekte zugeschrieben werden. Sprechende Personen sind zumindest für die „Lautsprecherfunktion" der Äußerung zuständig. Falls ein Sprechender nicht alle Aspekte ausfüllt, muss es nicht sprechende Beteiligte geben, denen die fehlenden Aspekte zugewiesen werden können. In Abhängigkeit von der Verantwortung für die Funktionen einer Äußerung lassen sich für die Beteiligten folgende Funktionen beschreiben:[15]

Sprechende				Verantwortlichkeit bei Nicht-Sprechenden		
	1. Erscheinung	2. Formulierung	3. Inhalt		2. Formulierung	3. Inhalt
KreatorIn	+	+	+	–		
ParaphrasiererIn	+	+	-	InitiatorIn	-	+
TraduziererIn	+	-	+	FormulatorIn	+	-
ImitiererIn	+	-	-	InventorIn	+	+

Für geteilte Verantwortlichkeiten ergeben sich damit folgende Paare: ParaphrasiererIn – InitiatorIn, TraduziererIn – FormulatorIn und ImitiererIn – InventorIn. Weiter ist im Anschluss an eine zweiteilige Verantwortung das Tripel ImitiererIn – InitiatorIn – FormulatorIn möglich.

2.3 Partizipationsstrukturen unterrichtlicher Interaktion

Mit dem Begriffsnetz des Rezipienten- und Produktionsdesigns lassen sich nun Partizipationsstrukturen im Klassenzimmer beschreiben und hinsichtlich ihrer interaktiven Bedingungen der Möglichkeit des fachlichen Lernens in unterrichtlichen Diskursformen unterscheiden.

---

[15] Die Darstellung erfolgt in Anlehnung an Levinson (1988). Für eine genauere Erklärung der gewählten Begriffe siehe Krummheuer/Brandt (2001, 46f.); vgl. zur Entwicklung der Begrifflichkeiten Brandt 1997, 1997a, 1998a, 1999, 2000a, 2002.

In der von uns im Projekt „Argumentationsformate" entwickelten Konzeption wird Unterricht zunächst als ein durch die Handlungen der Beteiligten konstituierter, in der Regel relativ gleichförmig strukturierter, polyadischer Interaktionsfluss beschrieben, „*in dessen Verlauf sich mannigfaltige Gelegenheiten zu interaktionalen Verdichtungen auftun*" (Krummheuer/Brandt 2001, 56; Hervorhebung im Original). Diese situativ emergierenden strukturellen Veränderungen sind gewöhnlich nur von kurzer Dauer und lösen sich mehr oder weniger schnell wieder im interaktionalen Gleichfluss auf. Erst in interaktionalen Verdichtungen werden entsprechende Optimierungsbedingungen zur Ermöglichung fachlichen Lernens gesehen, die die Beteiligten in der Situation hervorbringen (und so auch als deren Bemühen zur Optimierung gesehen werden können). Im Folgenden wird das Bedingungsgefüge einer interaktionalen Verdichtung angeführt:

1. Fokussierung auf ein fachliches Thema,

2. Emergenz einer argumentativen und musterhaften Interaktionsstruktur,

3. Durchführung kollektiver Argumentationen, die eine gewisse Tiefe aufweisen, d.h. für die Garanten und/oder Stützungen genannt werden,

4. Hervorbringung eines Produktionsdesigns mit verstärktem Auftreten von Paraphrase und Traduktion zu Gesprächszügen anderer Beteiligter und

5. Umstrukturierungen des Rezipientendesigns mit deutlicher Unterscheidung zwischen den Status der GesprächspartnerInnen und der ZuhörerInnen.[16]

Die hier gewählte Reihenfolge der Punkte weicht von der in Krummheuer/Brandt (2001, 56) aufgeführten ab. Hier wird zunächst im ersten Punkt mit der Fokussierung auf ein fachliches Thema eine grundlegende Interaktionsvoraussetzung für institutionalisierte, kollektive Lernprozesse angesprochen. Dies ist wohl häufig auch für den interaktionalen Gleichfluss gegeben, allerdings nicht zwingend notwendig. Die beiden nächsten Punkte beziehen sich insbesondere auf die Vorarbeiten zu argumentativen Interaktionsmustern (insbesondere Krummheuer 1992, 1995); im 4. und 5. Punkt werden schließlich die entsprechenden Erweiterungen durch Produktions- bzw. Rezipientendesign aufgegriffen.

Der interaktionale Gleichfluss zeichnet sich entsprechend gerade durch geringe Anforderungen in Hinblick auf den inhaltsbezogenen Beitrag der Äußerungen aus, die ggf. auch imitierend eingebracht werden können. Argumentative Auseinandersetzungen verbleiben bestenfalls auf der Oberfläche und beschränken sich auf den Austausch von Daten und Konklusionen. Mit Blick auf die Unterrichtsorganisationen „lehrergelenktes Unterrichtsgespräch" und „Tischarbeit" ergeben sich folgende Partizipationsstrukturen:

---

[16] Für die Abhängigkeit der einzelnen Punkte untereinander siehe Krummheuer/Brandt (2001, 56f.).

	lehrergelenktes Unterrichtsgespräch	Tischarbeit
interaktionaler *Gleichfluss*	Klassengespräch	parallele Bearbeitung
interaktionale *Verdichtung*	Podiumsdiskussion	stabile kollektive Bearbeitungssequenzen

In gewisser Weise besteht ein Inklusionsverhältnis zwischen den Strukturen des interaktionalen Gleichflusses und der interaktionalen Verdichtung: Die entsprechenden Verdichtungen emergieren aus dem jeweiligen Gleichfluss und fallen letztendlich durch eine entsprechende Umstrukturierung wieder in den Gleichfluss zurück:

Klassengespräch	parallele Bearbeitung
Podiumsdiskussion	stabile kollektive Bearbeitungsprozesse

Eingebettet in die parallele Bearbeitung kann die Einzelarbeit als individuelle Auseinandersetzung mit einer (fachlichen) Aufgabe gesehen werden; Äußerungen während der Einzelarbeit können als „Selbstgespräch" ohne GesprächspartnerIn konzipiert werden; die übrigen Beteiligten sind also bestenfalls ZuhörerInnen.

Die interaktionalen Verdichtungen werden im Folgenden hinsichtlich ihrer Bedingungen zur Lernermöglichung beschrieben. Insgesamt ist nur in der Verknüpfung der oben genannten Punkte die Emergenz einer interaktionalen Verdichtung auszumachen. Dabei können die interaktionalen Verdichtungen in Bezug auf das Produktionsdesign gemeinsam betrachtet werden, während sie im Rezipientendesign Differenzen aufweisen und daher einzeln für das Klassengespräch und die Tischarbeit betrachtet werden.

2.3.1 Produktionsdesign in interaktionalen Verdichtungen

Im Bedingungsgefüge für interaktionale Verdichtungen werden unter Punkt vier die Anforderungen an das Produktionsdesign genannt, nämlich die

- Hervorbringung von Produktionsdesigns mit verstärktem Auftreten von Paraphrase und Traduktion zu Gesprächszügen anderer Beteiligter.

Zunächst zeichnen sich diese Sprechendenstatus mit „mittlerer Eigenständigkeit" dadurch aus, dass sie an das bisherige Interaktionsgeschehen anknüpfen und dabei einerseits Elemente übernehmen und somit erst eine kollektive thematische Entwicklung ermöglichen, andererseits aber auch Neues einbringen und damit diese thematische Entwicklung vertiefen und ergänzen. Diese Balance zwischen dem „Ineinanderfließen" der thematischen Entwicklung und der Verpflichtung zur „Neuheit" lässt sich auch in der alltäglichen Konversation rekonstruieren und sichert dort die Bereitschaft zur Akzeptanz von Beiträgen und somit den Fortgang der Konversation (vgl. z.B. Keppler 1995, 68).

Weiter werden diese mittleren Sprechendenstatus im lerntheoretischen Konzept der Argumentationsformate als besonders lernförderlich eingeschätzt. Im Paraphrasiererstatus wird, eingebunden in die Realisation eines Argumentationsmusters, die argumentative Idee aufgegriffen und auf den speziellen Fall hin formuliert. Die eigenständige Anwendung in späteren Situationen wird sozusagen kontrolliert und ggf. mit kompetenter Unterstützung geprobt. Der Traduziererstatus ist bei Lernenden (in den videografierten Klassen) relativ selten zu beobachten. Er lässt sich zumeist in asymmetrischen Interaktionsprozessen auf der Seite der Helfenden bzw. Belehrenden rekonstruieren. Dabei werden die Beiträge der Lernenden durch die kompetenteren InteraktionspartnerIn durch Traduktion in ein Argumentationsmuster eingebunden. Auf der Seite der Lernenden entspricht dieser Sprechendenstatus einer Auseinandersetzung mit der angebotenen Argumentation im Rahmen der eigenen Vorstellungen. Hier könnten dann Anzeichen eines in der Interaktion aufkommenden kognitiven Konflikts gesehen werden, der argumentativ umgesetzt wird. Insofern wäre dieser Sprechendenstatus aus lerntheoretischer Sicht ebenfalls positiv zu werten – allerdings weist er aus dem Konzept der Partizipation an Argumentationsformaten hinaus (s.u. 5.1.1.3).

Dem Imitiererstatus wird keine hohe Bedeutung hinsichtlich der Ermöglichung fachlichen Lernens zugeschrieben. Dieser ist meist in Interaktionsmustern eingebunden, an denen *„zumindest eine kompetente Person teilnehmen (muss), die das so zum ‚Lernenden' definierte autonom beherrscht"* (Krummheuer/Brandt 2001, 60). Das *„Trichter-Muster"* (Bauersfeld 1978, 162) im Mathematikunterricht lässt sich als ein Interaktionsmuster verstehen, das durch Antwortverengung die Beiträge der Lernenden auf dem Imitiererstatus in ein Argumentationsmuster einbindet (s. Brandt 1997, 1997a; 2002a). Auch das *„Vorsagen"* als Handlung im Kooperationstyp *„Helfen"* (Naujok 2000, 177f.) versetzt die Lernenden in den Imitiererstatus. Hier können neben einem missglückten Erklärungsversuch Handlungsorientierungen der Helfenden gefunden werden, die der Lernförderlichkeit entgegenstehen (ebenda, 180; s.a.. auch Goos/Galbraith/Renshaw 1986). Die/der Lernende erlangt in der Regel nicht die nötige Autonomie, das Bearbeitungsmuster in anderen Situationen eigenständig anzuwenden.

Als lernbegünstigend wird auch der Kreatorstatus für Lernen durch tätig-produktive Partizipation ausgenommen, da bei diesem Status der Lernprozess nicht mehr auf der Stufe des subjektiv neuen Wissens zu lokalisieren ist. Dies heißt nicht, dass der Kreatorstatus grundsätzlich nicht mit dem Erwerb subjektiv neuen Wissens verbunden werden kann; allerdings sind diese originären Leistungen dann nicht in ein Argumentationsformat eingebunden, sondern beruhen gerade darauf, dass die „formatierte" Argumentation verlassen wird (vgl. Krumm-heuer/Brandt 2001, 59; s.u. 5.1.3.1.1).[17]

In asymmetrischen Interaktionen, in der die Beteiligten unterschiedliche Kompetenzen bezüglich der thematischen Entwicklung aufweisen, kann die/der „Lehrende" durch Paraphrase und vor allem durch Traduktion Beiträge der Lernenden aufgreifen, um so neue Ideen einzubringen und neue Horizonte zu eröffnen. Die Möglichkeit der/des Lehrenden, neue Deutungsperspektiven anzubieten, wird unter sozial-konstruktivistischer Perspektive von Vygotski begrifflich als *„die Zone der nächsten Entwicklung"* (Vygotski 1979, 84ff.; vgl. Vygotsky 1969, 237) gefasst und kann so nur durch asymmetrische Interaktion realisiert werden. Mit dem Traduziererstatus, der dabei der/dem Lehrenden zuzuweisen ist, wird hier aber auch die Gefahr des Missverstehens deutlich. Das Aufgreifen der Wortwahl in Verbindung mit Ideen, die schon am Gewöhnlichen oder Fachlichen orientiert sind, kann zu vorschnellen Einigungsprozessen führen, die keine optimierte Bedingung zur Ermöglichung (fachlichen) Lernens darstellen. Für das lehrergelenkte Unterrichtsgespräch lassen sich hier die interaktiv verschleierten Rahmungsdifferenzen (Krummheuer 1992, 69f.), die die unterschiedlichen Deutungsebenen in der Interaktion übergehen, durch Traduktion erklären. So werden in asymmetrischen Interaktionen auf der Seite der/des „Lehrenden" bzw. „Helfenden" neben aufgabenbezogenen Kompetenzen interaktive Kompetenzen notwendig, die einerseits das Abfallen in den Imitiererstatus vermeiden, andererseits aber die Ideen der/des Lernenden nicht vorschnell in den gewohnten Rahmen überführen (s.a. Brandt 2000a).

2.3.2 Rezipientendesign im lehrergelenkten Unterrichtsgespräch

Im lehrergelenkten Unterrichtsgespräch wird durch den Mechanismus der Rederecht-Zuweisung (*„turn-allocation machinery"*; Mehan 1979, s.o. 1.1.2) ein Interaktionsstrang mit offiziellem Anspruch ausgezeichnet, für den das Rezipientendesign modifiziert werden muss. Dieser Interaktionsstrang wird im Folgenden als „offiziell" bezeichnet, um so von der üblichen Unterscheidung zwischen „Haupt- und Nebengesprächen" (s. z.B. Baurmann/Cherubim/ Rehbock 1981) abzuheben. Dieser Interaktionsstrang kann nicht allein über die thematische Fokussierung der Äußerungen beschrieben werden, da parallele Interaktionsstränge durchaus das „Unterrichtsthema" fokussieren und auch auf die thematische Entwicklung im offiziellen Unterrichtsgespräch Auswirkungen haben können.

Für diesen offiziellen Interaktionsstrang ist der Rezipientenstatus der Lauscher in der Regel auszuschließen.[18] Als GesprächspartnerIn der/des gerade sprechenden

---

[17]   Hier zeigt sich die Beschränkung der erarbeiteten Konzeption vornehmlich auf Lernprozesse, in dem es um den erstmaligen Aufbau subjektiv neuen Wissens geht, während Lernen durch Üben, Anwenden und Wiederholen dagegen nur eine geringere Rolle spielt (s. Krummheuer/Brandt 2001, 55).

Schülerin/Schülers ist die/der Lehrerin/Lehrer und eventuell ein Kreis entsprechend ausgezeichneter MitschülerInnen zu sehen. Wie schon in 2.2 ausgeführt, ist in diesem Interaktionsstrang der Mithörerstatus durchaus denkbar, gerade auch, um den Gleichfluss zu sichern. Allerdings lässt sich im Klassengespräch hinsichtlich des Aufmerksamkeitsgrades bezogen auf eine einzelne Äußerung nicht zwischen dem Zuhörer- bzw. Mithörerstatus unterscheiden. Dieser Rezipientenstatus der unbestimmbaren, oszillierenden oder ggf. äußerst niedrigen Aufmerksamkeit wird mit „Bystander" bezeichnet.[19] So ergibt sich für das Klassengespräch als interaktionaler Gleichfluss des lehrergelenkten Unterrichtsgespräches folgende Modifikation des Rezipientendesigns (vgl. Abb. in Krummheuer/Brandt, 62):

direkte Beteiligung	nicht direkte Beteiligung
GesprächspartnerIn	„Bystander"
adressiert	mit angesprochen / geduldet

In der Podiumsdiskussion werden an den inhaltsbezogenen Beitrag einer Äußerung höhere Anforderungen gestellt. Damit können die potenziellen nächsten Sprechenden nicht mehr problemlos aus dem Bystanderstatus rekrutiert werden. Die vorhergehende Auseinandersetzung muss als aufmerksame/aufmerksamer ZuhörerIn verfolgt werden. Dies wird im Bedingungsfeld für interaktionale Verdichtungen mit der

• Umstrukturierung des Rezipientendesigns mit deutlicher Unterscheidung zwischen dem Status der GesprächspartnerInnen und der ZuhörerInnen

festgehalten und führt zu folgender Modifikation des Rezipientendesigns für den lehrergelenkten Unterricht (vgl. Abb. in Krummheuer/Brandt 2001, 63). Die „Initiierung einer Podiumsdiskussion" (Krummheuer/Brandt 2001, 66) beruht in der Regel auf einer Ad-hoc-Entscheidung der/des Lehrerin/Lehrers, die/der Beiträge im Rahmen des Klassengespräches aufgreift und den Beteiligten ggf. als Traduktion zur Auseinandersetzung anbietet. In einer Podiumsdiskussion wird der dem interaktionalen Gleichfluss zuzuschreibende Dreischritt I-R-E (Mehan 1979) durch die ausführlichere Auseinandersetzung mit einer eingebrachten Idee häufig durchbrochen. Die gerade gültige Basisprozedur wird meist ersetzt und es kommen Improvisationsstrategien bezüglich der Rederecht-Zuweisung (s.o. 1.1.2) zum Einsatz.

---

[18] Hier lassen sich lediglich einige wenige Situationen konstruieren, etwa das flüsternde Sammeln von Lösungsvorschlägen, um möglichst Vielen die Gelegenheit zur eigenständigen Lösungsnennung zu geben.

[19] Goffman beschreibt mit dem Begriff „bystander" die zufällige Anwesenheit einiger Beteiligten (Goffman 1981, 132); mit „Bystander" wird diese Zufälligkeit im Klassengespräch, das zur Teilnahme verpflichtet, auf die Aufmerksamkeit übertragen (s. Krummheuer/Brandt 2001, 62).

direkte Beteiligung		nicht direkte Beteiligung
GesprächspartnerIn	aufmerksame ZuhörerIn	„Bystander"
adressiert	mit angesprochen	mit angesprochen / geduldet[20]

Mit der Initiierung der Podiumsdiskussion wird insbesondere auch die Bedingung der Ermöglichung rezeptiven Lernens verbessert. Dies erfolgt einerseits durch den Anspruch an Aufmerksamkeit, der zur potenziell tätig-produktiven Beteiligung erforderlich wird und so in der Regel auch den Anteil der aufmerksamen SchülerInnen erhöht. Andererseits werden durch die explizite Ausführung der tiefer liegenden argumentativen Elemente den aufmerksamen Zuhörerinnen/Zuhörern mehr Anschlussmöglichkeiten für individuelle Verarbeitungsprozesse angeboten. So kann die Rezeption auch eine spätere eigenständige Anwendung des Bearbeitungs- bzw. Argumentationsmusters vorbereiten.

2.3.3 Rezipientendesign während der Tischarbeit

Die Tischarbeit zeichnet sich gerade dadurch aus, dass mehrere Interaktionsstränge gleichzeitig und gleichberechtigt stattfinden; somit bleibt hier die gesamte Breite der Rezipientenstatus für alle Interaktionsstränge zunächst denkbar. Inwieweit sie realisiert werden, ist jedoch von den situativen Aushandlungen der Beteiligten abhängig. Die einzelnen Beteiligten sind in den verschiedenen Interaktionssträngen, in deren akustischer Erreichbarkeit sie sich befinden, jeweils unterschiedlich eingebunden. Für zunächst nicht direkt beteiligte Rezipienten sind die „erreichbaren" Interaktionsstränge dabei nicht gleichermaßen zugänglich; hier lassen sich je nach Intensität und thematischer Entfaltung Differenzierungen finden. Gegenüber Mitschülerinnen/Mitschülern können so z.B. auch Hilfesequenzen, die in wechselseitiger Gesprächspartnerschaft als Interaktionsstrang dyadisch strukturiert sind, unzugänglich werden (s. dazu Brandt 2001). LehrerInnen haben allerdings ein besonderes Informationsrecht und so auch eine gesondertes Recht, sich als GesprächspartnerInnen in stabile Bearbeitungsprozesse einzubringen. Über die gleichzeitige Beteiligung einiger SchülerInnen an verschiedenen Interaktionssträngen lassen sich diese in ihrer Relation zueinander beschreiben und Interaktionsverflechtungen rekonstruieren (s.a. Brandt 1998a, 2001 Brandt/Krummheuer/Naujok 2001). Diese können zum Informations- oder Materialaustausch dienen, Gesprächsthemen transportieren oder modifizieren, aber auch zur Normenkontrolle fungieren (vgl. Brandt 2001, 168).

---

[20] Es ist wohl denkbar, als MithörerIn das Gespräch aufmerksam zu verfolgen und entsprechend einen passenden Beitrag zu leisten. Wir konnten den Wiedereinstieg aus dem Mithörerstatus nicht beobachten.

Die Interaktionsstränge weisen während der Tischarbeit sehr unterschiedliche thematische Aushandlungen auf; in Bezug auf dialogische Lernprozesse interessieren hier vor allem fachliche Auseinandersetzungen bezogen auf einen schulischen Arbeitsauftrag, die entsprechend als Bearbeitungsprozesse während der Tischarbeit gefasst werden (vgl. *„aufgabenbezogene Schülerinteraktion"* Naujok 2000, 9). Hier lässt sich zunächst als interaktionaler Gleichfluss die parallele Bearbeitung von Aufträgen festhalten, wobei diese Arbeitsaufträge im Rahmen von Wochenplanarbeit durchaus sehr unterschiedlich sein können. Diese parallele Bearbeitung kann kurze Bitten, Wünsche oder Wortwechsel an Tischnachbarn umfassen, ohne dass dabei eine entsprechende Verdichtung der Interaktion emergiert. Somit lassen sich hier auch kaum Grenzen zwischen direkter und nicht direkter Beteiligung über längere Sequenzen ausmachen. Diese Bearbeitungsprozesse können dabei durchaus lernermöglichend sein, allerdings nicht im Sinne des hier zugrunde gelegten dialogischen Lernens, sondern in der individuellen Auseinandersetzung mit dem Arbeitsauftrag[21] und den eventuell in Kurz-Kontakten erhaltenen Informationen (vgl. entsprechende Bemerkungen zum Kooperationstyp *„Nebeneinanderher-Arbeiten"* bei Naujok 2000, 175).

Dialogisches Lernen in Verbindung mit kollektiver Argumentation wird erst durch die Emergenz von interaktionalen Verdichtungen möglich. Aufgrund der geforderten Bedingungen

- Durchführung kollektiver Argumentationen, die eine gewisse Tiefe aufweisen, d.h. für die Garanten und/oder Stützungen genannt werden, und

- Umstrukturierungen des Rezipientendesigns mit deutlicher Unterscheidung zwischen den Status der GesprächspartnerInnen und der Zuhörer-Innen

muss sich hier für einen gewissen Zeitraum eine wechselseitige Gesprächspartnerschaft entwickeln, die als stabile kollektive Bearbeitungssequenz die interaktionale Verdichtung der Tischarbeit ausmacht. Eine quantitative Angabe über die Länge eines solchen Austausches ist nicht möglich; oft ist er sehr kurz. Allerdings ist als quantitative (und zugleich auch qualitative) Mindestanforderung festzuhalten, dass ein erster initiierender Gesprächsbeitrag wohl zumindest in einer Reaktion und einer Verarbeitung dieser Reaktion *gemeinsam* abgearbeitet werden muss. Durch die damit einhergehende Vertiefung eines gemeinsam fokussierten Arbeitsauftrages ist es nicht mehr so einfach, sich als Außenstehender in den Argumentationsprozess einzubringen. Dies lässt die Grenzen zwischen der direkten Beteiligung potenzieller GesprächspartnerInnen und den nicht direkt beteiligten zufällig Anwesenden wieder deutlicher hervortreten. Somit können innerhalb dieser stabilen kollektiven Bearbeitungssequenzen auch Aussagen über

---

[21] Über den „Auftrag" sind in das eventuell vorliegende Arbeitsblatt vorhergehende Gespräche eingebunden. Die in diesen Gesprächen aufgeführten Hinweise auf zu benutzende Bearbeitungsmuster dienen als Deutungshintergrund für die situativen individuellen Bearbeitungen.

eventuelle Kompetenzunterschiede hinsichtlich der zu bearbeitenden Aufgabe getroffen werden; Naujok unterscheidet hier die Kooperationshandlungen „*Helfen*" (asymmetrisch) und „*Kollaborieren*" (symmetrisch) (Naujok 2000, 179f.), die diesen Partizipationsstrukturen zugeordnet werden können. Die mögliche Lernförderlichkeit für die Beteiligten einer stabilen Bearbeitungssequenz ist über die jeweils zu rekonstruierenden Sprechendenstatus fassbar (s.o. 2.3.1), wobei in asymmetrischen Interaktionen insbesondere der Sprechendenstatus des Hilfe empfangenden Kindes zu beachten ist.

Auf der Grundlage dieses Partizipationsmodells werden in Kapitel 4 die in den Episoden hergestellten Bedingungen zur Ermöglichung von kollektiven Lernprozessen herausgearbeitet. Das „Analysewerkzeug" für diese Rekonstruktion wird im nächsten Kapitel vorgestellt – dabei gehen die hier zum Partizipationsmodell ausgeführten Begrifflichkeiten der Rezeption und Produktion in die Analysemethoden mit ein.

3 Die Analyseverfahren

Im Folgenden wird die Praxis der hier durchgeführten interpretativ-rekonstruktiven Arbeit vorgestellt. Nach Reichertz sollen Deutungsverfahren *„abduktive Blitze"* (Reichertz 1997, 111) ermöglichen, die in eine auf Abduktion beruhende, empirisch begründete Theorieentwicklung münden; entsprechend wurden für diese Arbeit Modifikationen und Umstellungen der in Krummheuer/Brandt (2001) durchgeführten Analysepraxis notwendig, um über neue *„abduktive Blitze"* zu ergänzenden theoretischen Einsichten zu gelangen. Die vorgenommenen Modifikationen lassen sich im Sinne der von Bohnsack dargelegten doppelten Rekonstruktivität als (Re)Konstruktion der Analysemethoden verstehen (vgl. Bohnsack 1993, 34; s.o. 1.3) und ergeben sich in der Suche nach neuen Zugriffsmöglichkeiten auf die Datenbasis. Die Art der Modifikation im Forschungsprozess bestimmen dann die Richtung der neuen Einsichten. In dieser Arbeit wurde insbesondere durch eine Umgruppierung der Komparationseinheiten eine neue Schwerpunktsetzung der theoretischen Ergebnisse erzielt, die auf individuelle Partizipationsaspekte fokussiert: Durch die Erweiterung der in Krummheuer/Brandt (2001) dargestellten Komparationsmöglichkeiten um die *„Partizipationseinheit"* (Goffman 1974, 25) SchülerIn werden die individuellen Aspekte der Partizipationsstrukturen in unterrichtlicher Interaktion hervorgehoben (s.u. 3.4).

Folgende Analyseschritte sind dabei im Einzelnen durchzuführen (vgl. Krummheuer/Brandt 2001, 83):

- Transkription

- Auswahl zur detaillierten Analyse

- Einzelanalyse

- komparative Analyse

Dieser Prozess ist allerdings nicht so linear zu verstehen, wie diese Aufzählung suggerieren mag. Vielmehr beginnt der erste Durchgang mit der Auswahl zur Transkription, allerdings werden spätere Auswahlprozesse durch die schon erzielten Ergebnisse orientiert (Naujok 2000, 42). Auch erfolgen spätere Einzelanalysen in Hinblick auf die Komparation, wobei jedoch sichergestellt werden muss, dass jeder gewählte Unterrichtsausschnitt in seiner Besonderheit unabhängig von schon analysierten Episoden/Szenen erfasst wird. Weiter ist die Komparation ein Analyseprinzip, das schon auf der Ebene der Einzelanalyse Anwendung findet, und zwar in dieser Arbeit

- sowohl als Vergleich der Partizipation verschiedener SchülerInnen innerhalb einer Szene,

- als auch als Vergleich der Partizipation fokussierter SchülerInnen in verschiedenen Szenen.

Die abschließende Komparation (Kap. 5) versucht dann die Partizipation eines Einzelnen in den verschiedenen Szenen mit den rekonstruierten Partizipationsmöglichkeiten zu verbinden und so zu einer theoretisch fundierten Beschreibung der interaktiven Herstellung von Partizipationsstrukturen durch individuelle Partizipationsprofile zu gelangen. Weiter werden dabei die individuellen Handlungsorientierungen in ihren Bedingungen zur Ermöglichung von Lernprozessen betrachtet.

3.1 Datenerhebung und Transkription

Datengrundlage sind Videoaufnahmen aus zwei verschiedenen Berliner Grundschulklassen, die in zwei Phasen videografiert wurden. In der ersten Phase (April/Mai 1996) beobachteten wir eine erste Klasse, in der zweiten Phase (April/Mai 1997) eine die Jahrgänge 1 bis 3 übergreifende. Grundsätzlich waren wir an dem üblichen Unterrichtsalltag dieser Klassen interessiert und haben uns daher bemüht, das Geschehen möglichst wenig zu beeinflussen. Den Lehrerinnen wurden keinerlei Vorgaben für ihren Unterricht gegeben; dennoch ist der Unterricht natürlich von unserer Aufnahme beeinflusst. Die Videoaufnahmen stellen auch in der Entscheidung über die Kameraführung einen ersten Interpretationsschritt dar.

Aus dem umfangreichen Videomaterial wurden Realitätausschnitte zur Transkription ausgewählt. Die erstellten Transkripte bilden die Grundlage der weiteren Analysen (vgl. Lapadat/Lindsay 1999, 68f.). Dabei werden die sprachlichen Äußerungen der Beteiligten in Dialogform notiert und zudem Angaben zur Intonation (Stimmhebungen bzw. -senkungen, Pausen etc.) angeführt.[22] Entsprechende Verfahren sind in der Linguistik und Mikrosoziologie entwickelt worden, wobei sich, trotz anfänglicher Versuche (z.B. Ehlich/Rehbein 1976), kein Standard ausbilden konnte: Die Transkriptionsgenauigkeit ist dem Forschungsinteresse unterzuordnen und nicht Selbstzweck (vgl. Edwards 1997, 4; Deppermann 1999, 46f.). Die hier verwendeten Transkripte verzichten daher weitgehend auf die schwer lesbare Partiturschreibweise sowie auf die Verwendung phonetischer Zeichen. Abweichungen von der normalen Aussprache werden so gut wie möglich mit Hilfe der üblichen Rechtschreibregeln wiedergegeben. Die Videos werden im Rekonstruktionsprozess lediglich herangezogen, um eventuell nochmals gezielt zunächst unverständliche Passagen abzuhören und ggf. zu ergänzen; die Interpretation findet dann aber wieder an den Transkripten statt, d.h., Mimik und Körperhaltung werden nur begrenzt berücksichtigt. Dabei sollte in diesen Passagen auf eine möglichst wertfreie, beschreibende Sprache geachtet werden, um den subjektiven Wahrnehmungsgehalt des Transkribierenden möglichst gering zu halten und das Transkript für Interpretationen offen zu lassen (Naujok 2000, 42).[23]

---

[22] Siehe dazu die Transkriptionszeichen im Anhang.

[23] Z.B. ist *schaut auf das Heft von* in dieser Hinsicht günstiger als *guckt ab bei*.

45

Die Transkription dient also einerseits zur Reduktion der auf den Videoaufzeichnungen festgehaltenen Informationen auf die theoretisch interessierenden Bestandteile. Andererseits wird durch die verschriftlichte Wiedergabe auch eine Form statischer Beständigkeit des Geschehens erreicht, die sich deutlich von der dynamischen Präsentation einer Videowiedergabe unterscheidet. Schon mit der Transkription erfolgt eine erste Rekonstruktion der durch die Beteiligten interpretierten Wirklichkeit, die auf dem Alltagsverständnis der Transkribierenden beruht; sie erheben auch nicht den Anspruch einer „objektiven" Wiedergabe von Unterrichtsrealität (ausführlicher in Krummheuer/Brandt 2001, 87ff.; s.a. Naujok 2000, Nolda 2000, Deppermann 1999 und Lapadat/Lindsay 1999).

3.2 Zur Auswahl der Unterrichtsausschnitte

Im Rahmen des gesamten Projektes (Krummheuer/Brandt 2001) wurde in zwei Aufnahmephasen der Unterricht von zwei Klassen in Berliner Brennpunktbezirken aufgezeichnet (d.h.: im Einzugsgebiet der Schulen wohnen vor allem sozial schwach gestellte Familien, der Anteil an ausländischen Kinder ist relativ hoch). Jeweils vierzehn Tage lang wurden nahezu sämtliche Unterrichtsstunden mit zwei bis drei Kameras dokumentiert. Hier in dieser Arbeit werden nur Unterrichtssituationen aus einer beobachteten Klasse herangezogen. Für die ausgewählte Lerngruppe können so unterschiedliche Partizipationsvarianten der fokussierten Kinder in spezifischen Partizipationsspielräumen dieser Klasse herausgearbeitet werden. Die Aufzeichnungen der ersten Phase decken ein breiteres Unterrichtsspektrum ab, da für die zweite Phase im Projekt bewusst eine Lerngruppe mit fast ausschließlich „Tischarbeit" ausgewählt wurde (Krummheuer/Brandt 2001, 83). Grundlage für diese Arbeit sind daher die Unterrichtsaufzeichnungen der ersten Aufnahmephase. Ein Tischplan dieser Klasse ist eingefügt (siehe Anhang). Dort sind auch die Plätze der fokussierten Kinder angegeben, allerdings durften die Kinder sich häufiger umsetzen, so dass diese Sitzordnung nicht immer gegeben ist.

Bei der Lerngruppe handelt es sich um eine erste Klasse, in der die Wochenplanarbeit ein wesentliches Element der Unterrichtsgestaltung ist. Zum Unterrichtsalltag dieser Lerngruppe gehören folgende Grundformen der Arbeitszusammenhänge:

- (lehrerzentrierte) Unterrichtsgespräche im Klassenverband,

- (stärker) lehrergesteuerte Tischarbeit mit einer gemeinsamen thematischen Aufgabenstellung für alle Kinder und

- durch die Bearbeitung der Wochenpläne geprägte, eher selbstbestimmte Tischarbeit, in der die Kinder thematisch unterschiedliche Aufgaben zum selben Zeitpunkt lösen.

(vgl. Naujok 2000, 47). Zum Aufnahmezeitpunkt war die Lerngruppe mitten im ersten Schuljahr und hatte schon ein gutes halbes Jahr gemeinsame Schulerfahrung gesammelt. Somit konnte sich in dieser Zeit schon ein „Klassenklima" mit typischen Partizipationsstrukturen bilden und auch die einzelnen Kinder konnten darin ihre eigene „Partizipationsnische" ein Stück weit entwickeln, die hier als ihr Partizipationsprofil herausgearbeitet wird.

Aus dieser Lerngruppe müssen weiter Kinder ausgewählt werden, deren Partizipation genauer analysiert werden soll und kann. Für die zur Fokussierung ausgewählten Kinder werden in einem nächsten Schritt verschiedene Episoden bzw. Szenen in Hinblick auf ihre Partizipationsmöglichkeiten zusammengestellt. Das gesamte Auswahlverfahren basiert auf Analysen im Projekt und nutzt die dort erzielten theoretischen Einblicke aus. Die in dieser Arbeit näher in ihrem Partizipationsverhalten analysierten Kinder wurden aufgrund der Verschiedenartigkeit ihrer Partizipation ausgewählt, die durch zahlreiche Analysen im Projekt offenkundig wurden. Somit waren nicht vorab gesetzte Kriterien (etwa Geschlecht, sozialer Status oder Herkunft der Eltern) Auswahlkriterium, sondern die zur Komparation notwendigen Kontraste in der Partizipation. Zudem müssen von den entsprechenden Kindern ausreichend Äußerungen in den Transkripten auftreten, die für die Analysemethoden zugänglich sind, somit also vor allem Äußerungen, die in eine aufgabenbezogene thematische Entwicklung einbezogen sind. Betrachtet werden (in alphabethischer Reihenfolge):

- *Efrem*, ein Junge türkischer Herkunft, der wiederholt durch ungefragte Beiträge auffiel.

- *Franzi*, ein Mädchen deutscher Herkunft, das sich durch vielfältige und teilweise sehr lange Beiträge hervortat.

- *Jarek*, ein Junge osteuropäischer Übersiedler, der im Projekt durch komplexe, aber teilweise (auch inhaltlich) unverständliche Beiträge beeindruckte.

- *Marina*, die gerade dadurch auffiel, dass sie in zahlreichen Transkripten mit relativ kurzen Beiträge vertreten ist, die im Projekt eher wenig beachtet wurden.

Für diese Kinder werden in zwei Schritten Unterrichtsausschnitte analysiert:

- Zunächst werden umfangreiche Episoden aus dem Klassenunterricht betrachtet; diese werden als Partizipationsspielraum für die individuellen Partizipationsvariationen betrachtet (für die einzelnen Episoden Kap. 4.1 - 4.3; die Partizipationsvarianten der fokussierten Kinder zu der betrachteten Episode werden in 4.i.3.1 - 4.i.3.4 dargelegt.).

- In einem zweiten Schritt werden für die einzelnen Kinder ergänzende Szenen aus der Tischarbeit und dem Klassenunterricht herangezogen. Die sich in Kap. 4 aufzeigenden individuellen Partizipationsvarianten werden hier zusammenfassend als Partizipationsprofil dargestellt (Kap. 5.1.1 - 5.1.4 jeweils für ein Kind).

3.2.1 Episoden des Klassenunterrichts

Im Folgenden werden zunächst die Auswahlkriterien für die Episoden aus dem Klassenunterricht näher erläutert, die in Kapitel 4 für die Rekonstruktion der Partizipationsspielräume untersucht werden.

Es wird je eine längere Episode aus dem Fachunterricht Mathematik, MÄERZ[24] und Deutsch ausgewählt (*Eckenrechnen, Frühling* und *Bb-Einführung*), so dass das fachliche Spektrum abgedeckt wird, so weit es in den Videoaufnahmen berücksichtigt wurde. In den ausgewählten Episoden sind grundsätzlich alle fokussierten Kinder tätig-produktiv beteiligt. Die ausgewählten Unterrichtsabschnitte

* decken also verschiedene thematische Schwerpunkte ab und

* enthalten im Interaktionsverlauf Beiträge von <u>allen</u> vier fokussierten Kindern.

Weiter weisen die ausgewählten Episoden neben dem interaktionalen Gleichfluss auch Sequenzen mit interaktionaler Verdichtung auf. Es werden für in der folgenden Aufstellung der analysierten Episoden die fokussierten Kinder aufgeführt, deren Beiträge über den Mechanismus der Rederecht-Zuweisung in einer Podiumsdiskussion eingebunden sind.

Episode / Szene	fachliche Zuordnung / *Beschreibung*	Beteiligung an einer Podiumsdiskussion
Eckenrechnen	Mathematik / *Kopfrechenübung*	Franzi, Jarek, Marina
Bb-Einführung	Deutsch / *Lautdiskrimination*	Franzi
Frühling	MÄERZ / *Bildbesprechung*	Franzi, Jarek, Marina[25]

Somit stellt die Auswahl Partizipations*vielfalt* für die fokussierten Kinder bereit.

3.2.2 Ergänzende Szenen für die fokussierten Kinder

Für die in Kapitel 5 für die Rekonstruktion der Partizipationsprofile analysierten ergänzenden Szenen gilt der Anspruch, für jedes fokussierte Kind ein möglichst breites Spektrum an Partizipationsformen darzulegen. Eine nähere Begründung der Auswahl erfolgt jeweils direkt im entsprechenden Unterkapitel zu den Partizipationsprofilen der fokussierten Kinder, da diese Kriterien für jedes Kind zu modifizieren sind (s. Kap. 5.1.1 – 5.1.4). In der folgenden tabellarischen Übersicht wird lediglich angegeben, aus welchen Episoden als ergänzende Szene herangezogen werden und welcher Partizipationsstruktur diese Szenen zuzuordnen sind. Da sich die in Krummheuer/Brandt (2001) rekonstruierten Partizipationsstrukturen auf fachlich-argumentative Aushandlungsprozesse beziehen, kann für die Szenen der „Erzählkreise" keine Zuordnung erfolgen:

---

[24] MÄERZ ist die in Berlin gängige Abkürzung für musisch-ästhetische Erziehung.

[25] Marinas Beitrag evoziert die Podiumsdiskussion.

Episode	Fach	Partizipationsstruktur	beteiligte Kinder
Mister X	Mathematik	Klassengespräch	Efrem, Jarek
		Podiumsdiskussion	Efrem
Arbeitsbogen „Die Zahlen bis Zwanzig"	Mathematik	Einzelarbeit	Efrem
		stabile kollektive Bearbeitung	Efrem, Marina, Jarek
		parallele Bearbeitung	Marina
Erzählkreis 1 und 2	Wochenenderlebnisse	-	Franzi
dreizehn Perlen	Mathematik	Klassengespräch	Jarek, Efrem, Marina
		Podiumsdiskussion	Jarek

Weiter werden Sequenzen aus folgenden Episoden aufgegriffen, ohne dass diese eigenständig analysiert werden: *Stifte teilen* (Marina, Efrem), *Rechenkette 1 – Tafelszene* (Marina, Jarek), *Rechenkette 2* (Efrem). Für die Analysen werden die benötigten Transkriptausschnitte jeweils im entsprechenden Unterkapitel wiedergegeben; die vollständigen Transkripte befinden sich unter den hier benutzten Bezeichnungen in Brandt/Krummheuer (1999).

3.3 Die Analyseverfahren der Komparationseinheiten

Die Komparation bezieht sich immer auf die Interpretationen von Unterrichtsausschnitten. Dabei werden folgende Analyseschritte für eine einzelne Komparationseinheit durchgeführt (siehe Krummheuer/Brandt 2001, 89).

a) die Interaktionsanalyse,

b) die Rezeptionsanalyse für das Rezipientendesign,

c) die Argumentationsanalyse, die sich aus dem Toulmin-Schema und dem Produktionsdesign zusammensetzt, und abschließend

d) die Deutungshypothese als verdichtete Beschreibung.

Diese einzelnen Schritte werden im Anschluss näher erläutert.

3.3.1 Die Interaktionsanalyse

Die Interaktionsanalyse geht zurück auf Arbeiten von Voigt (1982, 1984) und Bauersfeld/Krummheuer/Voigt (1986) und umfasst folgende Teilschritte für den ausgewählten Unterrichtsausschnitt:

• Gliederung,

• allgemeine Beschreibung nach dem ersten Eindruck,

• Erzeugung alternativer Interpretationen zu den Einzeläußerungen und

• Turn-by-Turn-Analyse

(vgl. Krummheuer/Naujok 1999, 68; Krummheuer/Brandt 2001, 90). Die sich ursprünglich an die Interaktionsanalyse anschließende Deutungshypothese wird durch den Einschub der Rezeptions- und der Argumentationsanalyse aus der Interaktionsanalyse ausgegliedert und in dieser Arbeit an das Ende der Einzelanalyse einer Komparationseinheit gestellt (s.u. 3.3.4). Die aufgeführten Schritte verstehen sich als Maxime, die im Laufe einer Analyse beachtet werden müssen, und sind nicht streng linear ausgerichtet, sondern können durchaus mehrfach durchgeführt werden.

Bohnsack konstatiert,

> „... daß als Voraussetzung für eine gelungene Interpretation der Interpret zwei diskrepante (und auch gegenläufige) Einstellungen einzunehmen hat: die ‚performative' Einstellung oder Einstellung des **Teilnehmers** auf der einen Seite und diejenige des (distanzierten) **Beobachters** auf der anderen Seite." (Bohnsack 1993, 128; Hervorhebungen im Original)

Im Folgenden werden die oben angeführten Analyseschritte auf dem Hintergrund dieser beiden Einstellungen weniger in ihrer zeitlichen Abfolge als vielmehr in ihrer Funktion für die gesamte Interpretations- und Analysearbeit sowie in ihrer Verwobenheit beschrieben.

3.3.1.1 Alltagsrelevante Rekonstruktion

Die ForscherInnen sind gefordert, zunächst den Erlebnisprozess nachzuvollziehen und so zumindest virtuell eine „performative Einstellung" (Bohnsack 1993, s.o.) einzunehmen. Der durch die Rekonstruktion erarbeitete Verstehensprozess versucht zunächst die bewussten Sinnstrukturen der Beteiligten – den „ 'immanenten' Sinngehalt" (Bohnsack 1993, 132) der Situation – deskriptiv nachzuzeichnen und verbleibt dabei im Relevanzrahmen der Interagierenden (vgl. Terhart 1995, 383ff.). In der Interaktionsanalyse wird über eine alltagssprachliche Beschreibung der Handlungsabläufe und eine erste Gliederung der ausgewählten Episode versucht, diesen Situationsrahmen zu erfassen.

3.3.1.1.1 Alltagssprachliche Beschreibung

Reichertz plädiert, sich zunächst „möglichst naiv" dem Forschungsfeld zu nähern, um der Gefahr einer voreiligen Einordnung der Daten in bestehende Konzepte entgegenzutreten und die impliziten/expliziten „ Vorab-Theorien" offen zu legen, um so den Theoretisierungsprozess „für den Rezipienten einer Studie/Theorie kalkulierbarer" zu gestalten (Reichertz 1997, 105f.). In diesem Sinne lässt sich die alltagssprachliche Beschreibung der Interaktionsanalyse als Versuch begreifen, die ersten, auf der Grundlage der „ Vorab-Theorien" entwickelten Eindrücke kontrolliert zu verarbeiten.

Die ForscherInnen bringen in jeder Phase der Interpretation ihr Alltagswissen ein, ohne das jeder Verstehensvorgang unmöglich wäre. Das Forschungsfeld dieser Arbeit – Grundschulunterricht – ist Vielen aus verschiedenen Perspektiven gefühlsmäßig vertraut, so auch den am Forschungsprozess Beteiligten. Die alltagssprachliche Beschreibung stellt einen ersten Eindruck der Gesamtsituation dar, wie sie sich kundigen und vertrauten BeobachterInnen oder TeilnehmerInnen auf Grundlage des Alltagsverständnisses zeigt. Die Formulierung eines ersten Eindrucks kann dazu verhelfen, die Blickwinkel der Forschungssubjekte im Forschungsprozess nicht zu verlieren und die Beziehung zum Forschungsfeld zu vertiefen. Sie sollte in diesem Sinne von den beobachteten Betroffenen nachvollziehbar sein, auch wenn sie in der dargelegten Form, die methodisch-didaktische Begrifflichkeiten verwendet, sicher nur der Lehrerin verständlich ist.

Weiter ermöglicht die Ausformulierung, die Episode schon auf dieser intuitiven Verstehensebene bewusst mit anderen Episoden in Beziehung zu setzen. Ein intuitives Erfassen der Situation kann aber auch die Sichtweise auf die Situation einengen. Die schriftliche Fixierung des Alltagsverständnisses kann helfen, in den nachfolgenden Interpretationsschritten Distanz dazu einzunehmen und die erste Auslegung der Situation zu überdenken.

3.3.1.1.2 Gliederung der Episode

Die Gliederung orientiert sich am Forschungsinteresse und kann so eher fachdidaktischen Gesichtspunkten folgen, kommunikative Marker (z.B.: so) beachten oder anderes theoretisches Vorwissen ausnutzen, das auf den Bezugsrahmen der Situation gerichtet ist. Verschiedene Gliederungsperspektiven können dabei durchaus auch zu gleichen Resultaten führen. Im Laufe verschiedener Interpretationsdurchgänge an einem Transkript kann sich die Gliederung verschieben, wenn für einzelne Abschnitte die Perspektive einer konkreten Forschungsfrage eingenommen wird (z.B.: Suche nach Kooperationsprozessen oder Aufnahmeeinfluss). Die Gliederung der Episode ist somit nicht nur durch die Situation determiniert, sondern auch schon abhängig von den Fragen, die an das Material gerichtet werden – allerdings aus dem Material entnommen sind (somit entfallen z.B. für schulische Interaktion rein quantitative Gliederungen, die den üblichen 45-Minutentakt oder entsprechende situative Varianten als zeitlichen Bezugsrahmen einer Unterrichtsstunde unterschreiten). In dieser Arbeit werden partizipatorische Gesichtspunkte für die Gliederung herangezogen, die in den Interaktionsanalysen jeweils vorab näher erläutert werden.

3.3.1.2 Distanziert-theoretische Analyse[26]

Das Bemühen der folgenden Interpretationsschritte richtet sich nicht mehr auf das Nachvollziehen der Performanz des Geschehens. Ziel ist es jetzt, die zugrunde liegenden Strukturen zu ergründen.

„Gegenstand sind vielmehr die gleichsam transzendenten Möglichkeitsbedingungen von Handeln im Sinne von Kompetenzen. Diese sind nicht 'an sich' greifbar, sondern können immer nur durch die Oberfläche eines Textes hindurch

---

[26] Vgl. *„begrifflich-theoretische Explikation"* (Bohnsack 1993, 135).

als eine Art handlungsgenerierender Regelapparat rekonstruiert werden, der sich unabhängig vom Bewußtsein der Akteure und ihren subjektiven Intentionen strukturell auswirkt. *(Terhart 1995, 386)*

Die Perspektive der Interpretation wird nun gezielt über den Rahmen der Situation hinaus erweitert, um das Geschehen aus der Sicht des *"(distanzierten) Beobachters"* (Bohnsack 1993, 128, s.o.) zu durchdringen. *"Gegenhorizonte der Interpreten"* (ebenda, 135) außerhalb der Situation ermöglichen erst, den Bezugsrahmen begrifflich zu erfassen. Der von der Klasse in dieser Situation konstituierte Rahmen hebt sich dabei in der Analyse erst durch den Vergleich mit anderen Situationen ab, die gemeinsam den von der Klasse strukturierten *"übergreifenden Rahmen"* bestimmen. Nach Bohnsack ist hier schon auf der Ebene der *"Fallanalyse"* die *"komparative Analyse"* (ebenda, 136) von Bedeutung, die auch Vergleiche von Sequenzen innerhalb einer Episode einschließt. Die Erzeugung alternativer Interpretationen zu Einzeläußerungen sowie die Turn-by-Turn-Analyse lassen sich dieser distanzierenden Haltung zuordnen.

3.3.1.2.1 Erzeugung alternativer Interpretationen zu Einzeläußerungen

In diesem Analyseschritt werden die Einzeläußerungen betrachtet, die ihrem Wesen nach mehrdeutig sind. Hier sollen daher für eine Einzeläußerung möglichst viele verschiedene Interpretationen gesucht werden. Jeder Handlung/Äußerung wird dabei Sinnhaftigkeit unterstellt, die es aufzuspüren gilt. Der zunächst von Bauersfeld/Krummheuer/Voigt (1986) in Anlehnung an Oevermann u.a. (1979) aufgestellte Anspruch der möglichst erschöpfenden Generierung von Lesarten wird hier jedoch nicht mehr aufrechterhalten. Insbesondere verlangen "krisenhafte" Momente eine andere Handhabung als scheinbar reibungslos verlaufende Interaktionsmomente. Dieser Schritt lässt sich als *"semantische Analyse"* (Deppermann 1999, 55) bezeichnen, in der ein Spektrum plausibler Deutungsalternativen generiert werden soll. Somit geht es hier wie auch bei der Transkription nicht um eine *"maximale Explizitheit"* (ebenda S. 56), sondern um eine dem Untersuchungsinteresse angepasste Präzision (vgl. Krummheuer/Brandt 2001, 90). In der hier vorliegenden Arbeit werden daher insbesondere partizipatorische Gesichtspunkte extensiv ausgedeutet, fachdidaktische Fragestellungen werden eher geradlinig aufgrund *"impliziter/expliziter Vorab-Theorien"* (Reichertz 1997, 106) kommentiert.

3.3.1.2.2 Turn–by–Turn–Analyse

Dieser Interpretationsschritt orientiert sich an konversationsanalytischen Ansätzen und hebt die Sequenzialität der Interaktion hervor. Die Interpretationsvielfalt, die zunächst für ausgewählte Einzeläußerung erstellt wird, wird nachfolgend durch die Turn–by–Turn–Analyse eingeschränkt: Es werden die Deutungen selektiert, die sich aus den nachfolgenden Handlungen/Äußerungen der in der Situation Beteiligten schlüssig erklären lassen. Damit wird die Bedeutung einer Handlung/Äußerung für die anderen Beteiligten im Interaktionsprozess erschlossen. Hier wird insbesondere der interaktive Prozess von Bedeutungsaushandlungen rekonstruiert. Nicht das als *„gemeint Unterstellte"* (Bohnsack 1993, 58) ist der Maßstab, sondern die sich konstituierende als gemeinsam geteilt geltende Deutung. Die Einschränkung der zunächst generierten Deutungsvielfalt durch die Turn-by-Turn–Analyse zielt jedoch nicht auf eine Eindeutigkeit der Interpretation. Vielmehr erlangen hier die zu den Interpretationen getroffenen Vorhersagen für den Interaktionsablauf Bedeutung, indem sie eventuell zur Ablehnung einzelner Auslegungen führen oder im Sinne abduktiver Theorieentwicklung eine Änderung in den Theorieansätzen bewirken (vgl. Krummheuer 1992, 59).

Dabei zeigt sich immer wieder eine besonders enge Verknüpfung zwischen der Interpretation von Einzeläußerungen und der sich anschließenden Einschränkung der Deutungsvielfalt durch Turn–by–Turn–Betrachtungen: Nicht alle Äußerungen werden extensiv ausgedeutet. Der Sinngehalt vieler Einzeläußerungen scheint – kontextgebunden – unter den InterpretInnen unstrittig und wird auch durch die Turn–by–Turn–Analyse bestätigt.

Die durch die Interaktionsanalyse gewonnenen Einsichten in einen Realitätsausschnitt sind die Grundlage für die weiteren Analyseschritte.

3.3.2 Die Rezeptionsanalyse

Die Rezeptionsanalyse basiert auf der Interaktionsanalyse und wäre in eine entsprechend erweiterte Interaktionsanalyse integrierbar (vgl. Krummheuer/Brandt 2001, 91). In Abgrenzung zu der Darstellung in Krummheuer/Brandt (2001 sowie entsprechenden vorhergehenden Veröffentlichungen) wird das Rezipientendesign hier jedoch nicht mit dem Produktionsdesign zur Partizipationsanalyse zusammengefasst, sondern gesondert betrachtet. Dies ist insbesondere der engeren Verknüpfung des Produktionsdesigns mit den Elementen des Toulmin-Schemas geschuldet (3.3.3). Die Analyse des Rezipientendesign wird hier als Rezeptionsanalyse bezeichnet.

Ziel ist es, bei den Rezipienten die Art des Beteiligtseins zu bestimmen. Die Rekonstruktion der Partizipationsformen umfasst dabei sowohl die in Kap. 0 dargestellten Rezipientenstatus als auch die zugrunde liegenden Strukturierungsprozeduren der Rederecht-Zuweisung (1.1.2). Über die jeweils gültigen Prozeduren des Mechanismus der Rederecht-Zuweisung werden die Zugangsmöglichkeiten zum Status der GesprächspartnerIn organisiert und so für das Klassengespräch auch die übrigen Rezipientenstatus festgelegt.

Als eine Konzentration auf die sich in der Interaktion gestaltenden rezeptiven Bedingungen der Partizipation ist dieser Analyseschritt eine erste Zusammenfassung der Interaktionsanalyse. Entsprechend werden hier nur die Interpretationen festgehalten, die sich in der Interaktionsanalyse über die Turn–by–Turn–Analyse stabilisiert haben. Schwerpunkt ist dabei eher die Gesamtstruktur des Rezipientendesigns der Episode als die Auseinandersetzung mit dem Rezipientenstatus zu

Einzeläußerungen. Auch diese eher auf durchgängige Struktur(ierung)en der Episode orientierte Sicht auf das Rezipientendesign führt zu der gesonderten Betrachtung, da das Produktionsdesign mit der Herausarbeitung der argumentativen Ideen stärker an den Einzelbeiträgen ansetzt. Allerdings werden für die hier fokussierten Kinder einige äußerungsbezogene Rezipientenstatus bestimmt.

3.3.3 Die Argumentationsanalyse

Auf der Basis der in der Interaktionsanalyse gewonnenen Interpretationen bzw. Interpretationsalternativen werden die Argumentationen der Szenen zunächst mit Hilfe des Toulmin-Schemas rekonstruiert (s.o. 1.1.1).[27] Anschließend wird mit dem Produktionsdesign (s.o. 2.2) die Verantwortlichkeit der Sprechenden für ihre Beiträge, die in diese Argumentation eingehen, herausgearbeitet und so die Argumentationsauthentizität der Sprechenden erfasst.

Die einzelnen im Toulmin-Schema aufgeführten Elemente einer Argumentation werden, soweit sie in der Interaktion expliziert werden, den Beiträgen der Beteiligten zugeordnet. Die so ermittelte argumentative Funktion einer Äußerung wird dieser als die Idee zugeschrieben (s.o. 2.2) und damit bei den Sprechenden die Verantwortlichkeit für die Argumentation ermittelt. Die argumentationstheoretische Mikroanalyse nach Toulmin (1975) zeichnet sich, wie oben ausgeführt (s.o. 1.1.1), gerade durch die fehlende Sequenzialität aus. Die Kombination der Argumentationsanalyse mit dem Produktionsdesign ermöglicht, die interaktive Genese der Argumentation nachzuzeichnen und erlaubt damit eine vertiefende lerntheoretische Reflexion von Partizipationsweisen in kollektiven Argumentationsprozessen. Folgende tabellarische Zusammenstellung der beiden Analysemethoden ist dafür im Projekt entwickelt worden (vgl. Krummheuer/Brandt 2001, 48 ff.; für ein erstes Beispiel in dieser Arbeit s. 4.1.1.1):

Sprechender und Funktion	Äußerung	Idee (argumentative Funktion der Äußerung)
	weitere Verantwortliche und Funktion	
KreatorIn	Äußerung a <Zeilenangabe>	Beschreibung a (Toulmin-Kategorie a)
ParaphrasiererIn	Äußerung b <Zeilenangabe>	Beschreibung b (Toulmin-Kategorie b)
	InitiatorIn: Verweis	
TraduziererIn	Äußerung c <Zeilenangabe>	Beschreibung c (Toulmin-Kategorie c)
	FormulatorIn: Verweis	

---

[27] Da gewöhnlich Deutungsalternativen bestehen bleiben, können zu diesen Deutungsalternativen auch verschiedene Argumentations-Schemata generiert werden. Hier werden die Alternativen ausgewählt, die in Hinblick auf die fokussierten Kinder interessant sind.

Sprechender und Funktion	Äußerung	Idee (argumentative Funktion der Äußerung)
	weitere Verantwortliche und Funktion	
ImitiererIn	Äußerung d <Zeilenangabe>	Beschreibung d (Toulmin-Kategorie d)
	InventorIn: Verweis	

Die aus dem Toulmin-Schema und dem Produktionsdesign kombinierte Argumentationsanalyse ermöglicht eine Rekonstruktion der inhaltlichen Dimension, wobei auch die Wechselseitige Dynamik und Sequenzialtität der Argumentationsprozesse berücksichtigt werden kann. Marinas Partizipation kann als ein Grenzfall gesehen werden, der mit den auf die inhaltlichen Aspekte der Interaktion ausgerichteten Analysemethoden noch greifbar ist.

3.3.4 Deutungshypothese eines Einzelfalles

Die Formulierung von Deutungshypothesen stellt den abschließenden Schritt der Analyse für einen einzelnen Unterrichtsausschnitt dar. In diesem Schritt werden die Interaktions-, die Rezeptions- und die Argumentationsanalyse zusammengebracht; somit wird hier auch auf das Zusammenspiel von Rezeption und Produktion der Partizipation eingegangen. Die ausgewählte Episode soll in einer dichten Beschreibung möglichst detailliert und tiefgreifend zunächst als Einzelfall erfasst werden. Dabei greifen Theorieentwicklung und Einzelfallanalyse ineinander: Die Episode wird auf der Grundlage der bisherigen Interpretationsschritte hinsichtlich einer gezielten Fragestellung mit Hilfe der entwickelten theoretischen Begrifflichkeiten gedeutet, verglichen und eingeordnet. Die Interpretationsvielfalt wird in diesem Analyseschritt nochmals reduziert und häufig auf eine Interpretation eingeschränkt, die die Forschungsfrage weiter präzisiert (vgl. Krummheuer 1992, 59).

Die vorliegende Arbeit zielt auf individuelle Partizipationsprofile im Interaktionsgeschehen. Entsprechend werden die Einzelanalysen bezogen auf die *„Partizipationseinheiten"* (Goffman 1974, 25; s.o. in der Einleitung) abschließend gedeutet. Die situativen Partizipationsvarianten der fokussierten Kinder stellen in dieser Arbeit die Deutungshypothesen der einzelnen Episode dar. Die in den vorhergehenden Analyseschritten eingenommene Sichtweise betrachtet Unterricht zunächst als umfassendes soziales Geschehen mit einer eigenen Realität, die nicht mit der Summe der individuellen Realitäten übereinstimmt (vgl. Blumer 1973, 97; s.o. in der Einleitung). In der Rekonstruktion der in der Situation den Beteiligten sinnvoll erscheinenden Handlungen werden jedoch auch die individuellen Deutungen fassbar, insbesondere, wenn sich diese nicht reibungslos umsetzen lassen. Durch die Fokussierung auf die einzelnen Kinder in der Deutungshypothese wird in dieser Arbeit der Zugriff auf individuelle Deutungen unter interaktionistischer Perspektive umgesetzt.

3.4 Die Komparation der Einzelanalysen

Für die Durchführung einer komparativen Analyse ist man auf kontrastreiches Material angewiesen. Dies lässt sich forschungspraktisch in zwei Formen realisieren, die beide im Rahmen des DFG-Projektes „Argumentationsformate" eingesetzt wurden:

„Man kann

1. *neue, Kontraste erzeugende Beobachtungen durchführen oder*
2. *im bereits erhobenen Datenmaterial nach kontrastierenden Episoden suchen.* " *(Krummheuer/Brandt 2001, 83)*

Für die vorliegende Arbeit wurde lediglich der zweite Punkt berücksichtigt und das erhobene Datenmaterial erneut in Hinblick auf kontrastreiche Partizipationen der fokussierten Kinder durchsucht. Da hier die im Projekt entwickelte Modellierung unterrichtlicher Lernprozesse weiter ausgearbeitet wird, werden zunächst auch beide im Projekt eingesetzten Dimensionen

- Zusammensetzung der Arbeitsgruppe bzw. Klasse (kurz: *Zusammensetzung*)
- fachbezogene Unterrichtsthematik (kurz: *Unterrichtsthema*)

zur kontrollierten Kontrastierung übernommen (nähere Erläuterung s. Krummheuer/Brandt 2001, 83f.). Für die fokussierten Kinder wird versucht, hinsichtlich dieser Dimensionen möglichst verschiedene Unterrichtssituationen abzudecken. Wie schon ausgeführt, werden dazu zunächst längere Episoden aus dem Klassenunterricht dargestellt, die in der fachbezogenen Dimension variieren und hinsichtlich der Zusammensetzung dem Klassenunterricht entsprechen, dabei aber verschiedene Struktur(ierung)en des Interaktionsflusses aufweisen (s.o. 3.2.1). Somit kommt die Dimension *Zusammensetzung* hier aufgrund der weitergehenden Forschung modifiziert zur Geltung und wird als *Partizipationsstruktur* bezeichnet.

- Partizipationsstruktur der Interaktion: Für die Partizipationsstruktur ist nicht mehr die Anzahl der Beteiligten und die Eingebundenheit der Lehrerin das vordergründige Unterscheidungskriterium, sondern die durch den interaktionalen Gleichfluss bzw. die interaktionale Verdichtung beschriebene Dichte des Interaktionsgeschehens. Hier werden im Klassenunterricht die Podiumsdiskussion und das Klassengespräch unterschieden, während der Tischarbeit die stabile kollektive Bearbeitungssequenz, die parallele Bearbeitung und die Einzelarbeit (s.o. 2.3).

Aufgrund der sich rasch abwechselnden Dichte im Klassenunterricht enthalten die für diese Arbeit ausgewählten längeren Episoden jeweils sowohl Sequenzen des interaktionalen Gleichflusses als auch mehr oder weniger stark ausgeprägte Podiumsdiskussionen.

56

Die Zusammenstellung der Einzelanalysen zu Komparationseinheiten erfolgt in dieser Arbeit dann entlang einer dritten, neu aufgelegten Dimension, der *„Partizipationseinheit"* (Goffman 1974, 25) SchülerIn. Damit ergeben sich zahlreiche Komparationsmöglichkeiten, je nachdem, welche Dimension variiert wird bzw. konstant bleibt. Die Schwerpunkte der Theorieausgriffe liegen jeweils in der konstant gehaltenen Dimension (vgl. Krummheuer/Brandt 2001, 94) – hier wird also der Fragestellung entsprechend in der Komparation zur Herausbildung der Partizipationsprofile die Dimension *„Partizipationseinheit"* konstant gehalten:

Thema	Partizipationsstruktur	Partizipationseinheit
variabel	variabel	konstant

Diese Komparationskombination ermöglicht gezielte *„abduktive Blitze"* (Reichertz 1997, 111) und kann als die wesentliche Modifikation in den Analysemethoden gesehen werden. Diese Blitze „erleuchten" die individuelle Partizipation im gesamten Partizipationsgeschehen und erlauben somit die Rekonstruktion von Partizipationsprofilen in Partizipationsspielräumen. Die Partizipationsprofile können nur im Zusammenhang mit Partizipationsspielräumen rekonstruiert werden. Im anschließenden Kapitel 4 werden daher zunächst Partizipationsspielräume erfasst. Die Komparation über die Dimension *„Partizipationseinheit"* SchülerIn (s.o.), die dann im fünften Kapitel die Partizipationsprofile ergibt, wird in den jeweiligen Deutungshypothesen über die Partizipationsvarianten der fokussierten Kindern vorbereitet.

4 Rekonstruktion von Partizipationsspielräumen

In diesem Kapitel werden zunächst umfangreiche Episoden aus dem Klassenunterricht betrachtet. Die herangezogenen Episoden werden in ihren jeweils spezifischen Partizipationsstruktur(ierung)en analysiert und als Partizipationsspielraum für die individuellen Partizipationsvariationen betrachtet. Die Episoden werden nicht in ihrer gesamten Länge wiedergegeben. Zuerst wird jeweils die Anfangsphase dargelegt. Danach konzentriert sich die Auswahl auf Abschnitte, in denen die fokussierten Kinder partizipativ bedeutsam betroffen sind (sowohl produktiv als auch rezeptiv). Die ausgewählten Episoden wurden, bis auf die Episode *Eckenrechnen*, in Ausschnitten schon in anderen Veröffentlichungen analysiert und teilweise auch im Abschlussbericht zum Projekt (Krummheuer/Brandt 2001) berücksichtigt, allerdings noch nie in ihrer gesamten Entwicklung betrachtet. Die Analyse der ersten Episode wird etwas eingehender ausgeführt, um die einzelnen Analyseschritte inklusive der zunehmenden Einschränkung der Interpretationsvielfalt zu verdeutlichen. Für die weiteren Episoden werden nicht mehr so viele Interpretationsmöglichkeiten zu Einzeläußerungen eröffnet, sondern schon in der Interaktionsanalyse stärker die fokussierten Kinder in den Blick genommen, und dabei wird eine durchgängige Linie, die sich in der Interpretationsarbeit als schlüssig herausgestellt hat, dargestellt.

4.1 Episode *Eckenrechnen*

In der ersten hier aufgeführten Episode wird in der Klasse das „Kopfrechenspiel Eckenrechnen" durchgeführt.[28] Dabei wird der „Spielprozess" immer wieder unterbrochen und Lösungswege besprochen. Diese Abschnitte werden hier betrachtet. Es werden also gerade die Sequenzen näher analysiert, die den Übungscharakter dieser Episode herausstellen und dabei auch aufzeigen, dass für viele Kinder in dieser Klasse nicht alle gewählten Aufgaben als „Kopfrechenaufgabe" zu bezeichnen sind. Zunächst jedoch eine kurze Kontextbeschreibung: In der folgenden Eröffnung wird deutlich, dass das „Spiel" in der Klasse bekannt ist (Transkript *Eckenrechnen*, Brandt/Krummheuer 1999, 15ff.). Am Ende dieser Sequenz bestimmt die Lehrerin die ersten vier MitspielerInnen.[29]

> *Es ist ganz still in der Klasse. Alle Kinder sitzen am Platz, nur Franzi noch nicht. Sie schleicht leise und vorsichtig in Richtung ihres Tisches.*

L   leise ganz toll \ . Franzi setzt dich mal schnell hin \ ich brauche mal vier Kinder \
Viele Kinder melden sich schnell.

Wayne   was /

---

[28]   Die Episode wird von den Beteiligten als „Spiel" bezeichnet, obwohl sie insgesamt eher einer Übungsphase entspricht (dazu mehr in der Interaktionsanalyse). Im Folgenden benutze ich die Bezeichnung „Spiel", Spielablauf oder „Spielprozess", um auf die von den Beteiligten herausgestellten spielerischen Elemente dieser Episode zu verweisen.

[29]   Im Anhang ist eine Legende mit den Transkriptionszeichen zu finden; auf die Zeilennummern wird im Text in spitzen Klammern verwiesen.

Robert	*mit erhobenem Arm zu Wayne gewandt* Vier-Ecken-Spiel glaub ich \
Wayne	*meldet sich jetzt ebenfalls schnell ach so ja*
L	Polly / Carola / David / Robert \
	Die aufgerufenen Kinder verteilen sich in den vier Ecken.

In jeder Ecke steht somit zu Beginn je ein Kind – die vier *MitspielerInnen*. Die restlichen Kinder sind *ZuschauerInnen* (ZuhörerInnen) und von der Lehrerin aufgefordert, das Spielgeschehen aufmerksam zu verfolgen die anderen Kinder . denken . bitte . mit \ - Zeile <17>. Die Lehrerin stellt „Kopfrechenaufgaben" aus dem Zahlbereich 0-20. Löst ein mitspielendes Kind die Aufgabe richtig, darf es eine Ecke weiter gehen. Zu Beginn des Spieles rufen einige Kinder ihre eigene Entscheidung in die Klasse: Wayne und Jarek benennen Robert als schnellsten Rechner, Zeilen <27-28>; Franzi und Wayne <37-39> behaupten, David hätte eine falsche Lösung genannt. Schließlich unterbindet die Lehrerin derartige Zwischenrufe und hebt ihre Funktion als Schiedsrichterin hervor also ich hab von allen die **Neun gehört** / und da ich Schiedsrichter bin - und kein Kind lieber oder nicht lieber habe sage ich alle eins **weiter** <43>. Sie betont ihre Objektivität, die auf Seiten der Kinder wohl aus ihrer Sicht nicht zu erwarten ist. Robert erreicht schließlich die vierte Ecke und darf aus dem Kreis der ZuschauerInnen ein Kind wählen, das seine Position übernimmt. Jarek und Franzi melden sich <52>, Robert wählt jedoch Wayne als neuen Mitspieler. Dieser geht in die entsprechende Ecke. Hier beginnt die erste zur Analyse ausgewählte Aufgabensequenz.

4.1.1 Interaktionsanalyse[30]

Die Gliederung als ein erster systematischer Analyseschritt wird hier vor der Datenwiedergabe (Transkript) dargelegt, da sie bei der Lektüre des Transkripts behilflich sein kann. Im Forschungsprozess kann die Gliederung natürlich erst nach einer gründlichen Lektüre erfolgen; allerdings ist sie nicht unabhängig vom Forschungsinteresse und Forschungsstand, so dass sie während der Forschungsarbeit durchaus veränderbar ist (s.o. 3.3.1.1.2). Die hier wiedergegebene Gliederung ist an den zu berechnenden Aufgaben orientiert; die Lehrerin leitet mit nächste Aufgabe oder neue Aufgabe eine jeweils neue Sequenz ein (siehe z.B. <60,121,176,199>); durch die Besprechung der Lösungswege heben sich die ausgewählten Sequenzen deutlich partizipatorisch vom übrigen Spielgeschehen ab – sie sind jeweils als interaktionale Verdichtungen – also als Podiumsdiskussion – konzipiert. Die Auseinandersetzung mit der entsprechenden Aufgabe wird nicht weiter unterteilt. Somit ergibt sich folgende Gliederung:

<60-82>:   11+2+0-1

<121-135>:   20-2

---

[30] Die Interaktionsanalyse dieser ersten Episode wird etwas ausführlicher dargestellt. Dennoch wird auch hier auf eine volle Entfaltung der alternativen Deutungen zu Einzeläußerungen verzichtet.

<176-198>:   3+0+8

<199-254>:   20+0-2-1

Die entsprechenden Transkriptausschnitte sind jeweils den Interpretationen der einzelnen Sequenzen vorangestellt; für die Passagen, die übersprungen werden, wird eine Beschreibung unter Angabe der Zeilennummern als Kommentar im wiedergegebenen Transkript eingefügt.

4.1.1.1 Aufgabensequenz 11+2+0-1

60	< L	nächste Aufgabe \ längere Aufgabe \ elf - . plus zwei / . plus null / . minus / eins \
61	< Nicola	*Hebt sieben Finger, dann zehn, wackelt mit den Fingern und faltet sie schließlich*
64	Wayne	vierzehn \
65	Efrem	nein – vierzehn sind es nischt \
66	Wayne	vierzehn -
67	Carola	fünfzehn -
68	Wayne	zwölf /
69	< L	sollen was mal gemeinsam machen / . elf / plus zwei / . ist /
70	< Robert	*streckt seine Hände in die Höhe* *spreizt zwei Finger ab, nimmt die Hände herunter*
72	S	drei \
73	< Wayne	dreizehn \
74	< David	drei \
75	L	dreizehn \ elf plus zwei ist dreizehn \ plus null ist /
76	Wayne	dreizehn \
77	L	minus eins ist /
78	Carola	dreizehn \
79	Wayne	zwölf -
80	< L	Wayne / einen weiter \
81	< Efrem	zurücknehmen
.1	Wayne	*geht in die nächste Ecke*
82	L	nächste Aufgabe \ drei / plus / vier \

Die Lehrerin kündigt eine neue, längere Aufgabe, eine so genannte „Kettenaufgabe" mit mehreren Rechenschritten, an elf - . plus zwei / . plus null / . minus / eins \ <60>. Der zusätzliche Hinweis mag den Kindern zur Orientierung bei der Rechnung dienen und ein vorschnelles Nennen einer Lösung verhindern. Zwischen den einzelnen Rechenschritten legt die Lehrerin jeweils eine kurze Sprechpause ein. Durch diese Stimmführung wird die Aufgabe gegliedert: Den letzten Rechenschritt unterteilt die Lehrerin durch die Stimmführung in Rechenoperation und Rechenzahl minus / eins \ <60>. Damit wird die Rechenoperation minus hervorgehoben. Dies könnte einerseits die Vorwegnahme des folgenden Endes sein – somit die letzte Rechenoperation ankündigen –, aber auch die Richtungsänderung der Operation betonen.

Unmittelbar anschließend nennt Wayne vierzehn \ <64> als Lösungsvorschlag. Vermutlich hat er somit die Stimmsenkung der Lehrerin als Ende der Aufgabe interpretiert und ist der damit verbundenen Aufforderung zur Antwort (aus dem Kreis der MitspielerInnen) nachgekommen. Falls Wayne nicht einfach nur geraten hat, könnte er im letzten Rechenschritt *plus* gerechnet haben, also gerade den eventuell durch die Lehrerin betonten Richtungswechsel der Rechenoperation übergehen.

Efrem bemerkt nun mit einem gewissen Nachdruck n e i n - vierzehn sind es nischt \ <65>. Als Zuhörer lehnt er das von Wayne als Mitspieler genannte Ergebnis ab, ohne ein eigenes Ergebnis zu nennen. Damit bleibt die „Spielrunde" offen. Um die Aufgabe mit Bestimmtheit abzulehnen, muss er zumindest ein Zwischenergebnis zur Orientierung errechnet haben, somit dokumentiert sich hier seine Aufmerksamkeit. Vermutlich hat er aber schon das Endergebnis errechnet und hält so die Spielrunde weiter offen. Mit seiner Äußerung nimmt er damit eine Schiedsrichterfunktion ein und richtet sich wohl nicht nur an Wayne, sondern auch an alle am Spiel Beteiligten.

Wayne wiederholt dennoch seinen Lösungsvorschlag vierzehn - <66>. Er erwartet wohl von der Lehrerin als ratifizierte Schiedsrichterin eine Zustimmung oder Ablehnung.

Auch Carola nennt nun einen weiteren Lösungsvorschlag fünfzehn - <67>. Aufgrund der noch fehlenden Zustimmung der Lehrerin deutet sie damit wohl die Spielrunde als weiterhin offen. Es ist möglich, dass sie hier tatsächlich über eine (nicht rekonstruierbare) Rechnung zu diesem Ergebnis gekommen ist. Denkbar ist aber auch, dass sie auf Efrems Einwand reagiert. Sie könnte davon ausgehen, dass Wayne nicht grundlegend falsch gerechnet hat, und eine Nachbarzahl zu seinem Ergebnis vorschlagen, um so eine neue Lösung nennen zu können.[31]

Schließlich nennt Wayne die richtige Lösung <68>. Er könnte damit nun doch auf Efrems Ablehnung reagieren, allerdings steht die Bestätigung der Lehrerin noch aus, so dass er die Verzögerung der wohl erwarteten Reaktion der Lehrerin ebenfalls als Ablehnung werten könnte. Hier wird das für den Klassenunterricht typische „Antworten auf Probe" deutlich. Erst durch die Evaluation der Lehrerin werden die Angebote der SchülerInnen zu Antworten.

Die Lehrerin bietet nun an, die Aufgabe gemeinsam zu rechnen <69.1>. Damit bestätigt bzw. entkräftet sie keine der bisher genannten Lösungsvorschläge. Unklar bleibt, mit wem sie es gemeinsam machen möchte: mit den vier „mitspielenden" Kindern oder mit der gesamten Klasse. Die Lehrerin nennt nun den ersten Rechenschritt als Teilaufgabe elf / plus zwei / . ist / <69.1>.

Ein Schüler ergänzt die von der Lehrerin begonnene Teilaufgabe mit drei \ <72>. Als Fortsetzung der Aufgabenstellung wäre drei \ als Ergebnis zu werten. Eventuell hat dieser Schüler (wie Robert <70>) versucht, die Finger als Rechenhilfe zu

---

[31]   Carola schlägt im „Spielverlauf" mehrfach Nachbarzahlen von zuvor falsch genannten Ergebnissen vor.

benutzen und nennt nun einfach die Anzahl der erhobenen Finger – die Ergänzung zur Dreizehn könnte damit noch ausstehen. Dieser Schüler aus dem Kreis der Zuschauer könnte die Lehrerin dahingehend verstanden haben, dass sie die Aufgabe mit allen zusammen rechnen möchte.

Hingegen scheinen sich Wayne und David als Mitspieler besonders angesprochen zu fühlen. Beide nennen ebenfalls Lösungsangebote <73-74>. David wiederholt die schon genannte Zahl *drei*.

Waynes Antwort ist korrekt und wird als solche von der Lehrerin betont wiederholt dreizehn elf plus zwei ist dreizehn \ <75>. Den nächsten Rechenschritt schließt sie nun unmittelbar an diese Teilaufgabe an plus null ist / <75> und Wayne nennt erneut das korrekte Zwischenergebnis <76>. Die Lehrerin schließt unmittelbar an minus eins ist / <77> und baut gleichsam die Antwort in ihre Aufgabenformulierung ein. Die Antwort wird damit zugleich bestätigt.

Mit dreizehn \ <78> beteiligt sich nun Carola als weitere Mitspielerin an der gemeinsamen Rechnung. *Gemeinsam* beschränkt sich bis auf den ersten Zwischenruf auf MitspielerInnen. Sie könnte noch einen Rechenschritt zurück sein. Es ist aber auch denkbar, dass sie diese Lösung aufgrund der mehrfachen Nennung der Dreizehn hervorbringt.

Wayne nennt mit zwölf - <79> einen weiteren Lösungsvorschlag und widerspricht damit zugleich Carola. Die Lehrerin schickt Wayne eine Ecke weiter. Damit wird das Ergebnis zwölf bestätigt und Waynes Antwort als Beitrag zum „Spielverlauf" gewertet. Das von Mehan mit Initiation-Reply-Evaluation herausgearbeitete Interaktionsmuster lässt sich hier somit in einer von ihm als „*extended sequences"* (Mehan 1979, 54) bezeichneten Form rekonstruieren, die sich bei schwieriger Lösungsfindung als Improvisationsstrategie der Lehrerin realisiert.

Zeitgleich mit der Lehrerin möchte Efrem etwas zurücknehmen <81>. Er könnte damit einfordern, dass eine bestimmte Schiedsrichterentscheidung (der Lehrerin) *zurückgenommen* wird. *Zurücknehmen* lässt sich weiter als Handlungsumschreibung für *minus* verstehen. Damit könnte er auf die letzte Rechenoperation der Aufgabe rekurrieren. Dies lässt sich einerseits unmittelbar auf die gerade im Kreise der MitspielerInnen durchgeführte gemeinsame Berechnung beziehen. Eventuell möchte Efrem auf die fehlende Minusoperation in Carolas Rechnung hindeuten. Es ist aber andererseits denkbar, dass er / nochmals Waynes ursprünglichen Rechenfehler aus <65> ansprechen möchte. Efrem könnte vermuten, dass Wayne im letzten Rechenschritt *plus* statt *minus* gerechnet hat und er könnte hier auf diesen Richtungsfehler in der Rechenoperation rekurrieren. In beiden auf die Aufgabe bezogenen Interpretationen würde Efrem über mögliche Fehlinterpretationen sprechen wollen, während die von der Lehrerin initiierte gemeinsame Berechnung die korrekte (formathafte) Ausführung der Rechnung in verteilten Rollen präsentiert.

Insgesamt wird durch diesen Abschnitt der Situation ein stärker übender Charakter zuteil, der von der Lehrerin durch die gemeinsame Berechnung eingebracht wird. Insbesondere, wenn Efrems *zurücknehmen* auf die Aufgabe bezogen interpretiert wird, folgt er damit dieser Modulation vom Spiel zur spielerischen Übung (zum Begriff der Modulation vgl. Goffman 1977, 52ff.). Allerdings bleibt seine Bemerkung ohne Auswirkung auf den weiteren Interaktionsablauf, da die Lehrerin sofort eine neue Aufgabe stellt und somit den „Spielablauf" wieder in den Vordergrund bringt.

4.1.1.2 Aufgabensequenz 20-2 <121-135>

83-120	*3+4 löst Polly am schnellsten, danach werden die Aufgaben 10-0, 6-1 und 13+2 jeweils von Wayne richtig gelöst, der damit seine Runde beendet. Jarek und Franzi melden sich stürmisch. Aitac meldet sich ganz zaghaft <98.1>. Wayne wählt Jarek als neuen Mitspieler. Während Jarek in eine Ecke geht, nennt die Lehrerin die Finger und den Zahlenstrahl als geeignete Rechenhilfen. Franzi bemerkt in einem Zwischenruf, dass sie den Zahlenstrahl an der Wand nicht einsehen kann <104,107>. So räumt die Lehrerin einige Sachen vom Kamerateam beiseite und ermöglicht damit allen Kindern eine freie Sicht auf den Zahlenstrahl. Dann stellt sie die Aufgabe 2+5+0. Alle MitspielerInnen lösen die Aufgabe nahezu zeitgleich und werden von der Lehrerin eine Ecke weiter geschickt.*
121 L	nächste Aufgabe \ zwanzig / minus zwei \
122	*Polly und Carola rechnen hier und im Folgenden mit den Fingern.*
123 Jarek	achtzehn \ *geht eine Ecke weiter*
124 L	gut \ .. wie hast du n das gemacht Jarek -
125 Jarek	na ich hab .. zwei weggerechnet \
126 < S	*(unverständlich)*
127 < Franzi	aber du hast doch gar nicht zwanzig Finger oder hast du mit den Zehen gerechnet \
129 L	Franzi sagt du hast nicht zwanzig Finger das stimmt wie hast du das dann gemacht
130 Jarek	na also ich hab *(unverständlich)* ganz schnell gedacht / .. ich weiß ja \ weil also neunzehn und ist die nächste Zahl ist achtzehn .
132 < Jarek	da hab ich zwei weggerechnet \ von zwanzig \
133 < Wayne	*tippt sich auf den Kopf oder mit dem Kopf*
134 Robert	*deutet auf den Zahlenstrahl oder mit des da* \
135 L	Finger / oder mit m Zahlenstrahl / oder mit m Kopf \ sehr schön \

Jarek ist inzwischen Mitspieler geworden (<99>). In der Wechselphase werden die möglichen Rechenhilfen von der Lehrerin angesprochen und nach einem Einwurf von Franzi sorgt die Lehrerin dafür, dass der Zahlenstrahl freigeräumt wird. Obwohl damit in dieser organisatorischen Phase Franzi als fokussierte Lernende unmittelbar betroffen ist, wird diese Sequenz hier nicht analysiert. Franzi ist insgesamt an sehr vielen Sequenzen beteiligt, so dass auf diese Sequenz verzichtet werden kann, zumal sie einer Argumentationsanalyse nur bedingt zugänglich ist. Die Aufgabe 2+5+0 wird von allen vier „mitspielenden" Kindern nahezu gleich schnell gelöst und die Lehrerin als Schiedsrichterin entscheidet, dass alle Kinder eine Ecke weiter gehen dürfen.

Für die nun betrachtete Aufgabe zwanzig / minus zwei \ <121> nennt Jarek unmittelbar achtzehn <124> als Lösung, während Polly und Carola versuchen, die Aufgabe mit den Fingern, die die Lehrerin kurz zuvor als Rechenhilfe genannt hat, zu lösen <122>. Jarek wartet keine Bestätigung der Lehrerin ab, sondern geht sofort weiter. Somit ist er sich seiner Sache wohl ziemlich sicher.

Die Lehrerin bestätigt zunächst die Lösung und fragt nach einer kurzen Pause wie hast du n das gemacht Jarek - <124>, womit hier zunächst nach erteilter richtiger Antwort das Interaktionsmuster I-R-E (Mehan 1979, s.o.) abgeschlossen wird, bevor eine neue Initiation erfolgt. Eventuell ist die Lehrerin durch die schnelle Antwort überrascht, dass sie im Sinne einer „Ad-hoc-Entscheidung" (Krummheuer/Brandt 2001, 66f.; s.a. Brandt/Krummheuer 2000) hier fruchtbare Momente für eine Diskussion über (geschickte) Lösungswege erkennt. Durch diese Nachfrage wird erneut der Übungscharakter der Szene hervorgehoben – der Spielcharakter tritt zurück.

Jarek kommt der Aufforderung nach und erklärt, wie er gerechnet hat <125>. Die einleitende Floskel na könnte eine gewisse Vertrautheit mit der Aufgabe und dem Rechenweg ausdrücken. Mit der Ergänzung zwei weggerechnet \ nach einer kurzen Pause rekurriert Jarek wohl auf *minus zwei*, das damit in seiner Erklärung als Aktivität erscheint. Dabei lässt sich der Ausdruck *wegrechnen* als Hinweis auf etwas Gegenständliches deuten, von dem etwas *weggerechnet* werden kann; jedoch beruft er sich dabei auf keinerlei Hilfsmittel.

Franzis anschließende Äußerung lässt sich als Hinweis auf Schwierigkeiten deuten, die das Hilfsmittel „Finger" bei dieser Aufgabe bereitet aber du hast doch gar nicht zwanzig Finger oder hast du mit den Zehen gerechnet \ <127-128>. Als Adressat ihrer Äußerung kann Jarek gesehen werden. Eventuell hat sie wie auch Polly und Carola <122> versucht, die Aufgabe mit den Fingern zu lösen, und ist dabei auf entsprechende Schwierigkeiten gestoßen. Vielleicht sieht sie auch in Jareks Ausdruck *wegrechnen* einen Hinweis auf das Rechnen mit den Fingern. Dabei bietet sie ihm zugleich die Möglichkeit an, durch Hinzuziehen der Füße diese Schwierigkeiten zu überwinden, und dennoch mit Körperteilen als konkrete Gegenstände zu rechnen. Sie könnte diese Erweiterung auf die Füße auch als Witz anführen. Unabhängig von der Deutung dieser Bemerkung als ernsthaftes Angebot oder als Witz werden die Grenzen der Finger als Hilfsmittel dadurch sehr sinnfällig betont.

Die Lehrerin bestätigt das Problem, dass die Anzahl der Finger für derartige Aufgaben nicht ausreicht, und verweist direkt auf Franzis Ausführungen Franzi sagt du hast nicht zwanzig Finger das stimmt <129>. Auch sie wendet sich an Jarek und schaltet sich damit gleichsam als Mittlerin dazwischen. Sie bewertet Franzis Einwurf einerseits als sinnvoll, andererseits erweckt sie damit den Eindruck, dass Franzis Nachfrage allein keine weitere Reaktion von Jarek benötigt. Eventuell sind derartige Fragen aus dem Zuhörerstatus ohne explizite Rederecht-Zuweisung durch die Lehrerin nicht zulässig. Die Lehrerin könnte weiter Franzis

Einwurf als „witzige" Bemerkung sehen, die gewöhnlich keine weitere inhaltliche Auseinandersetzung erfordert. Jedenfalls scheint sie im Sinne einer Ad-hoc-Entscheidung fruchtbares Potenzial in dieser Nebenbemerkung zu entdecken. Erst mit der Wiederholung des Einwandes durch die Lehrerin scheint Jarek im Zugzwang, der nun nochmals erklären soll, *wie er es gemacht hat* <129>. Damit ist Jarek nun gefordert, seinen schon beschriebenen Rechenweg zu konkretisieren. Das Angebot, dabei die Füße heranzuziehen, unterbreitet ihm die Lehrerin nicht. Sie erwartet wohl, dass Jarek es anders *gemacht* hat. Ob sie ohne Franzis Einwand mit Jareks erster Antwort zufrieden gewesen wäre, ist dabei nicht zu entscheiden.

Jarek setzt zu einer neuen Erklärung an. Er leitet sie erneut mit na ein und führt nun aus, dass er (eigentlich) ganz schnell gedacht / habe <130>. Damit weist er *(eigentlich)* zurück, konkrete Rechenhilfen herangezogen zu haben, und beruft sich auf seine Vertrautheit mit derartigen Aufgaben.[32] Nach einer kurzen Pause erläutert er dieses *schnelle Denken* als Rückwärtszählen um zwei Schritte .. ich weiß ja \ weil also neunzehn und ist die nächste Zahl ist achtzehn . da hab ich zwei weggerechnet \ von zwanzig \ <131-132>. Damit bringt Jarek hier einen Rechenweg zur Sprache, der nicht auf die von der Lehrerin angesprochenen Hilfsmittel *Zahlenstrahl* und *Finger* zurückgreift, sondern sich ausschließlich auf die bereits verinnerlichte Zahlenfolge bezieht. Das Angebot Franzis, die Füße zu benutzen, greift er nicht auf. Es scheint aus seiner Sicht nicht notwendig zu sein, die Beschränktheit der Finger zu überwinden ist. Indem er diesen „fingerlosen" Rechenweg vorführt, widerspricht er aber auch nicht ihrem Einwand.

Noch in Jareks Ausführung hinein erklärt Wayne, dass man Aufgaben mit dem Kopf <133> lösen kann. Das einleitende oder lässt diese Möglichkeit als eine weitere neben anderen erscheinen. So könnte er den von Jarek vorgeführten Rechenweg so bezeichnen und ihn damit von den bisher von der Lehrerin genannten Möglichkeiten abheben. Es ist aber auch denkbar, dass er auf den entsprechenden Zahlensatz „im Kopf" als Rechenweg zurückgreifen möchte.

Robert verweist nun nochmals auf den Zahlenstrahl als Hilfsmittel deutet auf den Zahlenstrahl oder mit des da \ <134>. Damit wird der Frage der Lehrerin an Jarek wie hast du das dann gemacht <129> hier ein allgemeinerer Stellenwert zugeschrieben, der verschiedene Möglichkeiten der Berechnung der Aufgabe umfasst. Während Jarek seine Ausführungen noch explizit auf die Aufgabe 20-2 bezieht, wird dieser Zusammenhang bei den Zwischenrufen von Wayne und Robert aufgegeben.

---

[32] Jarek hat die Rechnung offensichtlich nahezu automatisiert durchgeführt und (re-)konstruiert hier somit einen Prozess, dem er zuvor keine erhöhte Aufmerksamkeit gewidmet hat. Somit können diese nachträglichen Ausführungen nur sehr bedingt Rückschlüsse auf den ursprünglichen Rechenprozess ermöglichen. Wie jedoch schon wiederholt ausgeführt, geht es hier darum, Jareks Partizipation in der Interaktion nachzuzeichnen. Seine nachträgliche Erklärung wird somit vielmehr als unmittelbarer, situativer Interaktionsbeitrag analysiert und nicht als Hinweis auf Rechenstrategien als „kognitive Zustände".

So lässt sich auch Finger / oder mit m **Zahlenstrahl** / oder mit m **Kopf** \ sehr schön \ <135> als Zusammenfassung der zurückliegenden Diskussion durch die Lehrerin ohne direkte Bezugnahme auf die eingangs gestellte Aufgabe deuten. Die Schwierigkeiten der Fingerrechnung für die aktuelle Aufgabe, die durch Franzis Einwurf thematisiert wurde, ist damit aus dem Blickfeld verschwunden. Mit diesem allgemeinen Hinweis auf mögliche Hilfsmittel beendet die Lehrerin die Diskussion zunächst und stellt die nächste Aufgabe \ fünf / plus / fünf \ <136>.

4.1.1.3 Aufgabensequenz 3+0+8

137-175	Die folgenden Aufgaben, 5+5 sowie 4+6[33], werden von Jarek jeweils am schnellsten gelöst und er beendet damit seine Runde. Er wählt unmittelbar zusammen mit seiner letzten richtigen Lösung Wasily als nächsten Mitspieler. Polly wird danach fertig, Franzi meldet sich sofort <157.1>, jedoch wird Conny gewählt.
176 < L	nächste Aufgabe \ drei / plus n u l l / plus acht \
177 < Wayne	leise was /
178 Robert	hä / (unverständlich) ich hab die Aufgabe nicht verstanden \
179 Conny	elf
180 Wasily	einundzwanzig
181 Carola	elf
182 L	sehr schön \ Conny wie hast du n das gemacht \
183 Wayne	lachend einundzwanzig
184 < Jarek	ebenfalls lachend einundzwanzig
185 < Conny	ich hab äh
186 L	nein bitte es ist jetzt mal ruhig mich interessiert was die Conny -
187 Conny	ich hab erst acht und dann hab ich noch zwei und dann nach zehn kommt dann e l f \
189 L	aber ich hab doch gesagt drei plus acht \ wieso hast du denn acht plus drei gerechnet \
191 Conny	ja ich hab andersrum \
192 < Franzi	weils einfacher geht \
193 < L	geht das denn /
194 S	ja
195 Marina?	j a \ hast du schon mal gesagt
196 L	ich hab das letzte Woche schon mal gefragt aber vielleicht haben manche das schon wieder vergessen \
198 Robert	vor sich hinsprechend d r e i minus vier sind minus eins

Conny ist von Polly als neue Mitspielerin gewählt worden, und nachdem sie in einer Ecke angekommen ist, stellt die Lehrerin eine neue Aufgabe nächste Aufgabe drei / plus n u l l / plus acht \ <176>.

Nach zwei Zwischenbemerkungen, die vermutlich das akustische Verstehen betreffen, antwortet Conny als Mitspielerin mit der richtigen Lösung elf <179>.

---

[33] Diese Aufgaben lassen sich ohne weiteres mit allen zuvor erwähnten Hilfsmitteln berechnen. Auch gehören diese beiden Aufgaben sicher schon bei einigen Kindern zu den automatisierten Zahlensätzen, so vermutlich auch bei Jarek.

Wasily, ebenfalls Mitspieler, bietet einundzwanzig <180> als Lösung. Seine Lösung ist somit um zehn zu groß, eventuell hat er +10 für plus null gerechnet. Er könnte die Aufgabe entsprechend akustisch falsch verstanden haben. Eventuell ist +10 aber seine rechnerische Deutung von *plus null*. Weiter könnte dieses Ergebnis einfach geraten sein.

Erst nachdem auch Carola noch die richtige Antwort elf <183> genannt hat, lobt die Lehrerin. So ist nicht deutlich, ob dieses Lob nur an Conny gerichtet ist oder auch Carola einschließt. Allerdings richtet sich die Lehrerin nun explizit an Conny wie hast du n **das** gemacht \ <182>. Insbesondere durch die Betonung auf *das* scheint damit nun doch Connys Leistung besonders hervorgehoben. Conny ist nun wohl aufgefordert, ihren Lösungsweg zu erklären.

Während Conny ihre Ausführungen beginnt ich hab äh <185> lachen Wayne und Jarek über Wasilys falsche Lösung <183,184>. Damit kann den Beiden die notwendige Aufmerksamkeit unterstellt werden, um über die Richtigkeit einer Lösung zu entscheiden.

Die Lehrerin ermahnt zur Ruhe nein bitte es ist jetzt mal ruhig mich interessiert was die Conny - <186>, ohne jedoch Wayne oder Jarek direkt anzusprechen. Allerdings bekundet sie gegenüber dem Adressatenkreis ein persönliches Interesse an Connys Rechenweg. Eventuell ist sie tatsächlich überrascht, dass Conny die Aufgabe so gut lösen konnte.

Conny beginnt erneut ich hab erst acht <189>. Entgegen der Aufgabenstellung beginnt sie mit acht. Sie fährt fort mit und dann hab ich noch zwei <189>. Mit *haben* scheint sie die Aufgabe hier gegenständlich zu formulieren, so dass sie eventuell „in Fingern denkt". Ihre Erklärung ergänzt sie und dann nach zehn kommt dann e l f \ <190>. Für den letzten Rechenschritt verweist sie nun auf die Elf als Nachfolger der Zehn. Die Nachfolgerbildung lässt sich als Addition von Eins deuten. Ihr Rechenweg entspricht damit dem Term 8+2+1. Ausgehend von der von der Lehrerin gestellten Aufgabe drei / plus n u l l / plus acht \ <176> hat Conny somit *plus null* nicht berücksichtigt und die beiden verbleibenden Summanden vertauscht. Darüber hinaus hat sie durch die Ergänzung zur Zehn den zweiten Summanden zerlegt. Mit dieser Zerlegung greift sie sicherlich einen Standardrechenweg für Aufgaben mit Zehnerübergang in Klasse 1 auf, dennoch erfährt die ursprüngliche Aufgabe eine relativ komplexe Umgestaltung.

So scheint hier auch die Lehrerin weiteren Klärungsbedarf zu sehen aber ich hab doch gesagt drei plus **acht** \ <189>. Dieser Einwand ist sicherlich stellvertretend für SchülerInnen gedacht. In der Reformulierung ihrer eigenen Aufgabenstellung überspringt sie ebenfalls *plus null*. Eventuell möchte sie damit die Komplexität der weiteren Klärung zunächst mindern, eventuell sieht sie in dem Übergehen des Nullterms aber auch keine Schwierigkeiten. Auch in der Konkretisierung ihrer Nachfrage konzentriert sie sich auf das Vertauschen der Summanden wieso hast du denn acht plus drei gerechnet \ <189-190>. Dem von Conny angeführten Rechenweg, der als Term 8+2+1 wiedergegeben werden kann, ordnet sie nun die Aufgabe 8+3 zu. Die Zerlegung des zweiten Summanden (+3) wird nicht thematisiert und könnte somit von der Lehrerin als unproblematisch für das allgemeine Verständnis empfunden werden. Vielmehr lässt sich die Frage der Lehrerin als Aufforderung zu einer Begründung der Vertauschung verstehen. Die Rechtmäßigkeit der Vertauschung scheint damit nicht zur Disposition zu stehen, insbesondere, da die Lehrerin eingangs Conny schon für die Rechnung gelobt hat.

Conny erklärt ja ich hab andersrum \ <191>. Dies kann als Bestätigung gelten, dass sie bei ihrem Rechenweg tatsächlich die Aufgabe 8+3 als Ausgang genommen hat. Eine Begründung scheint damit zunächst nicht gegeben. Einerseits könnte Conny die Frage der Lehrerin nicht nicht als Aufforderung zur Begründung verstanden haben. Andererseits könnte aus ihrer Sicht mit dem Verweis auf die Vertauschung auch schon die Begründung liegen: Sie hat so gerechnet, weil es erlaubt ist.

Zeitgleich sind nun Franzi und die Lehrerin zu hören. Franzi scheint die Ausführungen aufmerksam verfolgt zu haben. Sie gibt mit weils einfacher geht \ <192> eine mögliche Begründung für das Vertauschen der Summanden an und somit kann Franzis Äußerung als Antwort auf die von der Lehrerin an Conny gerichtete Frage gesehen werden. Zumindest Franzi schien Connys Reaktion auf die Frage somit wohl nicht ausreichend, so dass sie hier „nachbessert". Damit wird ihre Aufmerksamkeit in der Interaktion dokumentiert und zugleich ein differenzierteres Verständnis von Begründungen. Hingegen ändert die Lehrerin ihre Frageausrichtung: mit geht das denn / <193> steht nun die Legitimation der Vertauschung zur Disposition.

Diese Legitimation wird nun zunächst in einer nicht zuzuordnenden Äußerung bestätigt <194>. Auch Marina bejaht dies mit Nachdruck und ergänzt hast du schon mal gesagt <195>. Damit stützt sie ihre Zustimmung auf die Autorität der Lehrerin. Dies könnte auf ein gültiges Begründungsformat in der Klasse verweisen. Durch den Verweis auf die Wiederholung von etwas schon mal Vereinbartem scheint weiter eine gewisse Gleichförmigkeit ausgedrückt sein. Diese beiden Aspekte schließen sich nicht aus.

Mit ihrer Reaktion ich hab das letzte Woche schon mal gefragt aber vielleicht haben manche das schon wieder vergessen \ <196-197> scheint die Lehrerin sowohl den Vorwurf der Gleichförmigkeit als auch den Hinweis auf ihre Autorität als Begründungsgrundlage zu relativieren. Man kann diese Reaktion der Lehrerin direkt an Marina gerichtet verstehen. Damit würde sie einerseits anerkennen, dass das Vertauschen von Summanden in der Klasse als etwas schon Vereinbartes gelten kann und Marina zu den Kindern gehört, die dies offensichtlich nicht vergessen haben. Gleichzeitig würde sie Marina auf ihre Eingebundenheit in die gesamte Klasse verweisen, die gewisse Rücksichtnahme verlangt. In ihrer Äußerung werden Positionen zu ihrer eigenen Lehrerinnenrolle deutlich, die so sicher nicht nur an Marina gerichtet sind. So übernimmt sie mit der Wendung schon mal gefragt hat die

Verantwortung für die (wiederholte) Thematisierung, weist aber die *alleinige* Verantwortung für die entsprechende Antwort ab. Weiter weist sie auch auf ihre Verantwortung hin, dass dies von möglichst allen Kindern erinnert werden muss, und rechtfertigt so die Wiederholung. Mit dieser Rechtfertigung ihres pädagogisch-didaktischen Handelns schließt sie die Diskussion zu dieser Aufgabe ab und formuliert die nächste Aufgabe.

4.1.1.4 Aufgabensequenz 20+0-2-1

199	< L	nächste Aufgabe ganz lange zwanzig / plus null / minus zwei / minus eins
200	< Polly	*schaut beim Rechnen auf den Zahlenstrahl*
201	< Ss	*flüsternd* zwanzig *(unverständlich)*
202	Conny	neunzehn
203	Carola	achtzehn
204	L	ich wiederhole \ zwanzig / plus n u l l / minus zwei /
205	David	sechs
206	L	minus eins \
207	Wasily	sechs
208	David	sechsundzwanzig
209		*Einige Kinder lachen.*
.1	Efrem	ä ä
210	Nicola	*leise* Conny siebzehn *zeigt sieben Finger in Connys Richtung*
211	Efrem	*zu David flüsternd* siebz
213	David	was /
213	Efrem	siebzehn
214	S	ach so
215	S	siebenundzw
216	< Franzi	oh die habn ja ne fiese Aufgabe \
217	< David	siebzehn
218	L	g u t \ wie hast du n das gemacht
219	David	hat Efrem mir erzählt *geht eine Ecke weiter*
220	< Wayne	Wasily *(unverständlich)*
221	< L	ö das war nicht gut *lacht* das war nicht so gut Efrem \
222	< Franzi	*steht auf* ja ich habs auch gerechnet
223	L	wer hat denn siebzehn rausgekriegt
224	David	ich hab gewonnen \
225		*Wayne, Franzi, Jarek, Efrem und Robert melden sich.*
226	L	so dann würde ich gerne wissen /
227	< David	Frau Fege gew -
228	< L	David warte mal eben \ ich würde gerne wissen wie die Kinder auf siebzehn gekommen sind
.1		*Franzi, Jarek, Efrem und Robert melden sich*
230	Robert	was /
231	L	wie sind die Kinder auf siebzehn gekommen \ Franzi
232	Franzi	*setzt sich hin* also ich bin ich hab so gerechnet – mit den Füßen wenn ich jetzt hier
233	< Franzi	so zwanzi zwanzig / plus äh nee minus /
234	< L	plus null ja /

235	< Franzi	z w a h e i *zeigt zwei Finger hoch*
236	< L	ja /
237	Franzi	minus eins *zeigt mit einem Finger auf ihre Füße* dann war es ganz klar also dann hab ich gesehen eins zwei drei vier fünf sechs sieben acht neun zehn und dann *zählt nun mit ihren Fingern einzeln weiter* elf zwölf dreizehn vierzehn fünfzehn sechzehn siebzehn achtzehn neunzehn äh -
241	L	ä bis siebzehn hast du gesagt \ Franzi ich hab das noch nie gehört dass ein Kind mit den Füßen gerechnet hat aber das gefällt mir gut \
243	Franzi	aber wenn du das mal äh äh äh früher hast du doch immer zehn plus zehn gesagt . *hebt dabei ihre Füße und Hände gleichzeitig hoch und lässt sie dann plumpsen* zwanzig \
246	L	das hab ich nie gemacht
247	< Wayne	doch -
248	< S	nein hat Frau Rawinski
249	Franzi	doch
250	Wayne	doch
251	S	doch
252	< L	Frau Rawinski war das weil ich hab das noch nie so gemacht
253	< S	Zwanzig
254	L	also aber das ist eine gute Idee
255-283		*David wählt Goran als neuen Mitspieler. Die Lehrerin stellt als letzte Aufgabe 13-2-1, die Goran richtig löst. Er darf noch eine Ecke weiter gehen, aber dann beendet die Lehrerin das „Spiel" und teilt den 6. Wochenplan aus.*

Wie schon bei der Aufgabe 11+2-0-1 <60> kündigt sie vor der Formulierung der Aufgabe an, dass es eine Kettenaufgabe sein wird nächste Aufgabe ganz lange zwanzig / plus null / minus zwei / minus eins <199>. Auch hier setzt sie durch Stimmhebungen Zwischenschritte. Damit gestaltet sie die lange Aufgabe übersichtlicher und könnte so eventuell unterstellten Schwierigkeiten vorbeugen.

Die falschen Lösungen neunzehn und achtzehn <202-203> von den Mitspielerinnen Conny und Carola könnten durch das Weglassen jeweils eines der Subtrahenden entstehen. Es sind aber auch andere Rechnungen denkbar (z.B. neunzehn <202> über die Rechnung 20+0-2+1 oder achtzehn <203> als Reaktion auf neunzehn als Nachbarzahl[34]).

Die Lehrerin wiederholt die Aufgabe <204> und lehnt damit zugleich die Lösungsvorschläge ab, ohne weiter auf die möglichen Fehler einzugehen. Noch bevor die Lehrerin die Wiederholung der Aufgabe beendet hat, ist David mit sechs <205> zu hören. David ist Mitspieler, so ist dies wohl als Lösungsvorschlag zu werten. Da weder zu der vollständigen Aufgabe 20+0-2-1 noch zu der von der Lehrerin bisher genannten Teilaufgabe 20+0-2 eine sofortige Verbindung herzustellen ist, lässt sich hier auch nicht analysieren, auf welche Äußerung der Lehrerin er sich hier bezieht.

Nachdem die Lehrerin die Wiederholung der Aufgabe beendet hat, sind von Wasily und David, beides Mitspieler, erneut falsche Lösungsvorschläge zu verneh-

---

[34] Erneut nennt Carola hier eine Lösung, die als Nachbarzahl aus einer schon genannten Lösung entstanden sein könnte.

men. Einige Kinder lachen; als Reaktion auf die falschen Antworten lässt sich dieses Lachen als Ablehnung derselben verstehen. Wasilys sechs kann als Wiederholung von <205> gesehen werden. Eventuell gilt das Lachen insbesondere dieser Antwort, die durch die Größenordnung relativ leicht auszuschließen ist. Weiter wurde auch schon in <183-185> über seine Antwort gelacht. Ob David schon in <205> sechsundzwanzig als Lösung anbieten wollte oder nun einen weiteren Vorschlag nennt, ist (und bleibt) unklar. Efrems Einwurf ä ä <209> ist als Verneinung zu lesen; er hat somit diese Aufgabe auch gerechnet und ist sich wohl zumindest sicher, dass 26 nicht die Lösung sein kann.

Nicola richtet sich als Zuhörerin an Conny, sagt dieser Mitspielerin das richtige Ergebnis vor <210> und schafft ihr damit einen Vorteil im „Spielgeschehen". Dabei zeigt sie für die Einer sieben Finger. Vermutlich möchte sie damit Missverständnissen für diese leise direkt an Conny gerichtete Bemerkung vorbeugen. Ebenso teilt Efrem flüsternd David die Lösung mit siebz <211>. Durch den Flüsterton werden einige Beteiligte von der rechtmäßigen Rezeption ausgeschlossen, also durch Efrem zu Lauschern erklärt. Dies könnte darauf hindeuten, dass Efrem im Vorsagen einen Regelverstoß erkennt, den er durch das Flüstern unbemerkt halten möchte (dasselbe gilt für Nicolas Äußerung zuvor). Weiter möchte er wohl lediglich David die richtige Antwort zukommen lassen, der damit ebenfalls einen Vorteil gegenüber den anderen mitspielenden Kindern erhält. Eventuell hat Efrem zuvor Nicolas Vorsagen registriert und möchte die dadurch aufgetretene Ungleichheit zumindest gegenüber David wieder ausgleichen. Dieses zweite Vorsagen ist aber auch unabhängig vom ersten zu denken, insbesondere, da die Lösung der Aufgabe schon eine Weile zur Disposition steht und Efrem sich auch schon in <209> ablehnend zu den bisher genannten Lösungen geäußert hat. was / <212> wird von Efrem als Rückfrage interpretiert. Er nennt nun besser verständlich nochmals die Lösung <213>. Die mit beiden Vorsage-Sequenzen ausgedrückte Sympathie könnte auf Freundschaftsbeziehungen hinweisen, aber auch gleichgeschlechtliche Solidarität ausdrücken, die auch außerhalb von Freundschaften eingenommen wird.

Die Zwischenrufe <214-216> werden nicht ausführlich betrachtet. Franzi stellt in einer Zwischenbemerkung fest, dass diese Aufgabe wohl besonders schwierig ist oh die habn ja ne fiese Aufgabe \ <216>. Die Betonung auf fiese steigert den unterstellten Schwierigkeitsgrad und lässt sich als Andeutung einer empfundenen Ungerechtigkeit interpretieren. Eventuell findet Franzi es nicht angebracht, derart „schwierige" Aufgaben in einem „Spiel" zu nennen. Zeitgleich nennt David die richtige Lösung <217>.

Die Lehrerin bestätigt Davids Ergebnis ausdrücklich und fragt, wie David das gemacht <218> hat. Eventuell hat sie Efrems Vorsagen bemerkt und möchte durch diese Nachfrage erreichen, dass David nun wenigstens nachträglich einen Rechenweg darlegt. Vermutlich bestätigt sich hier aber erneut das Interaktionsmuster einer erweiterten Aufgabe-Lösungs-Sequenz, wenn die Antwort nicht problemlos ohne mehrfache Fehllösung und Aufgabenwiederholung von den mitspielenden Kindern erbracht werden konnte. Alle hier aufgeführten Ausschnitte stellen entsprechend erweiterte Aufgabe-Lösungs-Sequenzen dar. Lediglich in der Sequenz zur Aufgabe 20-2 konnte die Lösung von Jarek problemlos ermittelt werden. In dieser Sequenz wurde gerade dieser schnellen, fehlerlosen Lösung ein gewisses Überraschungspotenzial zugewiesen, das diese Erweiterung als Ad-hoc-Entscheidung der Lehrerin hervorbrachte. Alle anderen Sequenzen entsprechen dem Muster einer problematischen Lösungsermittlung, die zu einer Erweiterung des üblichen I-R-E-Musters führt.

Bedenkt man, dass Efrem versucht hat, das Vorsagen verdeckt zu halten, antwortet David überraschend offen hat Efrem mir erzählt <219>. Er geht eine Ecke weiter. Somit scheint er in diesem Vorgehen kein Regelverstoß zu sehen.

Wayne wendet sich an Wasily, einen Mitspieler, allerdings ist seine Bemerkung unverständlich. Die nächste zum offiziellen „Spielgeschehen" gehörende Äußerung kommt von der Lehrerin, die auch von Davids Antwort überrascht scheint ö das war nicht gut *lacht* das war nicht so gut Efrem \ <221>. Somit hat sie wohl das geflüsterte Vorsagen von Efrem nicht bemerkt und tatsächlich erwartet, dass David seinen eigenen Rechenweg präsentiert. Sie wendet sich an Efrem und tadelt – wenn auch humorvoll – sein Interaktionsverhalten. Davids Verhalten wird damit nicht beanstandet. Vielmehr wird Efrem allein für das Vorsagen verantwortlich gemacht.

Franzi, die die Aufgabe kurz zuvor als besonders schwierig bezeichnet hat, bemerkt zeitgleich, dass sie die Aufgabe ebenfalls gerechnet hat <222>. Das Aufstehen verleiht ihr Präsenz und hebt ihr Engagement hervor. Mit auch bezieht sie sich vermutlich auf Efrem. Durch Davids Eingeständnis <219> wird offenkundig, dass Efrem ein aufmerksamer Zuhörer ist, der aktiv mitrechnet. Franzi offenbart hier ihre eigene Aufmerksamkeit. Eventuell empfindet Franzi es als nicht gerechtfertigt, einen einzelnen Schüler (Efrem) aus der indifferenten Masse der ZuschauerInnen als *aufmerksam* herauszustellen.

Die Lehrerin wendet sich an die ZuschauerInnen des „Spielgeschehens" wer hat denn siebzehn rausgekriegt <223>. Damit haben nun tatsächlich die aufmerksamen ZuhörerInnen die Möglichkeit, hier aus der Unschärfe der Wahrnehmung des Zuhörerkreises herauszutreten und ggf. ihre Leistung (Rechenfähigkeit) aufzuzeigen.

David bemerkt, dass er gewonnen hat <224>. Seine Äußerung bezieht sich damit auf das unmittelbare „Spielgeschehen" im Kreis der MitspielerInnen. Auch hier zweifelt er die Gültigkeit seiner Antwort, die durch Vorsagen zustande gekommen ist, für das „Spielgeschehen" nicht an. Die Verlagerung der Interaktion auf den Zuhörerkreis wird durch David nicht aufgenommen.

Die in der Kamera erkennbaren Meldungen von Wayne, Franzi, Jarek, Efrem und Robert <225>, sämtlich aus dem Kreis der ZuschauerInnen, sind als Antwort auf die Frage der Lehrerin zu werten: Diese Kinder behaupten, die Aufgabe richtig gerechnet zu haben. Die Lehrerin setzt nun an so dann würde ich gerne wissen / <226>, was sie in <228-229> vollständig ausführt ich würde gerne wissen wie die Kinder auf siebzehn gekommen sind. Nachdem David ihr in <219> eine entsprechende Antwort schuldig geblieben ist, möchte sie nun aus dem Kreis der ZuhörerInnen Rechenwege erfahren.

Allerdings wird sie zunächst von David unterbrochen, der jetzt direkt die Lehrerin, Frau Fege, anspricht, wobei gew- <227> wohl als gewonnen zu ergänzen ist. Er setzt sich weiterhin mit dem unmittelbaren „Spielgeschehen" auseinander und ignoriert somit die aktuelle Verlagerung der Interaktion. Die Lehrerin reagiert ebenfalls direkt an David gerichtet und weist seine Äußerung als momentan unpassend zurück. Er wird auf später vertröstet, und damit wird die thematische Verlagerung der Interaktion bestätigt.

Die Lehrerin wiederholt ihren bereits schon formulierten Arbeitsauftrag, bevor sie in <231> Franzi aufruft. Auch in der Wiederholung ihrer Frage möchte die Lehrerin wissen, wie *die Kinder auf siebzehn gekommen sind* <228, 231>. Eventuell geht sie davon aus, dass alle Kinder einen bestimmten (Muster-)Rechenweg benutzt haben. Vielleicht möchte sie aber auch die verschiedenen Rechenwege erfragen und Franzi darf beginnen.

Franzi setzt sich hin. Auch wenn die Lehrerin nicht unmittelbar auf Franzis Zwischenbemerkung in <222> eingegangen ist, ist hier Franzi durch das erteilte Rederecht aus dem Kreis der indifferenten ZuhörerInnen zu einer Gesprächspartnerin der Lehrerin geworden. Die Dokumentation ihres Engagements durch Aufstehen scheint damit nicht mehr notwendig. Franzi erklärt, dass sie ihre Füße zu Hilfe genommen hat <232>.

Somit bringt sie zum zweiten Mal die Idee ein, die Füße als Rechenhilfe heranzuziehen. In <127> hatte sie die Vermutung geäußert, dass Jarek die Zehen benutzt haben könnte, und unterstellt dieser Idee damit eine gewisse Verbreitung. Hier verwendet sie hingegen wiederholt das Personalpronomen ich, was als Hinweis auf die Subjektivität und Besonderheit des Rechenweges gelten kann. Die Wiederholungen ich bin so ich hab so deutet auf eine gewisse Anspannung hin, die sich in einem stockenden Start widerspiegelt. Auch diese könnte der Besonderheit geschuldet sein. Mit wenn ich jetzt hier so zwanzi zwanzig / plus äh nee minus / <232-233> beginnt sie, den Rechenweg für die gestellte Aufgabe vorzuführen. Durch wenn und jetzt so könnte sie diese Aufgabe stellvertretend für einen bestimmten Aufgabentyp darstellen, der *jetzt so* zu lösen ist. Damit hätte ihre Demonstration über die Lösung der konkreten Aufgabe hinaus Anspruch auf eine allgemeingültige Lösungsstrategie.[35] Sie verbessert plus in nee minus <233>, hat also offensichtlich zunächst Schwierigkeiten, sich an die Aufgabe zu erinnern oder das richtige

---

[35] Steinbring (2000) zeigt auf, dass Kinder konkrete Beispiele gezielt benutzen, um daran Allgemeingültiges auszudrücken.

Wort zu finden. Zeitgleich ergänzt die Lehrerin plus null <234> und setzt damit die ursprüngliche Aufgabe fort.

Die Lehrerin deutet Franzis Ausführungen wohl als die Wiederholung der Aufgabe. Franzi fährt jedoch betont fort z w a h e i und hält dabei zwei Finger hoch <235>. Sie überspringt damit den Term *plus null* und könnte ihn hier einfach vergessen. Allerdings greift sie diesen Term auch nach der Korrektur der Lehrerin nicht auf. Auch dies lässt sich dahingehend deuten, dass ihr die eigentliche Aufgabe, die schon gelöst ist, nicht mehr so wichtig ist und sie die Demonstration des Lösungsweges in einem allgemeineren Rahmen vollzieht. Weiter lässt sich *plus null* an den Fingern nur schwer umsetzen. Franzi führt somit schon in der Aufgabennennung ihren Weg vor. Die Lehrerin akzeptiert nun dieses Vorgehen <236>. Franzi beendet die Reformulierung der Aufgabe minus eins <237> und zeigt dann auf ihre Füße. Für ihre Demonstration der Vorgehensweise, „mit den Füßen rechnen", nennt sie die Rechenschritte, die tatsächlich mit Händen und Füßen gerechnet werden müssen. Franzi bezieht hier schon in der Aufgabennennung die Hilfsmittel ein, ohne dass dabei die konkrete Verwendung deutlich wird. So könnten die zwei hoch gehaltenen Fingern lediglich die Zahl 2 symbolisieren, sie könnten aber für *minus zwei* stehen. Bei minus eins zeigt sie jedoch mit einem Finger auf die Füße <237>. Sie könnte damit eine bestimmte Zehe zeigen. Es ist aber auch denkbar, dass der einzelne Finger für *minus eins* steht und sie hier vorauseilend schon auf die Füße weist, die in ihrem nächsten Rechenschritt bedeutend werden.

Sie leitet nun mit dann war es ganz klar also dann hab ich gesehen zum Abzählprozess über <237-238>. So hat sich für Franzi wohl mit der bisherigen Verwendung der Finger und Füße etwas geklärt. Sie zählt nun erst die zehn Zehen fiktiv. Ab elf zählt sie ostentativ die Finger einzeln ab <238-240>. Somit benutzt sie die (unsichtbaren) Zehen für den ersten Zehner, der vollständig bleibt, während die Finger für den zu bearbeitenden Zehner dienen. Man könnte ihr bisheriges Abzählverhalten zunächst dahingehend deuten, dass sie die Gesamtzahl der Zehen und Finger bestimmen wollte. Jedoch unterbricht sie sich sichtlich verwirrt bei neunzehn äh- <240>. So wollte Franzi wohl vorführen, wie sie bei der Aufgabe 20+0-2-1 auf *siebzehn* gekommen ist. Vermutlich hat sie während der Zählaktion vorübergehend den Ausgangspunkt ihrer Demonstration aus den Augen verloren. Eventuell ist ihr auch das Rechenverfahren wichtiger als die eigentliche Aufgabe, die ja schon als richtig bestätigt ist. Wollte sie nur bis 17 abzählen, so müsste sie drei Finger für die Subtrahenden reserviert haben, die nicht mitgezählt werden dürfen.

Die Lehrerin erinnert Franzi ebenfalls irritiert an das schon von David richtig genannte Ergebnis ä bis siebzehn hast du gesagt \ Franzi <241>. Auch die Äußerung der Lehrerin scheint mit bis auf einen Abzählprozess bezogen. Sie unterstellt wohl, dass Franzi zuvor diesen Abzählprozess korrekt bis siebzehn durchgeführt hat. Weiter behauptet die Leherin, noch nie eine Rechnung mit Füßen gesehen zu haben, und hebt so Franzis Rechenweg als ungewöhnlich und für sie an dieser Stelle wohl überraschend hervor. Allerdings macht sie auch gleich deutlich, dass ihr diese Lösungsfindung gut gefällt <242>, obwohl Franzis Erklärungen nicht zum korrekten Ergebnis geführt haben (zur Bewertung von Lösungswegen als Aspekt der „socialmathematical norms" siehe Yackel/Cobb 1996, 462f.; vgl. Voigt 1995, 106). Die Lehrerin unterstellt hier, dass Franzi den in der Demonstration fehlgeschlagenen Abzählprozess korrekt ausführen könnte. Somit billigt sie Franzi Kompetenzen zu, die in der Performanz nicht in Erscheinung treten (ä bis siebzehn hast du gesagt \ <241>). Dabei kann Franzis offensichtliche Verwirrung, die schließlich zum Abbruch des Abzählprozesses führen, als Indiz für derartige Kompetenzen gesehen werden. Die Lehrerin bewertet Franzis Beitrag wohl auch nicht unmittelbar in Hinblick auf die Lösung der konkreten Aufgabe, sondern als Beitrag einer grundsätzlichen Lösungsmöglichkeit. Sie könnte es einerseits generell gutheißen, auch die Füße zum Rechnen heranzuziehen. Andererseits kann sich dieses Lob auch auf die Originalität und Eigenständigkeit beziehen, die Franzi aus ihrer Sicht zeigt.

Aber gerade diesen zweiten Aspekt scheint Franzi zu relativieren aber wenn du das mal äh äh äh früher hast du doch immer zehn plus zehn gesagt . hebt dabei ihre Füße und Hände gleichzeitig hoch und lässt sie dann plumpsen zwanzig \ <243-246>. Sie verweist darauf, dass die Lehrerin früher etwas gesagt hat, auf das sie ihre Rechnung abstützt. In ihren gestenreichen Ausführungen unterstellt sie wohl, dass die Lehrerin den Zahlenraum bis Zwanzig durch die Zehen und Finger in zwei Zehnerbündel gegliedert hat. Dieser Rückgriff auf die Lehrerin überrascht, da diese nun gerade behauptet hat, noch nie jemanden gesehen zu haben, der die Füße zum Rechnen benutzt. Die Lehrerin lehnt auch im nächsten Redezug ab, dies jemals gemacht zu haben. Nun wird es lebhafter in der Klasse. Zunächst stimmen mehrere Kinder in Zwischenrufen Franzi zu, diese Veranschaulichung des Zwanzigerraumes von der Lehrerin zu kennen.

Ein Kind erwähnt in diesem Zusammenhang die andere Lehrerin, die in dieser Klasse unterrichtet, und dies wird von der Lehrerin aufgegriffen Frau Rawinski war das weil ich hab das noch nie so gemacht <252>. Dennoch lobt sie nochmals diese Idee <254>. Dabei kommt gut <257> wohl die doppelte Funktion zu, das Zurückliegende abschließend zu würdigen und eine neue Akzentuierung in die Interaktion einzubringen.

Die Lehrerin kündigt nun noch eine Aufgabe an <257>. Es ist sehr unruhig in der Klasse. Leider sind die Bemerkungen der Kinder nicht zu verstehen. So ist nicht klar, ob eventuell einige Kinder noch immer überzeugt sind, dass Frau Fege diese Idee eingebracht hat, oder durch den Klärungsprozess durch Zwischenrufe eine allgemeine Unruhe entstanden ist, die nun noch andauert. Weiter ist denkbar, dass einige Kinder in <257> die Ankündigung des „Spielendes" nach der nun folgenden Aufgabe sehen und damit unzufrieden sind.

Schließlich meldet sich erneut David zu Wort und erinnert an die vorhin aufge-schobene Entscheidung im „Spielgeschehen". Vielleicht bezieht sich ein Teil der Unruhe auch auf die damit noch ausstehende Wahl eines neuen Kindes als MitpspielerIn. Die Lehrerin fordert nun David auf, schnell ein Kind zu wählen; dieser wählt Goran <260-263>. Somit ist für sie die Diskussion um das Rechnen mit Füßen abgeschlossen. Weiter ist es für den „Spielverlauf" nicht von Bedeu-tung, dass David die Antwort lediglich durch Vorsagen geben konnte. Damit wird hier nun auch von Seiten der Lehrerin Davids Verhalten als innerhalb des Rahmens liegend gedeutet, während Efrems Vorsagen von der Lehrerin abge-lehnt wird <221>. Wird vorgesagt, ist es hier durchaus legitim, daraus einen Vor-teil zu erlangen. Der Regelverstoß liegt allein beim Vorsagenden, der den aktiven und initiierenden Part übernimmt (zum „Vorsagen" als Kooperationshandlung während der Tischarbeit Naujok 2000, 166; s.u. 5.1.3.1.1 und 5.1.4.1.1).

4.1.2 Rezeptionsanalyse

Im Wesentlichen kann man bei diesem „Spiel" folgende Grundkonstellation re-konstruieren: Die Lehrerin wendet sich mit ihrer Aufgabenformulierung an die vier MitspielerInnen als GesprächspartnerInnen, die übrigen Kinder der Klasse sind als ZuhörerInnen konzipiert. Dabei fordert die Lehrerin zu Beginn eine *auf-merksame* Zuhörerschaft ein, jedoch sind im Regelwerk keine Vereinbarungen vorgesehen, die diese Aufmerksamkeit sicherstellen. Für die nicht mitspielenden Kinder kann daher nicht zwischen dem Zuhörer- und Mithörerstatus unterschie-den werden und es eröffnet sich hier für die die Möglichkeit, den Status des „*Bystanders*" relativ ungefährdet mit geringer Ausmerksamkeit auszufüllen. Dennoch scheint ein hinlänglicher Kreis der Zuhörerschaft das „Spielgeschehen" aufmerksam zu verfolgen, um an entsprechenden Stellen eingreifen zu können.

Möglichkeiten zum Eingreifen als ZuhörerIn bieten sich zunächst im „Spiel" bei Kritik an der Schiedsrichterentscheidung der Lehrerin und um sich als Mitspiele-rIn zur Wahl zu stellen (z.B. *Jarek und Franzi melden sich stürmisch. Aitac meldet sich ganz zaghaft.* <98.1>). Diese Einwürfe sind sicherlich teilweise auch aus dem Status des „*Bystanders*" möglich – etwa das Melden zu einem Zeitpunkt, an dem schon ei-nige ZuhörerInnen aufzeigen <98.1>.

Weiter können sich die aufmerksamen ZuhörInnen auch in Sequenzen zu Wort melden, in denen der eigentliche „Spielablauf" unterbrochen wird und Lösungs-wege in der Interaktion thematisiert werden. Wie in der Interaktionsanalyse auf-gezeigt, geschieht dies musterhaft bei problematischen Aufgabensequenzen, in denen die MitspielerInnen nicht unmittelbar eine Lösung nennen können bzw. mehrfach falsche Lösungen genannt werden. Obwohl sich die Lehrerin auch bei diesen erweiterten Lösungssequenzen zunächst an die MitspielerInnen wendet und z.B. auffordert, den benutzten Rechenweg vorzuführen, werden Beiträge aus dem Zuschauerraum möglich. Es emergieren so Podiumsdiskussionen an diesen kritischen Stellen, die den Kreis der MitspielerInnen überschreiten. Somit ist es für aufmerksame ZuhörerInnen möglich, hier geeignete Momente für eine *„tätig-produktive"* Partizipation (vgl. Krummheuer/Brandt 2001, 73) zu erkennen, sofern die Aufgaben im Rahmen ihrer jeweiligen Rechenfähigkeiten liegen. Der Aufmerksamkeitsgrad muss dabei so hoch sein, dass zumindest „passende" Beiträge formuliert werden können. Die musterförmige Hervorbringung dieser Erweiterungen erleichtert hier die interaktiven Anforderungen für geeignetes Eingreifen in das Interaktionsgeschehen aus dem Zuschauerkreis.

In der Funktion einer Moderatorin gibt die Lehrerin Beiträge aus dem Zuschauerraum in den kleineren Kreis des Podiums weiter. Diese Mittlerrolle, mit der sie auch die inhaltliche Weiterentwicklung des Gespräches steuert, wird insbesondere in der oben analysierten Sequenz zu Aufgabe 20-2 deutlich: Franzi gehört nicht unmittelbar zum Kreis des Podiums, sondern schlüpft aus dem Status der aufmerksamen Zuhörerin in eine sprechende Rolle. Sie wendet sich direkt an Jarek als Gesprächspartner <127> – jedoch schaltet sich die Lehrerin hier dazwischen und reicht als Moderatorin die Frage aus dem Publikum an Jarek weiter, der nun seine Argumentation weiter ausführt. Die nachfolgenden Beiträge von Robert und Wayne sind weder inhaltlich noch strukturell direkt an Jarek gerichtet – vielmehr handelt es sich hier wohl um durchaus passende, jedoch nicht direkt anschließende Zwischenrufe aus dem Zuhörerstatus, die auch mit geringerer Aufmerksamkeit erfolgen können. Die Lehrerin schließt diese Podiumsdiskussion nun durch eine ebenfalls nicht mehr ausschließlich an Jarek gerichtete Bemerkung ab und das „Spiel" wird wieder aufgenommen. Erkennbar wird hier das Inklusionsverhältnis von Podiumsdiskussion und Klassengespräch. Nach einer vertiefenden argumentativen Auseinandersetzung wird der Anspruch an die inhaltliche Anpassung an vorhergehende Redebeiträge geringer; der Interaktionsprozess wird wieder in den Gleichfluss überführt (vgl. Krummheuer/Brandt 2001, 64f.).

Franzis Einwurf, dass sie den Zahlenstrahl nicht richtig einsehen kann, findet Gehör und der Klage wird mit relativ viel Aufwand nachgekommen. Diese Äußerung ist keiner Podiumsdiskussion und auch nicht dem Ablauf des „Spieles" zuzuordnen. Vielmehr bezieht sie sich auf eine grundsätzliche Voraussetzung für schulisches Lernen im (Mathematik)unterricht der Grundschule: Für die Lösungsermittlung stehen bestimmte Hilfsmittel zur Verfügung, und solange der entsprechende „Zahlensatz" noch nicht zum „automatisierten Wissen" gehört, dürfen diese Hilfsmittel herangezogen werden und müssen auch entsprechend zugänglich sein. Durch den aufwändigen Korrekturmechanismus der Lehrerin erhält der Einwand nachträglich Legitimität. Franzis Einwurf lässt sich somit als Einklage der organisatorischen Minimalanforderungen zur Ermöglichung von Lernprozessen verstehen, die - eingebettet in eine „Spielsituation" - darüber hinaus wohl auch eine gewisse Gerechtigkeit betrifft. Allerdings klagt sie dies aus der Position einer Zuhörerin für sich ein, so dass hier vermutlich vor allem der Aspekt der Ermöglichung des Mitdenkens – und somit eher eine Lernsituation – angesprochen scheint.

Für die Vorsage-Sequenzen sind die GesprächspartnerInnen jeweils Nicola-Carola bzw. Efrem-David; diese Sequenzen sind nicht dem offiziellen Interaktionsstrang zuzuordnen. Vielmehr schließen sie die anderen Beteiligten als LauscherInnen von der Rezeption aus – auch wenn sie in die thematische Entwicklung im offiziellen Interaktionsstrang einmünden.

4.1.3 Argumentationsanalysen

Die Argumentationsanalysen der Sequenzen setzen sich aus dem Toulmin-Schema und dem Produktionsdesign zusammen. Beide Verfahren werden für je eine Argumentation im Zusammenhang dargestellt. Zu einigen Aufgabensequenzen werden mehrere Argumentationen hervorgebracht, die sich als Argumentationszyklus begreifen lassen. In diesen Fällen wird im Anschluss an die Analysen der Einzelargumentationen der interaktive Zusammenhang nochmals hervorgehoben.

4.1.3.1 Aufgabensequenz 11+2+0-1

Die Lehrerin nennt 11+2+0-1 als neue Aufgabe. Wayne schlägt als Lösung vierzehn vor. Dies wird von Efrem verneint. Darauf nennen Wayne und Carola 13 bzw. 15 als weitere Lösungsvorschläge. Diese lassen sich als Reaktion auf Efrems Ablehnung verstehen. Schließlich rechnet die Lehrerin gemeinsam mit den mitspielenden Kindern die Aufgabe vor. Insgesamt lassen sich so drei Argumentationszyklen in dieser Sequenz ausmachen:

- Efrems Ablehnung der Lösung 14,
- Carolas Lösungsvorschlag 15 und
- Lösungsweg der Lehrerin für die Lösung 12.

Das gemeinsame Vorrechnen der Aufgabe wird hier nicht detailliert analysiert, da dieser Rechenweg von der Lehrerin vorgeführt wird und keines der fokussierten Kinder sprechend daran beteiligt ist. Im Wesentlichen lässt sich diese Argumentation als das gemeinsame Durchführen der Rechnung beschreiben, die auf der Möglichkeit der Zerlegung von Kettenaufgaben besteht. Sie entspricht damit dem Muster der kollektiven, narrativen Argumentation mit Wechsel der/des Erzählerin/Erzählers (vgl. Krummheuer 1997, 12). Hier soll die argumentative Einbindung von Efrems Äußerungen <65, 81> betrachtet werden, die in dieser gemeinsamen Berechnung nicht berücksichtigt werden.

4.1.3.1.1 Efrems Ablehnung der Lösung 14

Bestimmt lehnt Efrem die von Wayne eingebrachte Lösung 14 ab, ohne eine eigene Lösung zu nennen. Es ist möglich, dass er zu diesem Zeitpunkt noch keine eigene Lösung errechnet hat. Wie in der Interaktionsanalyse herausgearbeitet, muss er aber zumindest ein Zwischenergebnis ermittelt haben, mit dem sich diese Aussage sichern lässt. Seine abschließende Bemerkung zurücknehmen <81> wurde in der Interaktionsanalyse u.a. dahingehend interpretiert, dass Efrem bei Waynes erster Lösung einen Rechenfehler im letzten Rechenschritt vermutet hat. Dabei ist anzunehmen, dass er dies schon in <65> mutmaßt. Gerade die Ablehnung der Lösung ohne das Nennen einer eigenen könnte auf eine argumentative Auseinandersetzung hindeuten, die auch den mutmaßlichen Rechenfehler einschließt. Dabei sind die Aufgabenstellung sowie der Zwischenschritt 11+2=13 als Daten zu sehen, aus denen sich die Fehlerhaftigkeit der Lösung 14 ableiten lässt. Als Garant lässt sich die Charakterisierung *zurücknehmen* für die Rechenoperation *minus* einsetzen, die alle Lösungen größer 13 als Lösung ausschließt.[36]

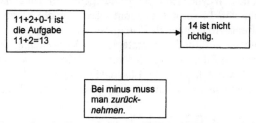

Wayne ist als Kreator seiner (falschen) Lösung zu sehen, ebenso Efrem für seine Ablehnung. Das Zwischenergebnis dreizehn wird in der gemeinsamen Rechnung von Wayne im Zusammenspiel mit der Lehrerin genannt; sie werden jeweils als Ko-KreatorIn bezeichnet. Auch wenn Efrem in seiner Ablehnung noch nicht auf diese Produktion zurückgreifen kann, so geht sie doch in die durch seine Bemerkung zurücknehmen <81> abgeschlossene Argumentation für Zuhörende (als Bedingung der Möglichkeit für rezeptive Lernprozesse) mit ein. Damit ergibt sich folgendes Produktionsdesign:

Sprechender und Funktion	Äußerung	Idee (argumentative Funktion der Äußerung)
	weitere Verantwortliche und Funktion	
L: Kreatorin	nächste Aufgabe \ **längere** Aufgabe \ elf - . plus zwei / . plus null / . minus / eins \ <60>	Aufgabenstellung (Datum)
Wayne: Kreator	vierzehn \ <64>	Lösungsvorschlag (Datum)
Efrem: Kreator	n e i n – vierzehn sind es nischt \ <65>	Ablehnung der Lösung (Konklusion)
Wayne, L Ko-KreatorIn	elf plus zwei ist dreizehn \ <69.1-73>	Zwischenergebnis (Datum)

---

[36] In Krummheuer/Brandt (1998) wird ausgeführt, dass die Argumentationanalyse von der Interaktionsanalyse abhängig ist. Werden verschiedene Interpretationsmöglichkeiten der Interaktionsanalyse verfolgt, ergeben sich unterschiedliche Argumentationsanalysen. Hier wird nur eine Möglichkeit näher ausgeführt – dabei wird die gewählt, für die der Garant auch ausgeführt ist und nicht unterstellt werden muss.

Sprechender und Funktion	Äußerung	Idee (argumentative Funktion der Äußerung)
	weitere Verantwortliche und Funktion	
Efrem: Kreator	zurücknehmen <81>	Minus als Zurücknehmen (rückwärts zählen; Garant)

4.1.3.1.2 Carolas Lösungsvorschlag 15

Carolas Lösungsvorschlag könnte konklusiv mit Efrems Aussage zusammenhängen.[37] Sie könnte unterstellen, dass Wayne sich nicht grundlegend verrechnet hat, und so die Lösung in der Nähe von 14 vermuten. Somit wären sowohl Waynes Lösungsvorschlag als auch Efrems Ablehnung als Daten ihrer Überlegung zu sehen. Aus diesen Daten könnte sie aufgrund der strategischen Verwendung der minimalen Veränderung (Garant) auf die Lösung 15 schließen (Konklusion). Im Laufe der Episode können noch zwei sehr ähnliche Lösungsfindungen bei Carola beobachtet werden, so dass diese Schlussmöglichkeit nicht unwahrscheinlich ist.

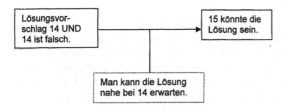

Carola ist als Kreatorin ihrer (falschen) Lösung zu sehen. Die übrigen Zuordnungen entsprechen dem Produktionsdesign zu Efrems Ablehnung. Damit ergibt sich folgendes Produktionsdesign:

Sprechender und Funktion	Äußerung	Idee (argumentative Funktion der Äußerung)
	weitere Verantwortliche und Funktion	
Wayne: Kreator	vierzehn \ <64>	Lösungsvorschlag (Datum)
Efrem: Kreator	n e i n – vierzehn sind es nischt \ <65>	Ablehnung der Lösung (Datum)
Carola: Kreatorin	fünfzehn / <67>	Lösungsvorschlag (Konklusion)

4.1.3.1.3 Interaktiver Zusammenhang der Argumentationen

Die Aufgabenstellung der Lehrerin und Waynes Lösungsvorschlag dienen Efrem als Daten für seine Ablehnung. Er erkennt in diesen beiden Daten einen Wider-

---

[37] Dies lässt sich ähnlich auch für Waynes zweiten Lösungsvorschlag unterstellen. Die Argumentation wäre dann strukturell äquivalent und wird daher nicht aufgeführt.

spruch und bezeichnet daher zunächst Waynes Lösung als falsch (Konklusion), ohne seine Gründe (Garanten) hierfür anzugeben. Carola nutzt nun gerade diese Konklusion als Datum, um eine eigene Lösung zu kreieren. Allerdings „korrigiert" sie Waynes Lösung in die falsche Richtung. Erst abschließend führt Efrem einen möglichen Garanten für seine Ablehnung an, der auch Carolas Korrekturversuch als falsch gewahr werden lässt. Insgesamt behalten Konklusion und Garant beider Argumentationen den Status isolierter Zwischenbemerkungen. Alle Elemente werden im Kreatorstatus hervorgebracht. Mögliche Zusammenhänge untereinander, aber auch zum gemeinsamen Rechnen mit der Lehrerin, werden nicht thematisiert. Es handelt sich um subjektive Argumentationen. Efrem kann sich dabei durch den gesamten Interaktionsverlauf inhaltlich in seiner Argumentation bestätigt sehen, was wohl auch in seiner abschließenden Äußerung zum Ausdruck kommt.

4.1.3.2 Aufgabensequenz 20-2

Die Lehrerin nennt mit zwanzig minus zwei <121> die nächste Aufgabe und eröffnet damit die neue Sequenz. In dieser Sequenz können zwei Argumentationen unterschieden werden:

- Jareks Lösungsweg und

- Unzweckmäßigkeit der Finger.

Diese werden zunächst einzeln nachgezeichnet und abschließend in ihrem interaktiven Zusammenspiel betrachtet.

4.1.3.2.1 Jareks Lösungsweg

Nachdem die Lehrerin auf potenzielle Argumentationsmittel hingewiesen hat, formuliert sie eine neue Aufgabe, die als Datum für den betrachteten Argumentationsstrang gelten kann. Die Lösung achtzehn <123> als Konklusion wird von Jarek hervorgebracht und durch gut <124> der Lehrerin bestätigt. Mit ihrer Frage wie hast du n das gemacht Jarek - / <124> fordert die Lehrerin nun von Jarek weitere Elemente der Argumentation ein, die diesen Schluss stützen sollen. Jareks Begründung na ich hab .. zwei weggerechnet \ <125> kann als Garant gesehen werden: Bei Minusaufgaben muss man die Subtrahenden *wegrechnen*.

Nach Franzis Einwurf (Argumentationsanalyse siehe nächsten Abschnitts) verweist Jarek mit weil also neunzehn und ist die nächste Zahl ist achtzehn . <130> auf die Abfolge der natürlichen Zahlen, die er für das *Wegrechnen* herangezogen hat (bzw. haben könnte). Diese zweite Erklärung endet mit den Worten da hab ich zwei weggerechnet \ von zwanzig \ <132> und bestätigt so nochmals seinen schon zuvor ausgeführten Garanten. Jarek führt als Garanten das Wegrechnen an, auf das er schnell im Kopf (gedacht) zurückgreifen kann <130>. Die Abfolge der natürlichen Zahlen, die das zählen ermöglicht, wird hier daher als Stützung der Argumentation gesehen. Wie schon in der Interaktionsanalyse ausgeführt, widerlegt er nicht Franzis Einwurf, sondern unterbreitet ein alternatives Hilfsmittel, das nicht der von Franzi angeführten Beschränkung der Finger unterliegt. In der Möglichkeit, die Aufgabe durch Rückgriff auf die Zahlenabfolge im Kopf zu lösen, wird er eventuell von Wayne unterstützt (falls dieser damit nicht auf einen automatisierten Zahlensatz verweist).

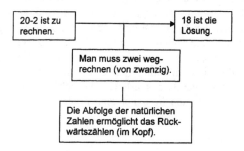

Da Jarek potenziell auch falsche Antworten nennen könnte, wird er für die Lösung (Konklusion) als Kreator gesehen, obwohl hier die Aufgabenformulierung die Antwort im Sinne der Eindeutigkeit impliziert. Mit gut \ .. wie hast du n das gemacht Jarek - <124> bestätigt die Lehrerin einerseits die Konklusion, fragt aber dennoch nach dem Weg – und somit nach der Gültigkeit des Schlusses. Jarek führt zunächst als Kreator *Wegrechnen* als Übersetzung für *minus* an, die als Garant in die Argumentation eingeht. Damit ergänzt er die Argumentation zunächst um einen möglichen Garanten, wie dies von Toulmin (1975, 88) bei aufkommendem Zweifel am Schluss beschrieben wird (auch wenn hier kein echter Zweifel vorliegt).

Sprechender und Funktion	Äußerung	Idee (argumentative Funktion der Äußerung)
	weitere Verantwortliche und Funktion	
Lehrerin: Kreatorin	nächste Aufgabe \ zwanzig / minus zwei \ <121>	Aufgabenstellung (Datum)
Jarek: Kreator	achtzehn \ *geht eine Ecke weiter* <123>	Lösung (Konklusion)
Jarek: Kreator	na ich hab .. zwei weggerechnet \ <125>	Minus als „Wegrechnen" des Subtrahenden (Garant)

Jedoch ist Franzi damit noch nicht zufrieden. Sie zweifelt den von Jarek genannten Garanten *Wegrechnen* nicht grundsätzlich an. Vielmehr fordert sie für die Aufgabe besondere Durchführungsbedingungen ein, die rechtfertigen, dass dieser Schluss auch bei dieser Aufgabe möglich ist. Dabei geht sie von einer konkreten Realisierung des Garanten durch Abzählen aus. Auch dieser zweiten Nachfrage kommt Jarek durchaus im Sinne einer immer tiefer gehenden Argumentation nach. Als Kreator sichert er den Garanten nun durch den Rückgriff auf die Abfolge der natürlichen Zahlen (Stützung):

Sprechender und Funktion	Äußerung	Idee (argumentative Funktion der Äußerung)
	weitere Verantwortliche und Funktion	
Jarek: Kreator	na also ich hab *(unverständlich)* ganz schnell gedacht / .. ich weiß ja \ weil also neunzehn und ist die nächste Zahl ist achtzehn . <130>	Rückgriff auf die Abfolge der natürlichen Zahlen im Kopf (Stützung).
Jarek: Imitierer	da hab ich zwei weggerechnet \ von zwanzig \ <132>	Minus als „Wegrechnen" des Subtrahenden (Garant).
	Inventor: Jarek <125>	
Wayne: Paraphrasierer[38]	tippt sich auf den Kopf oder mit dem Kopf <133>	Rückgriff auf die Abfolge der natürlichen Zahlen im Kopf (Stützung).
	Initiator: Jarek <130>	

Somit bringt Jarek hier nachträglich eine vollständige Argumentation hervor, die die ihm entgegengehaltenen Zweifel sukzessive entkräftet. Dabei greift er nicht die von der Lehrerin zuvor vorgeschlagenen Argumentationsmittel *Zahlenstrahl* bzw. *Finger* auf, so dass er hier für die gesamte Argumentation als Kreator gesehen werden kann.

4.1.3.2.2 Unzweckmäßigkeit der Finger

Franzi stellt zunächst fest, dass Jarek keine zwanzig Finger <127> hat, und benennt damit ein Datum, das mit der Aufgabe (ebenfalls Datum) im Widerspruch steht. Dieser Widerspruch (Garant) wird in Franzis Äußerung lediglich mit aber angedeutet und von der Lehrerin bestätigt. Somit kann als Konklusion zunächst festgehalten werden, dass Jarek anders – nicht mit den Fingern – gerechnet haben muss (siehe Argument 1).

Da die Aufgabe also nicht ohne weiteres mit den Fingern zu lösen ist, wird in dieser Konklusion die Notwendigkeit einer alternativen Rechenstrategie erkennbar. So dient diese erste Konklusion als Datum für den zweiten Teilschritt der Argumentation. Franzi unterbreitet als alternative Rechenmethode, die Zehen als Ausweg zu nutzen. Diese Rechenstrategie gilt in diesem zweiten Argumentationsschritt als Konklusion. Die generelle Möglichkeit, im Zwanzigerraum die Füße zu Hilfe zu nehmen, kann als Garant unterstellt werden (siehe Argument 2).

---

[38] Wayne könnte hier auch als Kreator gesehen werden, wenn mit dem Kopf als Hinweis auf einen automatisierten Zahlensatz interpretiert wird. Die Interaktionsanalyse ließ hier keine eindeutige Entscheidung zu. Diese Deutungsalternative wäre dann aber nicht dem Argumentationsstrang „Minus als Rückwärtsrechnen" zuzuordnen und könnte damit hier entfallen.

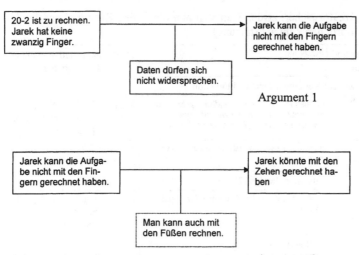

Argument 1

Argument 2

Für das Produktionsdesign werden die Elemente der Argumentationsschritte entsprechend ihrer Zuordnung zum ersten oder zweiten Teilschritt der Argumentation mit 1 oder 2 bezeichnet.

Sprechender und Funktion	Äußerung	Idee (argumentative Funktion der Äußerung)
	weitere Verantwortliche und Funktion	
Lehrerin: Kreatorin	nächste Aufgabe \ zwanzig / minus zwei \ <121>	Aufgabenstellung (Datum 1)
Franzi Kreatorin	aber du hast doch gar nicht **zwanzig** Finger <127>	Anzahl der Finger als Widerspruch (Datum 1, Garant 1)
Franzi: Kreatorin	oder hast du mit den **Zehen** gerechnet \ <127>	Ausweg: Rechnen mit Füßen (Konklusion 2)
Lehrerin Paraphrasiererin	Franzi sagt du hast nicht zwanzig Finger das <128>	Anzahl der Finger als Widerspruch (Datum 1, Garant 1)
	Initiatorin: Franzi <127>	
Lehrerin Paraphrasiererin	stimmt wie hast du das dann gemacht <128>	Jarek hat anders gerechnet (Konklusion 1)
	Initiatorin: Franzi <127>	

4.1.3.2.3 Interaktiver Zusammenhang der Argumentationen

Beiden Argumentationen liegt die Aufgabenformulierung als Datum zugrunde. Wie sich am Produktionsdesign erkennen lässt, weisen die beiden Argumentationsstränge in den weiteren argumentativen Funktionen der Äußerungen (Idee/Inhalt) keine Überschneidungen auf. Somit entwickeln Jarek und Franzi zwei unterschiedliche Lösungsideen für diese Aufgabe. Jedoch sind beide Argumentationen sequenziell verknüpft: Indem Franzi ihre Lösungsidee Jarek unterstellt, fordert sie mit ihrer Konklusion die vollständige Entfaltung seiner Argumentation erst heraus. Jarek geht auf Franzis Vorschlag nicht ein, widerspricht somit auch nicht der grundsätzlichen Möglichkeit dieser vorgeschlagenen Idee. Beide Argumentationen lassen sich aufgrund der sequenziellen Verschränkung als Argumentationszyklus bezeichnen, obwohl sie nicht unmittelbar als *„sich wechselseitig unterstützend bzw. sich gegenseitig widersprechend bezeichnet werden können"* (Krummheuer/Brandt 2001, 32; s.a. Brandt/ Krummheuer 1999a). Jareks *Widerrede* fungiert vermutlich als ein „repair"[39], der die seinen Ausführungen unterstellten Argumentationsmittel korrigiert.

Franzi hinterfragt nicht die Gültigkeit des von Jarek angeführten Garanten (siehe Jareks Lösungsweg), sondern verlangt nach einer Beschreibung, wie der Garant ausgeführt werden kann. Jarek ergänzt seine oben schon vollständig wiedergegebene Argumentation erst nach Franzis Einwurf. Durch die Absicherung des Wegrechnens auf das Rückwärtszählen nach dieser Gegenargumentation werden aufgeworfene Schwierigkeiten überwunden. In den nachfolgenden Äußerungen werden die aufgeführten Hilfsmittel nicht mehr unmittelbar als Argumentationsmittel für die aktuelle Aufgabe herangezogen, sondern allgemeiner als Möglichkeiten benannt, die dann in der jeweiligen Situation im Sinne einer substanziellen Argumentation auf den speziellen Fall bezogen werden müssten. Auf den hier vorliegenden Fall werden sie jedoch nicht bezogen. Somit sind diese Äußerungen auch nicht mehr unmittelbar dem Argumentationszyklus zur Aufgabe 20-2 zuzurechnen.

4.1.3.3 Aufgabensequenz 3+0+8

Die Lehrerin fordert Conny auf, ihren Rechenweg vorzuführen. Dieser Rechenweg vollzieht sich in zwei Schritten und stellt die Argumentation in dieser Sequenz dar. Die von der Lehrerin genannte Aufgabe 3+0+8 liegt insgesamt als Datum zugrunde.

Im ersten Schritt dreht Conny die Aufgabe um ich hab erst acht <187> (Garant), was sie auf Nachfrage der Lehrerin bestätigt <191>. Die entstehende Tauschaufgabe (ohne den Summanden Null) ist die Konklusion dieses ersten Schrittes. Sie wird von der Lehrerin genannt <189>. Franzi knüpft die Vereinfachung als Bedingung an, die das Umdrehen der Summanden *bei dieser Aufgabe* sinnvoll macht. Dies kann als Ergänzung des von Conny genutzten Garanten gesehen werden. Marinas abschließende Bemerkung ja \ hast du schon mal gesagt <195> verweist wohl auf die grundsätzliche Möglichkeit, Summanden umzudrehen, und stützt sich dabei auf

---

[39] Der Begriff „repair" soll hier im Sinne der Konversationsanalyse verstanden werden, der als Korrekturzug einen Beitrag desselben Sprechers aufgrund von aufgetretenen Fehldeutungen oder Missverständnissen präzisiert (s. dazu insbesondere Edwards 1997, 100ff.; s.a. Goffman 1978).

die Autorität der Lehrerin (Argument 1). Die Tauschaufgabe liegt als (nachträglich) akzeptiertes Datum dem zweiten Rechenschritt zugrunde. dann hab ich noch zwei und dann nach zehn kommt dann <187> lässt sich zunächst als 8+2=10 verstehen. Damit erfolgt ein Hinweis auf die gängige Rechenstrategie, erst bis zur Zehn zu ergänzen und dann den Rest dazuzuzählen (Garant). Für den Teilschritt +1 verweist Conny auf die Zahlenfolge als unbezweifelte Tatsache (Datum), die ihr diesen letzten Rechenschritt ermöglicht (Argument 2).

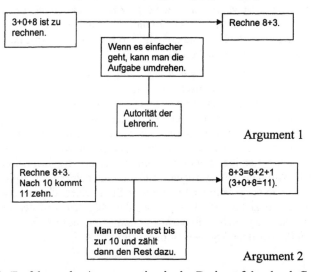

Argument 1

Argument 2

Die Entfaltung der Argumentation in der Breite erfolgt durch Conny, die schon in ihrem ersten Beitrag zum Lösungsweg die notwendigen einzelnen Rechenschritte aufführt. Diese Rechenschritte werden von ihr als Kreatorin hervorgebracht. Dies verdeutlicht zunächst, dass Conny über das notwendige Argumentationsformat für diese Aufgabe (erst umdrehen, dann Summanden zerlegen) schon verfügt, die Situation ist für Conny damit keine Lernsituation im Sinne der Partizipation in Argumentationsformaten (s.o. 2.3.1). Sie führt ihre Lösung für die aufmerksamen ZuhörerInnen vor, die über dieses Format noch nicht verfügen. Dabei ist bemerkenswert, dass ihre Ausführungen insbesondere auf der Ebene des Garanten liegen (siehe tabellarische Darstellung zum Produktionsdesign) und sie damit für die aufmerksamen ZuhörerInnen eine besonders günstige Form der Darstellung gestaltet. Die Nachfragen der Lehrerin beziehen sich auf den ersten Teilschluss. Sie formuliert dafür die von Conny auf der Garantenebene genannte Idee *Aufgabe umdrehen* als erste Konklusion (Datum 2), so dass sie hier als Paraphrasiererin der Idee weitere Begründungen für diese einfordert. Die Beiträge von Franzi und Marina kommen dieser Aufforderung nach und ergänzen den ersten Teilschluss in der Tiefe. Beide bringen dabei Ergänzungen ein, die über Connys (hervorgebrachte) Ideen hinausgehen; sie sind also auch als Kreatorinnen zu sehen:

Sprechender und Funktion	Äußerung	Idee (argumentative Funktion der Äußerung)
	weitere Verantwortliche und Funktion	
Lehrerin: Kreatorin	nächste Aufgabe \ drei / plus n u l l / plus acht \ <176>	Aufgabenstellung (Datum 1)
Conny: Kreatorin	elf <179>	Lösung (Konklusion 2)
Conny: Kreatorin	Ich hab erst acht und dann hab ich noch zwei und dann nach zehn kommt dann e l f \ <187-188>	Aufgabe umdrehen (Garant 1) Summand zerlegen (Garant 2) Zahlenfolge (Datum 2)
Lehrerin: Paraphrasiererin	wieso hast du denn acht plus drei gerechnet \ <189-190>	Tauschaufgabe (Konklusion 1 /Datum 2)
	Conny: Inventorin	
Conny: Paraphrasiererin	ja ich hab andersrum \ <191>	Aufgabe umdrehen (Garant 1)
	Conny: Inventorin	
Franzi: Kreatorin	weils einfacher geht \ <192>	Aufgabe umdrehen (Garant 1)
Marina: Kreatorin	ja \ hast du schon mal gesagt <195>	Autorität der Lehrerin (Stützung 1)

Es ist Franzi und Marina in dieser Sequenz möglich, den von Conny vorgeführten Rechenweg so tiefgehend zu erfassen, dass sie noch fehlende Aspekte problemlos einfügen können. Neben der damit dokumentierten Aufmerksamkeit dieser beiden SchülerInnen wird in dieser kollektiven Gestaltung der Argumentation auch die Musterhaftigkeit der Lösung deutlich: Hier wird durch die drei SchülerInnen (und die Lehrerin) ein standardisiertes Lösungsmuster an einer Aufgabe konkretisiert. Dass die damit hervorgebrachte Argumentation insbesondere als mögliche Lernsituation für aufmerksame ZuhörerInnen konzipiert ist, wird durch die abschließende Bemerkung der Lehrerin explizit aber vielleicht haben manche das schon wieder vergessen <196-197>. Durch das Zulassen von Schüleräußerungen ohne Aufzeigen (Franzi und Marina) öffnet die Lehrerin hier den Gesprächskreis (vgl. die Improvisationsstrategien bei Mehan 1979, 107ff.; s.o. 1.1.2), was auf der Ebene des Rezipientendesigns durch den damit eingeforderten Status der aufmerksamen ZuhörerIn die Lernsituation optimiert (s.o. 2.3.2).

4.1.3.4 Aufgabensequenz 20+0-2-1

Auch diese Sequenz wird durch die Aufgabenstellung eröffnet, die als Datum für zwei Argumentationen dient:

• Davids Lösungsfindung und

- Franzis Fußrechnung.

Beide Argumentationen werden zunächst wieder einzeln dargestellt.

4.1.3.4.1 Davids Lösungsfindung

Beiden Argumentationen liegt die zu lösende Aufgabe 20+0-2-1 als Datum zugrunde. Die korrekte Lösung 17 (Konklusion) wird zunächst von Nicola und Efrem in Flüstergesprächen genannt und dann von David in das offizielle „Spielgeschehen" eingebracht. Nach einem Lösungsweg befragt, beruft sich David explizit auf Efrem. Hier kann somit das Vorsagen der Lösung als Garant gesehen werden, wobei Efrems Beitrag eine gewisse Zuverlässigkeit zugeschrieben wird.

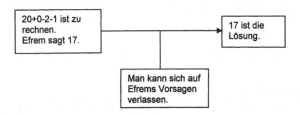

Die von Efrem vorgesagte 17 ist somit einerseits als Konklusion im Sinne der richtigen Lösung für die gestellte Aufgabe (Datum) zu sehen. Andererseits dient sie David aufgrund der Tatsache, dass Efrem sie nennt, als Datum für seine Lösungsbegründung. Efrem könnte die 17, wie in der Interaktionsanalyse dargestellt, von Nicola als Imitierer übernommen haben. Allerdings ist Nicolas Lösungsvorschlag nicht an die Vorsage-Sequenz zwischen Efrem und David gerichtet. Efrem übernimmt die Verantwortung für den Lösungsvorschlag 17 und kann damit hier als Kreator bezeichnet werden, zumal er für Nicolas Äußerung als Lauscher zu sehen ist und ihm diese vermutlich akustisch gar nicht zugänglich war. Diese Kreator-Funktion ist wesentlich für den unterstellten Garanten, mit dem sich David gerade auf Efrems Kompetenzen verlässt. Somit ergibt sich für das oben aufgeführte Toulmin-Schema folgendes Produktionsdesign.

Sprechender und Funktion	Äußerung	Idee (argumentative Funktion der Äußerung)
	weitere Verantwortliche und Funktion	
Lehrerin: Kreatorin	nächste Aufgabe ganz lange zwanzig / plus null / plus acht \ <199>	Aufgabenstellung (Datum 1)
Nicola: Kreatorin	Conny siebzehn *zeigt sieben Finger in Connys Richtung* <210>	Lösung (Konklusion)
Efrem: Kreator	siebzehn <213>	Lösung (Datum + Konklusion)

Sprechender und Funktion	Äußerung	Idee (argumentative Funktion der Äußerung)
	weitere Verantwortliche und Funktion	
David: Imitierer	siebzehn <217>	Lösung (Konklusion)
	Efrem: Inventor	
David: Kreator	hat **Efrem** mir erzählt <219>	Efrems Rechenkompetenz (Garant)

4.1.3.4.2 Franzis Fußrechnung

Franzis Erklärungen sind relativ komplex und zielen, wie in der Interaktionsanalyse ausgeführt, vermutlich auf eine generelle Beschreibung der von ihr wiederholt angeführten Rechnung mit den Füßen als auf die Begründung der konkreten
Aufgabenlösung. Diese Lösung wurde zu diesem Zeitpunkt bereits mehrfach genannt und auch schon von der Lehrerin bestätigt. Franzis Beitrag stellt keine weitere Bestätigung dar, da sie bei ihrer Demonstration nicht das korrekte Ergebnis
herausbekommt. Vielmehr wird die Gültigkeit der Lösung auf den Rechenweg
übertragen, von dem Franzi behauptet, zuvor die Lösung mit diesem richtig ermittelt zu haben: Im Vergleich der von David genannten Lösung mit ihrer eigenen Lösung findet Franzi ihre Rechnung bestätigt, die sie nun vermeintlich unterbreitet. Auch hier lassen sich zwei Argumentationsschritte rekonstruieren.

Zunächst führt sie an, dass sie die Füße hinzugezogen habe, und erklärt damit die
gestellte Aufgabe zu einer Aufgabe, die mit den Füßen zu lösen ist. Dies kann als
die Herstellung des ersten Schlusses gesehen werden, in dem die genannte Aufgabe das Datum ist und die Einordnung „ist mit den Füßen zu rechnen" die Konklusion. Hände und Füße zusammen stehen dabei für die Zahl 20 in der Aufgabe
(Garant), was durch den Term 10+10 nochmals verdeutlicht wird. Später beruft
sich Franzi dafür auf die Autorität der Lehrerin (Stützung). Damit stützt sie auch
prinzipiell das Rechnen mit den Füßen auf deren Autorität ab (siehe Argument
1). Im zweiten Teilschluss führt sie nun vor, wie diese Rechnung „mit den Füßen" auszuführen ist. Sie zählt für die unsichtbaren Zehen bis 10; diese bleiben
also im Rechenprozess als „erster Zehner" komplett. Die Subtrahenden 2 und 1
sind somit an den Händen zu verorten (Garant). Damit ließe sich das Ergebnis
durch konkretes Abzählen der verbleibenden Finger ermitteln (Konklusion). Jedoch gelingt ihr hier in der konkreten Durchführung nicht die Zuordnung der
Subtrahenden zu bestimmten Fingern und der Abzählprozess misslingt. Obwohl
so Franzis Darlegung ihres Lösungsweges gewissermaßen fehlschlägt, wird sie
von der Lehrerin ausdrücklich gelobt. Damit bestätigt sie auch, dass der Rechenweg erfolgreich sein könnte, und unterstützt die Konklusion, wobei durch die
Korrektur die Möglichkeit des Verzählens als Einschränkung der Sicherheit (als
modaler Operator; Toulmin 1975, 92) dieses Verfahrens deutlich wird (siehe Argument 2).

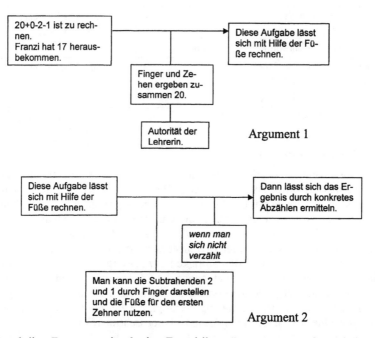

Argument 1

Argument 2

Durch ihre Demonstration breitet Franzi ihren Lösungsweg sofort relativ umfassend aus, ist somit als Kreatorin der einzelnen argumentativen Funktionen in ihrer Demonstration zu sehen. Für den ersten Garanten beruft sie sich auf die Lehrerin, sie ist aber sowohl in der situativen Verantwortung (Krummheuer/Brandt 2001) als auch in der Anwendung der Fußrechnung (Garant 1) auf genau diese Aufgabe (Datum 1) im Sinne einer *„substanziellen Argumentation"* (Toulmin 1975, 112) auch hier als Kreatorin zu sehen. Durch die Korrektur verweist die Lehrerin auf die Möglichkeit des Verzählens und damit auf eine Einschränkung der Sicherheit dieser Methode. Man könnte hier auch Franzis äh – schon als Hinweis auf das Verzählen deuten und damit die Lehrerin als Paraphrasiererin ableiten. Jedoch könnte Franzi auch noch andere Zweifel haben, so dass die Lehrerin als Kreatorin rekonstruiert wird. Für die Abstützung der eigenen Rechnung auf die Lehrerin erhält Franzi akklamativ Zustimmung von einigen Kindern, die hier jedoch nicht im Produktionsdesign aufgenommen werden. Diese Beiträge wären als Paraphrase bzw. Imitation der Idee einzuordnen.

Sprechender und Funktion	Äußerung	Idee (argumentative Funktion der Äußerung)
	weitere Verantwortliche und Funktion	
Lehrerin: Kreatorin	nächste Aufgabe ganz lange zwanzig / plus null / plus acht \ <199>	Aufgabenstellung (Datum 1)
David: Imitierer	siebzehn <217>	Lösung (Datum 1)
	Efrem: Inventor <213>	
Franzi: Kreatorin	meldet sich auf die Frage, wer 17 ‚rausgekriegt' hat und erklärt als eigenen Rechenweg: ich hab so gerechnet <232>	Lösung so errechnet (Datum 1)
Franzi: Kreatorin	- mit den **Füßen** <232>	Aufgabe für „Fußrechnung" geeignet (Konklusion 1 = Datum 2)
Franzi: Kreatorin	**z w a h e i** zeigt zwei Finger hoch minus eins zeigt mit einem Finger auf ihre Füße <235>	Subtrahenden in den Fingern zu verorten (Garant 2)
Franzi: Kreatorin	dann war es ganz klar also dann hab ich gesehen eins zwei drei vier fünf sechs sieben acht neun zehn und dann zählt nun mit ihren Fingern einzeln weiter elf zwölf dreizehn vierzehn fünfzehn sechzehn siebzehn achtzehn neunzehn äh - <237-240>	konkreter Abzählprozess möglich (Konklusion 2)
Kreatorin Lehrerin	ä bis siebzehn hast du gesagt \ <241>	Verzählen möglich (Einschränkungsmodus 2)
Franzi: Kreatorin	aber wenn du das mal äh äh äh früher hast du doch immer zehn plus zehn gesagt . hebt dabei ihre Füße und Hände gleichzeitig hoch und lässt sie dann plumpsen zwanzig \ <243-245>	Rechnen im Zwanzigerraum mit Händen und Füßen möglich (Garant 1/ Stützung1)

4.1.3.4.3 Interaktiver Zusammenhang der Argumentationen

Eingangs erklärt Franzi, mit diesem Rechenweg zuvor das richtige Ergebnis ermittelt zu haben (ich hab so gerechnet). Die richtige Lösung wurde von David als Lösungsvorschlag eingebracht und von der Lehrerin bestätigt. Damit kann die Lösung 17 für nachfolgende Argumentationen in dieser Aufgabensequenz als unbezweifelte Tatsache (Datum) genutzt werden. Franzis Lösungsbegründung wird somit akzeptiert, da sie behauptet, mit diesem Rechenweg zuvor das inzwischen als unbezweifelte Tatsache akzeptierte Datum abgeleitet zu haben. Davids Lösungsbegründung, die sich auf Efrems Rechenfähigkeit stützt, wird damit als Schlussmöglichkeit für Rechenaufgaben abgelehnt, auch wenn sie für das „Spielgeschehen" akzeptiert wird.

Die Lehrerin nimmt hier durch das Einholen eines weiteren Lösungsweges eine Bewertung der bereits gegebenen Begründung vor. Franzi erhält aufgrund der nicht befriedigenden Ausführungen Davids die Chance, ihren Weg vorzuführen. Obwohl ihr Weg in der Demonstration nicht zum Erfolg führt, wird er in seiner

Sinnhaftigkeit akzeptiert und gelobt. Gerade im Vergleich mit Davids Begründung für seine richtige Antwort wird hier das eigene Nachdenken gelobt und damit wohl auch als Lernchance aufgezeigt.

4.1.4 Die individuellen Partizipationsvarianten

4.1.4.1 Efrems Partizipation

65	E: *Kreator*	n e i n – vierzehn sind es nischt \
81	E: *Kreator*	zurücknehmen
209.1	E: *(Kreator)*	ä ä
211	E: *Kreator*	*zu David flüsternd* siebz
213	E: *Kreator*	siebzehn
219	David E: *Zuhörer*	hat Efrem mir erzählt *geht eine Ecke weiter*
221	L E: *Gesprächspartner*	ö das war nicht gut *lacht* das war nicht so gut Efrem \
225		*Wayne, Franzi, Jarek, Efrem und Robert melden sich.*
228.1		*Franzi, Jarek, Efrem und Robert melden sich*

Efrems Beiträge <65,81,209> können als Wertung von Lösungsvorschlägen gesehen werden. Wie in der Interaktionsanalyse herausgearbeitet wurde, liegt dieser Episode das dreischrittige I-R-E-Interaktionsmuster mit entsprechenden Erweiterungssequenzen zugrunde. Evaluierende Äußerungen sind in der hier realisierten Grundstruktur offensichtlich der Lehrerin vorbehalten; Efrems Äußerungen sind damit „unpassend". So bleibt auch die von ihm hervorgebrachte mögliche Fehleranalyse als evaluierender Beitrag unberücksichtigt.

Für das Vorsagen <211,213> wird Efrem von der Lehrerin, wenn auch humorvoll, explizit kritisiert <221>. Damit wird Efrem aber von der Lehrerin wahrgenommen und kann ihr gegenüber immerhin seine Rechenfähigkeit und Aufmerksamkeit demonstrieren. Insbesondere aufgrund der „Spielsituation" wird das Vorsagen hier wohl von der Lehrerin kritisiert, jedoch erscheint es generell dem Interaktionsmuster I-R-E zu widersprechen: Mit dem Vorsagen hilft Efrem zunächst, die noch nicht geglückte Lösungsfindung abzuschließen, indem er die richtige Lösung nennt. Dies entspricht für den Fortgang der thematischen Entwicklung der von Ehlich und Rehbein beschriebenen *„Lehrer-Assertion"* (Ehlich/Rehbein 1986, 26ff.), mit der eine missglückte Lösungsfindung durch die/den LehrerIn/Lehrer abgeschlossen wird. Jedoch wird durch das Vorsagen der evaluierende Aspekt umgangen. Allerdings könnte die Lehrerin aufgrund der ausbleibenden passenden Antwort aus dem Kreis der GesprächspartnerInnen (hier: die MitspielerInnen) als Improvisationsstrategie durch entsprechende Rederecht-Zuweisung den Gesprächskreis erweitern, um weiterhin die Lösungsfindung den Lernenden zu überlassen. Auch die damit verbundene Kontrolle der

Lehrerin über den Sprecherwechsel wird durch das Vorsagen missachtet, der Beitrag ist partizipativ unpassend. Im Anschluss an die Ermahnung dieser unpassenden Lösungsnennung erhält Efrem nicht die Gelegenheit, seinen Rechenweg vorzuführen. So ist die einzige direkte Aufmerksamkeit der Lehrerin, die Efrem somit in dieser Episode erhält, eine Sanktion hinsichtlich seiner strukturell unpassenden „richtigen" Lösung. Damit ergibt sich für Efrem in dieser Sequenz eine mögliche Lernsituation in Hinblick auf die strukturelle Dimension seiner interaktiven Kompetenz, falls die zugrunde liegenden (impliziten) Strukturierungen von ihm über entsprechende interpretative Leistungen erkannt werden.

Efrem wird immer wieder im Interaktionsgeschehen *produktiv tätig* und hat mindestens zwei der hier vorgestellten Aufgaben korrekt gelöst. Damit dokumentiert sich über weite Strecken eine hinreichende Aufmerksamkeit und engagierte (inhaltliche) Auseinandersetzung mit dem Unterrichtsgespräch. Jedoch gelingt es ihm nicht, seine inhaltlich passenden Beiträge strukturell angemessen einzubringen.

4.1.4.2 Franzis Partizipation

		Es ist ganz still in der Klasse. Alle Kinder sitzen am Platz, nur Franzi noch nicht. Sie schleicht leise und vorsichtig in Richtung ihres Tisches.
	L F: Gesprächs-partnerin	leise ganz toll \ . Franzi setzt dich mal schnell hin \ ich brauche mal vier Kinder \
	83-120	Jarek und Franzi melden sich stürmisch.
		Während Jarek in eine Ecke geht, nennt die Lehrerin die Finger und den Zahlenstrahl als geeignete Rechenhilfen. Franzi kann den Zahlenstrahl an der Wand nicht einsehen. So räumt die Lehrerin einige Sachen vom Kamerateam beiseite und ermöglicht damit allen Kindern eine freie Sicht auf den Zahlenstrahl.
127	F: Kreatorin	aber du hast doch gar nicht zwanzig Finger oder hast du mit den Zehen gerechnet \
129	L F: Zuhörerin	Franzi sagt du hast nicht zwanzig Finger das stimmt wie hast du das dann gemacht
	137-175	Die folgenden Aufgaben, 5+5 sowie 4+6, werden von Jarek jeweils am schnellsten gelöst. Dieser wählt unmittelbar zusammen mit seiner letzten richtigen Lösung Wasily als nächsten Mitspieler. Polly wird danach fertig, Franzi meldet sich sofort <157.1>, jedoch wird Conny gewählt.
192	F: Kreatorin	weils einfacher geht \
216	F: Kreatorin	oh die habn ja ne fiese Aufgabe \
222	F: Kreatorin	steht auf ja ich habs auch gerechnet
225		Wayne, Franzi, Jarek, Efrem und Robert melden sich.
228.1		Franzi, Jarek, Efrem und Robert melden sich
231	L F: Gesprächspartnerin	wie sind die Kinder auf siebzehn gekommen \ Franzi
232	F: Kreatorin	setzt sich hin also ich bin ich hab so gerechnet – mit den Füßen wenn ich jetzt hier

233	F: *Kreatorin*	so zwanzi zwanzig / plus äh nee minus /
235	F: *Kreatorin*	z w a h e i *zeigt zwei Finger hoch*
237	F: *Kreatorin*	minus eins *zeigt mit einem Finger auf ihre Füße* dann war es ganz klar also dann hab ich gesehen eins zwei drei vier fünf sechs sieben acht neun zehn und dann *zählt nun mit ihren Fingern einzeln weiter* elf zwölf dreizehn vierzehn fünfzehn sechzehn siebzehn achtzehn neunzehn äh -
243	F: *Kreatorin*	aber wenn du das mal äh äh äh früher hast du doch immer zehn plus zehn gesagt . *hebt dabei ihre Füße und Hände gleichzeitig hoch und lässt sie dann plumpsen* zwanzig \

Zu Beginn der Episode läuft Franzi noch durch die Klasse und wird direkt von der Lehrerin angesprochen. Sie kritisiert in der Anfangsphase des Spieles die Schiedsrichterentscheidung der Lehrerin <37> und versucht wiederholt, als Mitspielerin gewählt zu werden <98.1,52,157.1>, was ihr jedoch nicht gelingt. Weiter achtet sie eindringlich darauf, die von der Lehrerin angebotenen Rechenhilfen nutzen zu können <104,107>, und erkennt so wohl auch den übenden Charakter der „Spielsituation" für die ZuhörerInnen.[40] Dieser „institutionell" geprägten Interpretation der Situation könnte auch *steht auf* ja ich habs auch gerechnet <222> geschuldet sein, in der sie ihre fachlichen Kompetenzen hervorhebt. Über ihre Beiträge werden optimierte Lernbedingungen für Franzi und auch andere geschaffen:

Zunächst rezipiert Franzi als aufmerksame Zuhörerin Jareks erste Beschreibung seines Lösungsweges. Sie versucht hier Möglichkeiten zum konkreten Abzählen zu finden und richtet unaufgefordert aus dem Status der Zuhörerin eine Frage an Jarek. Wie bereits dargestellt, wird diese Frage durch die Lehrerin als Moderatorin weitergeleitet. Die Andersartigkeit von Jareks Lösungsvorschlag wird so gerade durch die unmittelbare Gegenüberstellung deutlich. Franzi hat als aufmerksame Zuhörerin durch eine geeignete Nachfrage eine argumentative Entfaltung bewirkt, die für sie selbst und für andere aufmerksame ZuhörerInnen eine optimierte Lernsituation darstellt. Ihr Beitrag, der als Verständnisfrage zu sehen ist, wird für die Podiumsdiskussion aufgegriffen, obwohl die Lehrerin ihr zuvor kein explizites Rederecht erteilt hat. Im Gegensatz zu evaluierenden Beiträgen aus dem Publikum, die von der Lehrerin jeweils zurückgewiesen bzw. übergangen werden, scheint dieser Beitrag damit partizipativ passend zu sein. Franzi zeigt hier also ein hohes Maß an interaktiver Kompetenz, sowohl für die interpretativen als auch kommunikativen Aspekte (und auch für die inhaltliche und strukturelle Dimension): Es gelingt ihr, Anknüpfungspunkte für eine gezielte inhaltliche

---

[40] Es ist natürlich auch möglich, dieses Verhalten als gespieltes Interesse zu interpretieren. Jedoch ist Franzi in gewisser Weise noch Schulneuling und so vermutlich noch nicht so sehr auf „Schauspiel" ausgerichtet wie SchülerInnen höherer Klassen. Außerdem zeigt sich in dieser Episode an vielen Stellen ein Engagement, das sich nicht als reines „Schauspiel" erklären lässt, auch wenn Franzis Partizipation insgesamt einen inszenierenden Charakter hat.

Frage zu finden, die von ihren eigenen Vorstellungen ausgeht und die von der Lehrerin als partizipativ passend aufgegriffen wird.

Später erhält sie aus dem Zuhörerstatus für das „Spiel" heraus von der Lehrerin die Möglichkeit, ihren eigenen Lösungsweg darzustellen. Sie präsentiert diesen durchgängig als Kreatorin, ist somit als „Expertin" dieses Lösungsweges zu verstehen (vgl. Krummheuer/Brandt 2001, 59). Dennoch ist hier für sie eine günstige Bedingung zur Ermöglichung fachlichen Lernens zu erkennen, die sich im Scheitern ihrer Demonstration zeigt. Sie nutzt, eventuell von der Lehrerin durch die wiederholte Hervorhebung der in der Klasse vorhandenen Veranschaulichungsmittel angeregt, einen Rechenweg, der auf konkretes Abzählen zurückgreift, und ist damit eventuell bemüht, den schulischen Rahmenbedingungen gezielt nachzukommen. Dies zeigt sich auch in der Abstützung ihrer Rechnung auf frühere Ausführungen einer Lehrerin. In der Demonstration wird jedoch die Fehleranfälligkeit dieser Abzählstrategie deutlich. Jarek hatte sie für eine sehr ähnliche Aufgabe ebenfalls ein entsprechendes Abzählverfahren unterstellt, konnte dann aber als aufmerksame ZuhörerIn ein „abzählfreies" Verfahren rezipieren, das schneller und auch fehlerunanfälliger anzuwenden ist. Auch wenn sie diese Idee noch nicht unmittelbar aufgreifen und umsetzen konnte (oder wollte), so ist ihr in dieser Gegenüberstellung sicher nicht das Potenzial von Jareks Rechenweg entgangen, zumal sie selber die Aufgaben durch die Zuordnung in die Kategorie „mit den Füßen lösen" ähnlich interpretiert.

Im „Spielverlauf" ist sie somit immer wieder als aufmerksame Zuhörerin wahrzunehmen und zeigt sich dem „Spielgeschehen" gegenüber sehr engagiert. Insgesamt hat Franzi die umfangreichsten aufgabenbezogenen Sprechanteile auf der SchülerInnenseite aufzuweisen, obwohl sie keine Mitspielerin ist.

4.1.4.3 Jareks Partizipation

83-120	*3+4 löst Polly am schnellsten, danach werden die Aufgaben 10-0, 6-1 und 13+2 jeweils von Wayne richtig gelöst, der damit seine Runde beendet. Jarek und Franzi melden sich stürmisch. Aitac meldet sich ganz zaghaft <98.1>. Wayne wählt Jarek als neuen Mitspieler. Während Jarek in eine Ecke geht, nennt die Lehrerin die Finger und den Zahlenstrahl als geeignete Rechenhilfen. Franzi kann den Zahlenstrahl an der Wand nicht einsehen. So räumt die Lehrerin einige Sachen vom Kcamerateam beiseite und ermöglicht damit allen Kindern eine freie Sicht auf den Zahlenstrahl. Dann stellt sie die Aufgabe 2+5+0. Alle MitspielerInnen lösen die Aufgabe nahezu zeitgleich und werden von der Lehrerin eine Ecke weiter geschickt.*
123 J: *Kreator*	achtzehn \ geht eine Ecke weiter
124 L	gut \ .. wie hast du n das gemacht Jarek -
J: *Gesprächspartner*	
125 J: *Kreator*	na ich hab .. zwei weggerechnet \
130 J: *Kreator*	na also ich hab *(unverständlich)* ganz schnell gedacht / .. ich weiß ja \ weil also neunzehn und ist die nächste Zahl ist achtzehn .
132 J: *Imitierer*	da hab ich zwei weggerechnet \ von zwanzig \

137-175	*Die folgenden Aufgaben, 5+5 sowie 4+6, werden von Jarek am schnellsten gelöst. Dieser wählt Wasily als nächsten Mitspieler. Polly wird danach fertig und wählt Conny.*
184 J: *Imitierer*	*ebenfalls lachend* einundzwanzig
225	*Wayne, Franzi, Jarek, Efrem und Robert melden sich.*
228.1	*Franzi, Jarek, Efrem und Robert melden sich*

Als einziger fokussierter Schüler ist Jarek zwischendurch Mitspieler <100-144> und kann in diesem Abschnitt seine rechnerischen Fähigkeiten zeigen.

Einige Beiträge zu Beginn der Episode lassen sich den Schiedsrichterentscheidungen und dem „Spielablauf" <28,52,98.1> zuordnen. In <225,229> meldet er sich, gibt damit zu erkennen, dass er (richtig) mitgerechnet hat, und bietet sich zur Rederecht-Übergabe für die nun in den Zuschauerraum übergebene Aufgabenlösung an. Auch *ebenfalls lachend* einundzwanzig <184> ist der zu berechnenden Aufgabe zuzuordnen. Er lehnt damit einen Lösungsvorschlag ab. Die Lehrerin weist diesen evaluierenden Einwurf explizit zurück.

Als Gesprächspartner der Podiumsdiskussion zu seiner eigenen Lösung kommt er der mit diesem Status verbundenen Anforderung an erhöhte Aufmerksamkeit nach und kann als Sprechender in der inhaltlichen Auseinandersetzung angemessene Beiträge formulieren. Dabei ist ihm in seinen Sprachproduktionen hinsichtlich der analysierten Argumentation durchgehend der Status des Kreators zuzuweisen – und somit der anspruchsvollste Sprechendenstatus, der darauf hinweist, dass er die inhaltlichen Anforderungen schon als „Experte" erfüllen kann (vgl. Krummheuer/Brandt 2001, 59). Seine Ausführungen werden durch eine Zuschauerin (Franzi) hinterfragt, sind somit zunächst nicht ausreichend, sondern scheinen „zu kurz" für ein sinnvolles Verständniss. Jarek überschätzt hier wohl die Fähigkeiten der ZuhörerInnen oder er formuliert „adressatenbezogen" für die Lehrerin als Gesprächspartnerin, von der man wohl annehmen kann, dass sie seine Ausführungen versteht. Bezogen auf die anderen Lernenden könnte man Jarek mangelnden Adressatenbezug unterstellen. Jedoch zeigt Jarek in dieser Situation die Fähigkeit, seine Ausführungen den Nachfragen entsprechend qualitativ zu erweitern und damit die eigene Argumentation in der Tiefe weiter auszubauen. Ebenfalls als Kreator führt er nun die Strategie des „Rückwärtszählens" im Kopf vor, und so könnte sich hier für die aufmerksamen ZuhörerInnen eine optimierte potenzielle Lernsituation für rezeptives Lernen entfalten. Ob diese Ergänzungen den zu unterstellenden Fähigkeiten und Erwartungen der übrigen Beteiligten entsprechen, ist allerdings nicht sicher, da die sich anschließenden Beiträge nicht unmittelbar auf seinen Rechenweg eingehen, sondern allgemeiner mögliche Hilfsmittel thematisieren.

Sowohl vor als auch nach seinem Einsatz als Mitspieler partizipiert Jarek zu weiten Teilen als aufmerksamer Zuhörer. Als Mitspieler ist er in die Podiumsdiskussion zu seiner eigenen Lösung eingebunden (s. u.), es gelingt ihm jedoch nicht, aus dem Zuhörerstatus einen Beitrag für eine Podiumsdiskussion einzubringen.

4.1.4.4 Marinas Partizipation

195 M: *Kreatorin*   ja \ hast du schon mal gesagt

Von Marina ist nur eine Äußerung im Transkript festgehalten. Über ihre Aufmerksamkeit im Verlauf des „Spieles" lässt sich somit keine sichere Aussage treffen. Marina gehört aufgrund der sehr geringen tätig-produktiven Partizipation zu dem Kreis der SchülerInnen, die mit den hier eingesetzten Methoden nur schwer zu greifen sind. Für diese Arbeit ist Marina daher bewusst ausgewählt worden, um die im Material vorhandenen Konstraste hinsichtlich der Partizipationsvarianten so weit wie möglich auszunutzen und dabei die Grenzen der Analysemethoden aufzuzeigen (s.o. 3.3.3).

Zumindest für die betreffende Aufgabensequenz 3+0+8 ist Marina eine hinreichende Aufmerksamkeit zu unterstellen. Wie in der Argumentationsanalyse dargestellt, passt sie ihren einzigen Beitrag der argumentativen Entwicklung als Kreatorin an. Die entsprechende Aufgabensequenz kann für sie daher nicht unmittelbar als Lernsituation, in der „Neues" für sie entsteht, gesehen werden. Sie greift hier auf „schon Gelerntes" aus vorhergehenden Interaktionsprozessen zurück, was sie sogar explizit ausdrückt. In ihrem Beitrag erinnert sie die Lehrerin an einen früheren Beitrag, der zur aktuellen Auseinandersetzung passt. Somit hat sie auch diese vorherige Situation ausreichend aufmerksam verfolgt, um sich

1. inhaltlich an diese zu erinnern und

2. sie mit der aktuellen Situation passend in Verbindung zu bringen.

Vermutlich ist Marina im gesamten „Spielverlauf" – wie auch in vielen anderen Unterrichtssituationen – ausreichend aufmerksam, um für sich neue Erkenntnisse „aufzuschnappen" und sie in ähnlichen Situationen einzubringen. Ihre generelle Aufmerksamkeit wird durch die Rückmeldung der Lehrerin hervorgehoben, jedoch enthält sie auch eine Kritik. Diese Kritik bezieht sich auf die Wahrnehmung der Position der Lehrerin. Diese möchte nicht allein in der von Marina formulierten Inhalte setzenden Rolle gesehen werden, sondern eher in einer richtungsgebenden Funktion. Die Lehrerin formuliert hier eine Vorstellung von Lernenden, die auf mehr Eigentätigkeit beruht, als Marina in dieser Situation zeigt.

4.2 Episode *Bb-Einführung*[41]

In dieser Stunde sollen die Kinder den *neuen Buchstaben B lernen*. Zunächst wird das Schriftbild von der Lehrerin an der Tafel vorgestellt und dann einige

---

[41] Analysen zu dieser Episode liegen schon in einigen Veröffentlichungen vor. Dies trifft ähnlich für Episode *Frühling* zu. Genauere Verweise auf entsprechende Vorveröffentlichungen erfolgen jeweils in den entsprechenden Abschnitten.

Übungen zum Schreibablauf von allen Kindern gleichzeitig durchgeführt. Danach fordert die Lehrerin die Kinder auf, Wörter mit B zu nennen. Dabei schreibt die Lehrerin zunächst die von den Kinder genannten Worte mit farbig markierten B's an die Tafel, später entfällt der Tafelanschrieb. Diese Phase der lautlichen Diskrimination wird hier genauer betrachtet, wobei sich die Wiedergabe des Transkripts auch hier auf die Passagen beschränkt, in denen die fokussierten Kinder tätig-produktiv partizipieren. Anschließend bearbeiten die Kinder in Stillarbeit einen Übungsbogen, der sowohl Aufgaben zur Schreibmotorik als auch Aufgaben zur lautlichen Differenzierung enthält.

4.2.1 Interaktionsanalyse

Das Transkript lässt sich zunächst an der von der Lehrerin durch den Mechanismus der Rederecht-Zuweisung gesteuerten Struktur gliedern. Fast alle derartigen Teilabschnitte entsprechen dem von Mehan (1979; s.o 1.1.2) beschriebenen Interaktionsmuster I-R-E (siehe zur Rekonstruktion der zugrunde liegenden Struktur dieser Episode Brandt/Krummheuer 1998) und enthalten jeweils die inhaltliche Auseinandersetzung mit einem Wortvorschlag im offiziellen Interaktionsstrang. Lediglich die Einstimmung und der Ausklang der Übungsphase entsprechen nicht ganz diesem Muster. Zunächst schreibt die Lehrerin die akzeptierten Wörter an die Tafel, wobei bei Wörtern, die den gesuchten Laut nicht (nur) vorne aufweisen, die Evaluation erst erfolgt, wenn alle Positionen korrekt genannt sind. Später unterbleibt dieser Tafelanschrieb. Einige Zwischenrufe passen sich nicht der Steuerung der Lehrerin an und erscheinen so in der von ihr dominierten Struktur als isolierte Äußerungen. Die entsprechende inhaltliche Zuordnung erfolgt in der Argumentationsanalyse.

Die folgende Gliederung orientiert sich mit abschließender Evaluation zu einem genannten Wort an der Gesprächsführung im offiziellen Interaktionsstrang. Für die Interaktionsanalyse werden teilweise Wort-Sequenzen zusammengefasst, um eine flüssigere Lesbarkeit zu erreichen. Wortvorschläge der fokussierten Kinder sind entsprechend gekennzeichnet; erfolgt der Wortbeitrag nur als nicht akzeptierter Zwischenruf, so ist der Name in Klammern gesetzt:

<77-82>:   Aufgabenstellung und erste Antwort *Baum* (Efrem)

<83-87>:   *Ball* (Efrem)

<87-108>:   *Basketball* und *baden* (*Fußball* / Wayne)

<108-117>:   *Biber* / Franzi

<117-134>:   *Babi – Barbie*: genaues Sprechen

<140-152>:   *blau*, *Blitz* und *Fußball* / Jarek

<156-196>:   Auslautverhärtung in *gelb*

<220-222>:   *Beern* / Marina

<252-272>: *american football* / Jarek und *Handball* / Marina (Abschluss)

4.2.1.1 Aufgabenstellung und erste Antworten. „Baum" und „Ball"

77	L	ich **brauche** jetzt **ganz viele** - . Wayne / ich brauche jetzt **ganz viele Ideen** . was ihr so **habt** - . welche Wörter entweder mit **B** . anfangen /	
.1	<₁ L	**oder** wo das **B** . drin **vor**kommt \	
.2	<₁ S	ach so	
.4	<₁ Ss	*melden sich*	
79	<₂ Efrem	Baal - Ball -	Ball Ball Baum
80	<₂ L	*hebt den rechten Arm*	+ zeig bitte auf - zeig auf \ Yussuf \
81	Yussuf	**B** wie Baum \	
82	L	Baum \ *schreibt das Wort an die Tafel, das B farbig abgesetzt, bei allen folgenden Wörtern auch*	
83	L	wolln wa mal gucken dass wa **ganz** viel finden \ . e Polly \	
84	Polly	Baue e b e Ball -	
85	L	Ball - sehr schön \ *schreibt*	
86	Efrem	ha . hatte **ich** gedacht \	
87	L	*beim Umdrehen* du zeigst nich **auf** / deshalb kommste nich dran \ Wayne \	

Das Ansinnen der Lehrerin ich brauche jetzt ganz viele - . Wayne / ich brauche jetzt ganz viele Ideen . was ihr so habt - . welche Wörter entweder mit B . anfangen / oder wo das B . drin vorkommt \ <77-78.1> zieht unmittelbar lebhafte Reaktion nach sich. So lässt sich auch ach so <78.2> als Hinweis auf eine gewisse Vertrautheit mit dieser Aufgabe interpretieren.

Während einige Kinder sich melden <78.4>, reagiert Efrem sofort mit Wortvorschlägen, ohne üblichen Melderitus zu beachten Baal - Ball - Ball Ball Baum <79>. Dabei tastet er sich wohl zunächst an den Wortlaut Ball heran, wiederholt das so gefundene Wort und nennt schließlich sofort einen weiteren Vorschlag. Efrem scheint somit sehr interessiert an der inhaltlichen Erfüllung des Arbeitsauftrages zu sein und orientiert sich weniger auf die Einhaltung der üblichen Gesprächsregeln im Klassenunterricht. *Ball* und *Baum* sind „typische" B-Wörter, die häufig in entsprechenden Illustrationen zum Lese- und Schreiblehrgang benutzt werden. Efrem ist ein Kind nicht-deutscher Herkunft. Eventuell ist er daher auf derart gängige Wörter angewiesen und befürchtet vielleicht, mit der üblichen Meldeprozedur seine Vorschläge nicht mehr einbringen zu können. Allerdings gibt es in der Schule immer wieder Situationen, in denen die Aufforderung zur Antwort das Hereinrufen als Gesprächsbeteiligung legitimiert. Gerade Erstklässler müssen die Alltagspraxis der Schule dahingehend noch kennen lernen. Die Formulierung ich brauche jetzt (...) ganz viele Ideen . was ihr so habt <77> lässt sich als „echtes Anliegen" der Lehrerin interpretieren, das eher eine symmetrische Interaktion nahelegt und daher eventuell nicht dem Melderitus unterliegt. So könnte Efrem – im Gegensatz zu den sich meldenden Kindern – diese Situation durchaus als eine werten, in der in der Schule auf den Melderitus verzichtet werden kann.

Hingegen fordert die Lehrerin mit *hebt den rechten Arm* + zeig bitte auf - zeig auf \ <80> diesen Ritus ein und wendet sich wohl direkt an Efrem, den sie damit explizit auf die gerade gültige Melde- und Aufrufprozedur hinweist. Damit wird deutlich, dass der situative Interaktionsprozess an diese übliche Gesprächspraxis für Klassengespräche gebunden ist.

Yussuf wird nun durch die Lehrerin aufgerufen, die damit nochmals ihre lenkende Position bestärkt. Er wiederholt nun mit B wie Baum \ <81> ein von Efrem schon genanntes Wort. Obwohl nicht sicher ist, ob Yussuf dieses Wort schon vor dem Einwurf Efrems nennen wollte, kann dieses Wort jetzt als relativ sichere Antwort gesehen werden. Durch die Ergänzung b wie kann man Yussuf unterstellen, dass er den Arbeitsauftrag verstanden hat und auch weiß, dass der gesuchte Buchstabe am Wortanfang ist. Mit dem Lehrerecho und dem Anschreiben an die Tafel <81> wird diese Antwort bestätigt (das Interaktionsmuster I-R-E ist damit erstmals erfüllt). Gleichzeitig wird hier nochmals deutlich, dass die Lehrerin Efrems Beitrag zur thematischen Entwicklung im offiziellen Interaktionsstrang gewissermaßen ignoriert – und somit sein Gesprächsverhalten nicht billigt.

Nach diesem offensichtlich gelungenen Start scheint die Lehrerin zur regen Beteiligung zu ermuntern und ruft eine neue Schülerin auf wolln wa mal gucken dass wa ganz viel finden \ . e Polly \ <83>. Diese antwortet mit Bau e e be Ball - <84>. Sie scheint zunächst noch etwas unsicher. Eventuell wollte auch sie das Wort *Baum* nennen und sucht nun nach einem neuen Wort. Schließlich nennt sie mit *Ball* das zweite von Efrem zuvor hereingerufene Wort, das nun von der Lehrerin ebenfalls akzeptiert wird Ball - sehr schön \ *schreibt* <85>.

Mit seinem Zwischenruf ha . hatte ich gedacht \ <86> macht Efrem vermutlich darauf aufmerksam, dass die bis jetzt an der Tafel festgehaltenen Wörter schon von ihm genannt worden sind und ihm somit die Urheberschaft zuzuweisen ist. Er könnte dabei Polly und/oder Yussuf vorwerfen, ihm nachgesagt zu haben, oder Anerkennung für seine Leistung von der Lehrerin erhalten wollen. Diese kritisiert hingegen erneut sein Gesprächsverhalten beim Umdrehen du zeigst nich auf / deshalb kommste nich dran \ <87>. Fast im selben Atemzug ruft sie Wayne auf, womit die Kritik bekräftigt werden könnte.

4.2.1.2 „Basketball" und „baden" (Fußball) <88-108>

88	Wayne	Basketball \
89	L	wo ist n da dis B \
90	Wayne	vorne und Mitte \ m . ja .
91	Wayne?	ja vorne und Mitte \
92	L	vorne ein großes B / *schreibt das Wort an die Tafel* .. sehr schönes Wort \ . und so lang \ . nächstes Wort \ Nicola \
94-106		*Es werden die Wörter Banane und baden genannt und angeschrieben.*
107	Wayne	aah – Fußball \
.1	Jarek	*dreht sich kurz zu Wayne um*
108	L	so \ baden \ . Franzi /

Mit Basketball \ <88> verändert Wayne das schon evaluierte Wort Ball. Dabei kann sowohl die Zusammensetzung als auch der Anlaut *Ba* als Legitimation für dieses

Kompositum herangezogen werden. Diesmal bestätigt die Lehrerin nicht sofort das Wort, sondern fragt mit wo ist n da dis B \ <89> nach einer Legitimation für das Wort. Diese Nachfrage erfolgt im weiteren Unterrichtsverlauf immer, wenn der gesuchte Laut nicht (nur) im Anlaut auftaucht (Brandt/Krummheuer 1998). Auch hier zeigt sich somit wie in der Episode *Eckenrechnen* eine musterhafte Erweiterung der dreischrittigen I-R-E Struktur, die sich an den Antworten orientiert.

Wayne nennt die beiden Positionen vorne und Mitte \ m . ja . ja vorne und Mitte \ <90>. Er scheint dabei in seiner Antwort an Sicherheit zu gewinnen, da er vermutlich seine zunächst sehr spontane Antwort nach einer kurzen Überlegung nochmals bestätigt. Nun erst evaluiert die Lehrerin das Wort vorne ein großes B / *schreibt das Wort an die Tafel .. sehr schönes Wort* \ . und so lang \ <92>. Dabei betont sie zwar, dass das Wort besonders *schön* bzw. *lang* ist, expliziert dies jedoch nicht weiter, denn sie ruft Nicola für eine neues Wort auf.

Während die Lehrerin weiter Wörter sammelt und gerade das Wort *baden* an die Tafel schreibt, ist von Wayne ein Zwischenruf zu vernehmen aah - Fußball \ <107>, der zumindest von Jarek wahrgenommen wird. Damit nennt er hier erneut ein Kompositum von *Ball* und scheint dabei Erstaunen zu bekunden. Eventuell fällt ihm erst an dieser Stelle die Besonderheit der Wortverlängerung auf. Dann könnte er sich für *Basketball* tatsächlich am Anlaut orientiert haben. Im offiziellen Unterrichtsverlauf wird dieser Zwischenruf nicht aufgegriffen, die Lehrerin evaluiert das Wort *baden* endgültig und ruft eine neue Schülerin auf.

4.2.1.3 „Biber" <108-116>

108	L	so \ baden \ . Franzi /
109	Franzi	Biber \
110	L	Biber \ *schreibt das B ein . Tier ne* / . wo is denn da dis B \
111	Franzi	vorne -
112	S	Mitte \
113	S	Biber -
114	Franzi	Mitte \
.1	L	*schreibt das Wort zu Ende*
115	S	vorne -
116	S	vorne -

Die nun aufgerufene Franzi nennt das Wort Biber \ <109>. Die Lehrerin wiederholt das Wort und schreibt es an. Zunächst geht die Lehrerin kurz auf die Wortbedeutung ein Biber \ *schreibt das B ein . Tier ne* / <110>. Eventuell geht sie davon aus, dass nicht alle Kinder wissen, was ein *Biber* ist. Damit wird Franzis Beitrag inhaltlich hervorgehoben. Schließlich erfragt sie doch noch die Position des B's wo is denn da dis B \ <110>.

Mit schwebender Stimme antwortet Franzi zunächst vorne - <111>. Ein Mitschüler nennt unaufgefordert Mitte \ <112> als weitere Position, während ein anderes Kinder das Wort wiederholt, vermutlich, um es nach dem gesuchten Laut abzusuchen. Schließlich nennt auch Franzi die zweite Position <114>. Der schwebende

Tonfall in <112> könnte darauf hinweisen, dass Franzi sich hier nicht einfach dem Zwischenruf anschließt, sondern schon in <112> die Ergänzung vorbereitet. Vielleicht wollte sie sich hier dem Schreibtempo der Lehrerin anpassen. Während die Lehrerin das Wort zu Ende schreibt, wiederholen einige Kinder vorne – <115,116>, das als Position für den gesuchten Laut damit besonders hervorgehoben wird. Aber auch *Mitte* wird als zweite mögliche Position in dieser Sequenz gefestigt.

4.2.1.4 „Babi" – „Barrbie" <117-130>

117	L	nächstes Wort \ Polly \ ach hab ich schon gehabt \ Aram \
118	Aram	Babi \
119	L	was /
120	Ss	Barbie
121	L	**Barrbie** \ wo is denn / wo **is** denn da dis B \
122	S	Bar -
123	L	sags ma **ganz** . **ganz** langsam \
124	Aram	Babi \ **vorne** \
125	S	b -
126	L	**sehr** schön / *schreibt B*
127	< S	ah -
128	< Jarek	und Mitte \
129	L	**und /** . **Barrbie** \ sag -
130	Aram	Mitte \
131	L	*schreibt das Wort zu Ende*
132	Julian	Jarek hat vorgesagt \
133	Wayne?	iß **weiß** jetzt wo \ auch \
134	L	**so** - . äh . Conny \

Die Lehrerin schreibt das Wort *Biber* an der Tafel zu Ende und fordert ein neues Wort ein nächstes Wort \ Polly \ ach hab ich schon gehabt \ Aram \ <117>. Sie nimmt ihre erste Wahl Polly zurück und möchte damit wohl sicherstellen, dass möglichst viele Kinder ein Wort einbringen können.

Aram nennt Babi \ <118>. Dieser Äußerung kann nicht unmittelbar eine Wortbedeutung zugeschrieben werden. So ist wohl auch die Nachfrage der Lehrerin in was / <119> zu verstehen. Mehrere Kinder scheinen in Arams Wortbeitrag die *Barbie*puppe zu erkennen. Dies wird nun wohl auch von der Lehrerin so akzeptiert, wobei sie mit Barrbie \ <121> zunächst den in Arams Äußerung fehlenden Laut überdeutlich hervorhebt, bevor sie wie üblich nach der Position für das B fragt wo is denn / wo is denn da dis B \ <121>.

Die Schüleräußerung Bar - <122> kann sowohl nochmals auf die fehlerhafte Aussprache rekurrieren als auch schon das Wort nach dem gesuchten Laut B absuchen und damit den Hinweis der Lehrerin sags ma ganz . ganz langsam \ <123> vorwegnehmen. Aram wiederholt das Wort, wobei auch diesmal der r-Laut fehlt, und nennt dann das Anlaut-B <124>. Die Lehrerin lobt diese Teilantwort und schreibt den Anfangsbuchstaben an die Tafel. Die Lehrerin könnte mit diesem

Lob Aram ermutigen, trotz seiner offensichtlichen Sprachprobleme an derartigen Übungen aktiv teilzunehmen.

Jarek nennt als Zwischenruf die noch fehlende Position und Mitte \ <128>. Eventuell hat er die Situation im Sinne einer Improvisationsstrategie bei schwieriger Lösungsfindung dahingehend interpretiert, dass nun alle Kinder aufgefordert sind, die noch fehlende Position zu nennen.

Die Lehrerin setzt den offiziellen Interaktionsstrang fort und / . Barrbie \ sag - <129>. Damit scheint sie sich an Aram zu wenden und diesen nach einer Ergänzung der Antwort zu fragen. Der Kreis der GesprächspartnerInnen ist nicht erweitert und die im Zwischenruf schon richtig genannte Lösung wird von ihr übergangen. Sie wiederholt das Wort erneut mit einer deutlichen Betonung auf dem *r*, während sag – sich als Aufforderung an Aram verstehen lässt, dass Wort nochmals „zu sagen". Jedoch nennt dieser nun die fehlende Position Mitte\ <130>. Vermutlich verlässt er sich hier auf Jareks Vorsagen. Die Positionen *vorne* und *Mitte* werden bei entsprechender Nachfrage der Lehrerin erneut als geeignete Antworten bestätigt.

Während die Lehrerin diese Antwort akzeptiert und das Wort anschreibt, erklärt Julian, dass Jarek vorgesagt hätte. Damit könnte er Jareks Verhalten anklagen, aber auch darauf hinweisen, dass Aram die Aufgabe nicht allein bewältigt hat und somit seine Leistung entsprechend „geringer" zu werten sei. Die Lehrerin geht auch auf diesen Zwischenruf nicht ein. Jareks Zwischenruf war somit hinsichtlich des Interaktionsflusses in doppelter Hinsicht „erfolgreich": Der Beitrag hat die thematische Entwicklung (vermutlich) beschleunigt und Jareks Vorsagen wurde nicht sanktioniert. In der Episode *Eckenrechnen* hatte die Lehrerin das Vorsagen Efrems kritisiert. Das Ausbleiben einer Kritik lässt hier zumindest zwei Interpretationen zu: Einerseits könnte sie die Anschuldigung Julians als unsolidarische Handlung ablehnen und daher ignorieren. Andererseits könnte hier tatsächlich im Sinne einer Improvisationsstrategie die zügige Lösungsfindung unter Einbeziehen eines noch nicht ausreichend kompetenten Gesprächspartners (Aram) vorliegen. Eine Auseinandersetzung mit Julians Anschuldigung würde vor allem Arams mangelnde Kompetenz hervorheben und eventuell die Bereitschaft schwächerer Kinder zur Mitarbeit einschränken.

4.2.1.5 „blau", „Blitz" und „Fußball" <143-151>

135-142		*Es werden die Wörter Buch, blau und Blitz genannt und angeschrieben.*
143	Efrem	was / blau
144	L	Carola /
145	Carola	Blitz -
146	L	Blitz \ schön \ *schreibt* ooond . Jarek /
147	Jarek	Fußball \
148	L	wo is denn **da** dis B \
149	< S	Fuß . ball \
150	< Jarek	Mitte \
151	L	ja – *schreibt*

Die Lehrerin ruft Kinder auf und schreibt die Wörter *Buch* und *blau* an die Tafel, womit diese akzeptierte Lösungen sind. Während die Lehrerin das Wort *blau* an der Tafel beendet, fragt Efrem was blau / <143>. Es ist zu bedenken, dass Efrem nicht muttersprachlich deutsch ist. So könnte sich diese Frage auf die Wortbedeutung beziehen. Weiter könnte er das Wort nicht eindeutig verstanden haben und so nochmals erfragen (eventuell, um das Wort im Tafelanschrieb zu identifizieren; der Lese- und Schreiblehrgang ist noch nicht abgeschlossen). Eventuell bezweifelt Efrem damit aber auch die Legitimation des Wortes. Da in der Konsonantenkombination *bl* der gesuchte Buchstabe B verfremdet auftritt, ist er schwerer wahrzunehmen. Efrem erscheint hier als aufmerksamer Zuhörer, der an einer inhaltlichen Auseinandersetzung interessiert ist. Allerdings missachtet er abermals den Melderitus.

Die Lehrerin ruft unmittelbar danach carola <144> auf und übergeht damit auch diesen Einwurf. Carola greift mit Blitz die soeben in *blau* erstmals aufgetretene Konsonantenkombination auf.

Ohne weitere Nachfrage schreibt die Lehrerin auch dieses Wort an die Tafel und ruft das nächste Kind auf ooond . Jarek / <146>. Jarek bringt das von Wayne schon genannte Wort Fußball <149> ein. Auf Nachfrage ergänzt Jarek die Position des gesuchten Lautes Mitte <150> und das Wort wird von der Lehrerin bestätigt. Der Zwischenruf Fußball <107> wird so nicht als Beitrag zum offiziellen Interaktionsstrang gewertet. Die Wortverlängerung wird in der Interaktion nicht weiter thematisiert.

4.2.1.6 „ gelb" <157-196>

152-156		*Das Wort Blumen wird genannt und angeschrieben.*
157	L	ähm . **David** \
158	David	gelb \
159	L	sags ma **laut** -
160	David	gelb \
161	L	wo is das **B** \
162	< Ss	*durcheinander* gelb gelb gelb Mitte **Mitte** in der **Mitte** \
.1	< S	g g g gelb . kein pe
163	L	Leute / der **Einzige** den ich **gefragt** hab dis war der / **David** \ . sags ma **ganz** langsam dann **hörst** dus \
165	David	Mitte \
166	L	**sags** noch **mal** \
167	< David	gelb -
.1	< Ss	Gelb
.2	Efrem	*Flüsternd* gel p gel . p + *sich zu Franzi? umdrehend* ah / da is kein b drin
168	L	gel . b - . wo is das **B** – *tippt sich dabei auf die Lippen* mach ma deine Hand / dein deine Hand vorn Mund und dann sagst gelb \ *mit einigen Kindern im Chor* gel . b – wo is das **B** \ hinten / Mitte – vorne \
171	S	**vorne** \
172	L	wer **hilft** dem David \
173	Ss	*durcheinander, immer wieder* Mitte Mitte Mitte -

.1	Nicola	*meldet sich*
174	L	Nicola
175	Nicola	*murmelnd* (ich will neu)
176	L	äh stop . gleich ja / Franzi /
177	S	Mitte -
178	Franzi	ich weiß wos is \
179	L	*aufgeregt* wo **is** es \ wie kannste dem David helfen \
180	Franzi	ich **weiß** nich . weil **gelllllb** / .. ja und das g /
181	L	*tippt sich auf die Lippen* b
182	< Franzi	gellllg / gelb – das is hinten \ hinten \
183	< L	warum -
184	Franzi	weil **gel** / . wenn du jetzt .. dis mit . **gel** . sagst / . dann fehlt ja . dann haste ja bloß noch ein **Buchstaben** den de . da **hinten** . em das . das des **hinsetzen** musst \ und da hast du . **nur** noch das **B** \
187	L	s **richtig** \ **David** noch mal dazu \
188	Franzi	alle sagen Mitte Mitte M äh alle sagen Mitte \
189	< David	ämm hinten \
190	< S	Mitte \
191	L	**hinten** David \ warum sagst **du** jetzt hinten \
192	David	weil ich hab dis gel dis **L** in die Mitte gemerkt \
193	L	**das** find ich toll \ und wie haste dis **gemerkt** /
194	David	weil ichs **gesagt** hab \
195	L	aha dis is nämlich der beste **Trick** ne / gelb – *schreibt das Wort* **prima** das is **ganz** . gibt ja **wenig** Wörter wo das **b** . am Ende steht \

Nachdem das Wort *Blumen* als weiteres Wort mit dem Anlaut *bl* an der Tafel als gültiges Wort festgehalten ist, wird David aufgerufen. Dieser nennt mit gelb \ <158> erstmals ein Wort mit dem gesuchten Buchstaben im Auslaut.[42]

Die Lehrerin fordert David auf, das Wort nochmals laut zu wiederholen <159>. Eventuell hat David das Wort (für die Lehrerin) zu leise ausgesprochen. David kommt der Aufforderung nach und nun fragt die Lehrerin nach wo is das B \ <161>. Da das B nicht im Anlaut steht, wird das oben beschriebene Interaktionsmuster durch diese Nachfrage erneut initiiert: Einige Kinder rufen gelb gelb gelb Mitte Mitte in der Mitte \ <162> in die Klasse und nennen damit die bisher gültige Antwort auf die Frage nach der Position. Lediglich ein Schüler (eventuell schon Efrem) scheint zumindest das Problem der Auslautverhärtung anzusprechen g g g gelb . kein pe <162.1>.

Allerdings weist die Lehrerin die Zwischenrufe diesmal explizit als Antwort zurück und wendet sich nochmals ausdrücklich an David. Sie fordert ihn auf, das Wort zu wiederholen und rekurriert auf genaues Sprechen und Hören sags ma ganz langsam dann hörst dus \ <163>. Zudem wird mit dieser Äußerung wohl die Möglichkeit, dass gar kein B im Wort vorhanden ist, eingeschränkt. Auch David ent-

---

[42] Das Wort *gelb* ist den Kindern als Schriftbild von einem Mathematikübungsblatt bekannt, bei dem in einem Bild bestimmte Lösungen mit bestimmten Farben ausgemalt werden müssen. Eventuell hat David hier eine vage Erinnerung an dieses Schriftbild.

schließt sich nun für die bisher bei Nachfrage immer erfolgreiche Antwort Mitte \ <165>, die die Lehrerin mit sags noch mal \ <166> vermutlich ablehnt. David und mit ihm einige andere Kinder wiederholen gelb - <167>.

Efrem dreht sich vermutlich zu Franzi um und flüstert gel p gel ü ah / da is kein b drin <167.2>. Diese Äußerung, die sich nur an eine eingeschränkte Hörerschaft richtet (also nicht als Zwischenruf im Klassengespräch gesehen werden kann), ist inhaltlich auf den offiziellen Interaktionsstrang bezogen, somit ist Efrem auch hier ein aufmerksamer Zuhörer. Durch die kurze Pause vor dem Wortende gel p wird die Auslautverhärtung deutlich, und so kommt Efrem wohl zu dem Schluss, dass kein B im Wort ist. Er könnte sich damit lediglich auf das Phonem beziehen, aber auch das Graphem einschließen.

Im offiziellen Interaktionsstrang ignoriert die Lehrerin nun genau die Auslautverhärtung und erinnert an die zu Stundenbeginn eingeübte Sprechprobe für den Normallaut 'b', an der sich viele Kinder unaufgefordert beteiligen gel . b - . wo is das B - tippt sich dabei auf die Lippen mach ma deine Hand / dein deine Hand vorn Mund und dann sagst gelb \ gel . b - <168>. Schließlich konkretisiert die Lehrerin ihre Frage wo is das B \ hinten / Mitte - vorne \ <170>. Damit ist *gelb* als zulässiges Wort evaluiert, jedoch ist die Begründung durch die Benennung der richtigen Position noch zu liefern.

Die Lehrerin öffnet nun explizit das Gespräch für andere Kinder wer hilft dem David \ <172>. Wie schon in <162> stabilisiert sich in den Zwischenrufen Mitte als Lösungsangebot <173,177>. Diese Zwischenrufe bleiben jedoch von der Lehrerin offensichtlich unbeachtet. Nachdem Nicola wohl nicht auf die beschriebene Initiation eingehen wollte (? ich will neu) <175>, wird schließlich Franzi aufgerufen, die weiß, wo das B ist <178>. Wie schon in <171> betont die Lehrerin jedoch, dass lediglich eine Hilfe für David gefordert ist, nicht die Lösung. David wird damit zu einer erhöhten Aufmerksamkeit beim Zuhören verpflichtet.

Franzi spricht zunächst das zur Diskussion stehende Wort mit Betonung auf 'l' gelllllb/ <180>. Eventuell möchte sie hervorheben, dass die von vielen Kindern bevorzugte Wortmitte für das B schon von einem L belegt ist. Sie könnte nun mit und das g <180> versuchen wollen, das Wort sukzessive abzusuchen. Auch nach Unterbrechung durch die Lehrerin, die an den Normallaut erinnert, versucht Franzi wohl, den gesuchten Laut von den anderen Konsonanten zu diskriminieren und nennt schließlich die richtige Position gelllg / gelb - das is hinten \ hinten \ <182>. Die Lehrerin fordert eine Begründung ein. Franzi leitet ihre Argumentation mit weil gel / . wenn du jetzt .. dis mit . gel . sagst / . <184> ein, womit sie nochmals auf die durch das L besetzte Mitte verweisen könnte. Ihre weitere Begründung dann fehlt ja . dann haste ja bloß noch ein Buchstaben den de . da hinten . em das . das des hinsetzen musst \ und da hast du . nur noch das b \ <186> äußert Franzi durchaus bestimmt, auch wenn sie hier wohl Schwierigkeiten hat, ihre Idee wohl artikuliert mitzuteilen. Inhaltlich lässt sich hier festhalten, dass Franzi wahrscheinlich davon ausgeht, dass im Wort ein B vorhanden ist, *vorne* und *Mitte* jedoch schon mit Lauten 'g' und 'l' besetzt sind. Somit muss das B am Ende stehen.

David wird von der Lehrerin nochmals zu einer Stellungnahme aufgefordert <187>. Dieser schien gleichsam verpflichtet, der Argumentation als aufmerksamer Zuhörer zu folgen. Jedoch ist zunächst nochmals Franzi zu vernehmen alle sagen Mitte Mitte M äh alle sagen Mitte \ <188>. Sie verweist damit wohl auf die zahlreichen Zwischenrufe, die die *Mitte* als richtige Position anführen. Damit wird das musterhafte Antworten der Kinder kritisiert und zugleich ihre Antwort als besonders originell und neu hervorgehoben werden.

Nach seiner richtigen Antwort ämm hinten \ <189> wird David nun von der Lehrerin aufgefordert, seine Meinungsänderung zu begründen <191>. Die Lehrerin könnte damit den Zwischenruf Mitte \ <190> als Hinweis auf noch immer bestehende Schwierigkeiten deuten. Diese Interpretation wird durch das Lehrerecho hinten <191> gestützt. David verweist auf das L in der Wortmitte weil ich hab dis gel dis L in die Mitte gemerkt \ <192> und greift damit Franzis Argumentation auf: Bei *gel* steht am Ende ein L, das B in *gelb* kann nur noch nach dem L kommen, somit nur noch hinten stehen.

Die Lehrerin gibt sich jedoch noch nicht zufrieden und möchte nach Davids Ausführungen das „Erkennen" von Lauten nochmals ansprechen. Erst nachdem David den Trick <195> verraten hat, dass man Buchstaben durch „Sagen merken" kann <177-178>, schreibt die Lehrerin das Wort an die Tafel. Somit wird hier von der Lehrerin wiederholt eine Verbindung zwischen Graphem und Phonem hergestellt: Durch „Sprechen bzw. Sagen" kann man Buchstaben hören oder fühlen[43] (siehe auch ihre Hilfestellung für Aram <123,129>).

4.2.1.7   „Beern" <220-222>

196-251	Robert bemerkt einen noch unbekannten Buchstaben an der Tafel und macht die Lehrerin darauf aufmerksam. Diese verbessert den Schreibschriftbuchstaben in Druckschrift. Dann werden erneut Wörter gesammelt, aber nicht mehr an die Tafel geschrieben.
220 L	bitte / es geht / starten / sie / . jetzt \ zeigt auf Marina
221 Marina	Beern \
222 L	gut \ *zeigt auf David?*
223-251	Im Folgenden werden die Wörter (Rechen-)Aufgabe, Bär, Luftballon, Berg, Brille, Fibel, Farbe genannt und akzeptiert. Das Wort baden wird wiederholt und von der Lehrerin zurückgewiesen. Pelz und Hemd werden von der Lehrerin als fehlerhaft abgelehnt, wobei für Pelz das Wort Puppe zum Lautvergleich genannt wird.[44]

Nach dieser ausführlicheren Auseinandersetzung mit dem Wort *gelb* (wobei die Auslautverhärtung, die vermutlich ausschlaggebend für die Schwierigkeiten ist, nicht im offiziellen Interaktionsstrang thematisiert wird), startet die Lehrerin die

---

[43]   Dies ist fachlich gesehen jedoch nicht durchgängig möglich, wie z.B. in eben dargestellter Szene an der Auslautverhärtung deutlich wird.

[44]   Zum Umgang mit fehlerhaften Antworten in dieser Episode siehe Brandt/Krummheuer (1998, 2000).

Wortsuche erneut <220>. Sie schreibt die von den Kindern genannten Wörter nicht mehr an die Tafel und es werden auch nicht mehr die Positionen des gesuchten Lautes bestimmt.

Als erste Schülerin in dieser neuen Runde ruft die Lehrerin Marina auf. Diese bietet Beern \ <221> an. Aufgrund der Aussprache ist nicht klar, ob damit *Bären*, *Beeren* oder die Stadt *Bern* gemeint ist. Die Lehrerin bestätigt sofort mit gut <222> und ruft einen neuen Schüler auf. Es bleibt unklar, wie die Lehrerin den Beitrag inhaltlich verstanden hat, da kein Tafelanschrieb erfolgt. Damit unterbleibt eine inhaltliche Erklärung, wie die Lehrerin sie für *Biber* gegeben hat (4.2.1.3), und Marinas Wortbeitrag erhält keine hervorgehobene Bestätigung wie Franzis Beitrag. Weiter wird die Aussprache nicht korrigiert, wie dies für das Wort *Barbie* erfolgte. Eventuell wäre für einen Tafelanschrieb sowohl eine inhaltliche Klärung wie auch eine Aussprachekorrektur erfolgt, um das genannte Wort korrekt schriftsprachlich umsetzen können. Das von Marina genannte Wort weist auf jeden Fall den gesuchten Laut auf und erfüllt damit die Aufgabe, dies genügt hier für den evaluierenden Abschluss der Sequenz.

4.2.1.8 „american football" und „Handball" (Abschluss) <252-272>

252	L	Jarek \
253	Jarek	*englisch aussprechend* american football \
254	L	football \ ja das is schon . is schon englisch \ äh Yussuf \
253-265		*Es werden braun und (Ampel) genannt. Ampel wird abgelehnt. Es wird unruhiger.*
266	L	zum Schluss noch ihr drei hier vorne / David /
267	David	äm *(unverständlich)*
268	L	okay
269	Marina	äm Handball
270	L	ja
271	S	äm Turnbeutel
272	L	ja *(unverständlich)* nein Wasily noch . gut äh alle Kinder ganz schnell ihre Federtasche und gespitzten Bleistift / Austeiler zu mir \

Jarek wird nochmals aufgerufen <252>. Das neue von ihm hervorgebrachte Wort american football <253> wird von der Lehrerin ganz besonders gelobt football \ ja das is schon . is schon englisch \ <254>. *football* erscheint so als eine gänzlich neue Lösungsmöglichkeit, die schon eine Fremdsprache berücksichtigt. Dies scheint nun wieder besonders lobenswert. Allerdings lässt sich auch *football* als Wortspielerei zum bereits evaluierten *Ball* auffassen.

Jedoch scheint das Prinzip der Wortverlängerung bzw. spielerischen Assoziation „gegriffen" zu haben, denn schließlich nennt Marina noch als einen der letzten Vorschläge Handball <269>. Aber auch an dieser Stelle bleibt eine weitere Begründung bzw. eine explizite Erörterung der Wortbildung durch Wortverlängerung aus. Vielmehr beendet die Lehrerin wie zuvor angekündigt <266> die Übung und leitet zur nächsten Unterrichtsphase über, in der die Kinder in Stillarbeit einen Arbeitsbogen zum Buchstaben B (Schriftbild und Anlaut) ausfüllen

sollen gut äh alle Kinder ganz schnell ihre Federtasche und gespitzten Bleistift / Austeiler zu mir \
<272>.

4.2.2 Rezeptionsanalyse

Es ist davon auszugehen, dass in dieser Episode für das Einbringen eines eigenen
Wortvorschlags aufgrund der Möglichkeit von Assoziationen und spontanen Ein-
fällen kein durchgängig hoher Aufmerksamkeitsgrad bei den Lernenden nötig ist.
Da der Tafelanschrieb nur bedingt als Gedächtnisstütze dienen kann (der Lese-
lehrgang ist noch nicht abgeschlossen), können auch aufmerksame ZuhörerInnen
Wörter unabsichtlich wiederholen[45] oder falsche Wortbeiträge nennen. Die analytische Unterscheidung zwischen aufmerksamen ZuhörerInnnen und SchülerInnen
im Bystanderstatus ist nur noch schwer zu rekonstruieren. Mögliche Beschrei-
bungen gelten nur für relativ kurze Sequenzen, da es nicht ausgeschlossen ist, mit
jeder neuen Wortnennung aus dem Bystanderstatus relativ reibungslos wieder in
den Status einer/eines aufmerksamen Zuhörerin/Zuhörers zu wechseln.

Bei (meist wohl unbeabsichtigt) erzeugten „schwierigen" Wörtern mit B entsteht
ein erhöhter Erklärungsbedarf in Bezug auf die Lokalisierung dieses Buchstabens
im Wort. Häufig reagieren die vorschlagenden Schüler mit der Standardantwort
vorne und, wenn das nicht richtig ist, mit *Mitte*, so dass auch diese Aufgabe bald
aus dem Bystanderstatus bewältigt werden kann. Diese Möglichkeit zeigt sich
z.B. in den zahlreichen Zwischenrufen zum Wort *gelb* <162,173,177,190>.

Jarek kann hier aber als aufmerksamer Zuhörer identifiziert werden. Die Lehrerin
lobt Aram für eine Teilantwort Babi \ vorne \ <124> und beginnt mit dem Schreibprozess. Damit weicht sie hier vom vorhergehenden Muster ab. Noch bevor sie
nach der weiteren Position fragt, ergänzt Jarek unaufgefordert und Mitte <128>.
Dies ist wohl aufgrund der sachlich-ergänzenden Funktion des Beitrages nur aus
dem Status des aufmerksamen Zuhörers möglich.

Die Partizipationsstruktur wird für das B in *gelb* aufwendiger, da die verfestigten
Antworten *vorne* und *Mitte* keine befriedigende Lösung liefern können (und darüber hinaus der Buchstabe B auch nicht im Normallaut „zu hören" ist). Hier ver-
schiebt sich das Klassengespräch zu einer Podiumsdiskussion, an der auch aufmerksame ZuhörerInnen die Möglichkeiten erhalten, GesprächspartnerIn der
Lehrerin zu werden (Nicola, Franzi). Nicola zeigt vorhergehende Aufmerksamkeit an, da sie ihren geplanten Beitrag selbst als unpassend bezeichnet. Franzi
muss zumindest die bisherige Diskussion zum Wort *gelb* aufmerksam verfolgt
haben, da ihre Argumentation auf dem bisher Gesagten aufbaut. Hier wurde David explizit in den Status des aufmerksamen Zuhörers versetzt und im Anschluss
nochmals als Gesprächspartner in die Podiumsdiskussion einbezogen. Diese Podiumsdiskussion ist durch zahlreiche Zwischenrufe gekennzeichnet. Efrems Zwi-

---

[45] Denkbar ist auch, dass ein Kind gezielt ein akzeptiertes Wort wiederholt, um so einen
„inhaltlichen Fehler" zu vermeiden.

schenruf lässt diesen als aufmerksamer Zuhörer identifizieren. Sein Beitrag kann als Ablehnung gerade nicht auf musterhafte Antworten rekurrieren, die aus dem Status des „Bystanders" geleistet werden können. Die anderen Zwischenrufe können dem Bystanderstatus zugewiesen werden. Franzi setzt ihren eigenen Beitrag auch qualitativ von diesen ab.

Die Möglichkeit, neue Wörter durch Wortverlängerung zu bilden, wird nicht thematisiert. Jedoch wird diese Idee wiederholt eingesetzt. Diese Idee lässt sich mit zunehmender Stabilisierung ebenfalls aus dem Bystanderstatus aufgreifen. Allerdings ist Jarek in <107> bezogen auf den Zwischenruf von Wayne sicher als aufmerksamer Zuhörer zu beschreiben. Dieser Zwischenruf war jedoch inhaltlich nicht am momentanen offiziellen Interaktionsgeschehen angebunden – er ist als nachträgliche Erkenntnisbekundung zu werten, die keinen spezifischen Zuhörerkreis erreichen soll und auch nicht an alle gerichtet ist. Die nachfolgenden Wortbeiträge Jareks sind jedoch in das offizielle Unterrichtsgeschehen eingebunden, allerdings muss er die übrige thematische Entwicklung nicht aufmerksam verfolgen; ebenso kann Marina aus dem Bystanderstatus die Idee der Wortverlängerung „aufschnappen".

4.2.3 Argumentationsanalysen

Für die gängige Sequenz I-R-E für ein richtig genanntes Wort (ggf. mit relativ reibungsloser Nennung der Positionen für den gesuchten Laut) wird hier keine Argumentationsanalyse angegeben. In diesen Sequenzen erfolgt die argumentative Bestätigung allein durch die Evaluation der Lehrerin. Werden neue Wörter genannt, so kann den Sprechenden der Kreatorstatus zugewiesen werden. Zunächst werden auch die Positionen im Kreatorstatus genannt, soweit sie erfragt werden. Jedoch werden für die Positionen vorne und Mitte mit zunehmender Routinisierung die Antworten im Imitiererstatus eingebracht. Dies wird insbesondere bei der wiederholten falschen Nennung der Position Mitte für das Wort gelb deutlich. Franzi bemängelt dies wohl auch. Ob ein Kind aus eigener Überlegung heraus die korrekte Position nennt oder einfach (eventuell auch wissentlich) im Imitiererstatus die schon mehrfach erfolgreiche Antwort wiederholt, kann ohne weitere Auseinandersetzung nicht entschieden werden.

Es bleiben über diese Betrachtungen hinaus für die in das Interaktionsmuster eingebundenen Argumentationen in dieser Episode drei Argumentationszyklen nachzuzeichnen. Ausführliche, explizit argumentativ gestaltete Auseinandersetzungen finden zu

- Babi –Barbie und

- gelb

statt.

Die Wortverlängerung als mögliches Antwortmuster wird im Handlungsvollzug argumentativ gefestigt durch die Wortbeiträge

- *Basketball – Fußball – american football – Handball.*

Im Folgenden werden jeweils das Toulmin-Schema und das Produktionsdesign dieser Argumentationszyklen rekonstruiert.

4.2.3.1 „Babi" – „Barbie"

Die in dieser Stunde vorherrschende Strategie „deutlich sprechen, genau hinhören", wird erstmals in der Auseinandersetzung zu Arams Antwort Babi expliziert. Zunächst wird dem von Aram geäußerten Babi das Wort *Barbie* zugeschrieben, dem dann innerhalb der Argumentation eine doppelte Funktion zukommt: Mit der wiederholten deutlichen Aussprache wird der Wortklang zu einem Datum. An ihm lässt sich durch genaues Hinhören der gesuchte Laut B vorne und in der Mitte lokalisieren. Weiter wird *Barbie* eine akzeptierte Lösung und tritt somit hier als akzeptiertes Wort (durch das Anschreiben ausgedrückt) in der Konklusion auf.

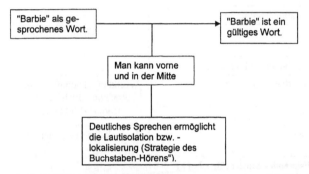

Da zunächst einige Kinder Arams Äußerung als *Barbie* deuten, wird ihnen hier die Funktion der Paraphrasierer unterstellt. Die Lehrerin wiederholt das Wort, jedoch kann in der überdeutlichen Aussprache <121,129> sowie in der Aufforderung zum langsamen Sprechen <123,129> eine explizite Ausführung bzw. Aufforderung zur Ausführung der Strategie „deutlich sprechen, genau hinhören" gesehen werden. Die Strategie wird hier als Stützung unterstellt und den Äußerungen der Lehrerin zugeschrieben, obwohl die Lehrerin sie nicht als solche expressis verbis benennt. So kommt ihr hier die Rolle der Traduziererin zu. Aram und Jarek nennen nun jeweils die gesuchten Positionen des B's, die zuvor schon mehrfach erfolgreich waren. Als Anwendung auf das neue Wort ließen sich beide durchaus als Kreator bezeichnen, jedoch wird den Beiden aufgrund des sich im Verlauf der Stunde stabilisierenden Antwortmusters *vorne* und *Mitte*, das zunehmend auch aus dem Status des „*Bystanders*" erfüllt werden kann, der Status des Imitierers zugeschrieben. Sicher hat Aram diesen Status für Mitte <130> inne, was auch Julian anmerkt.

Sprechender und Funktion	Äußerung	Idee (argumentative Funktion der Äußerung)
	weitere Verantwortliche und Funktion	
Ss: ParaphrasiererIn	Barbie <120>	Wortvorschlag (Datum)
	Initiator: Aram <119>	
Lehrerin Traduziererin	Barrbie <121>	Wortklang (Datum)
	FormulatorIn: Ss <121>	
Lehrerin: Kreatorin	sags ma ganz . ganz langsam \ <123>	Strategie „Buchstaben–Hören" (Stützung)
Aram Imitierer	Babi \ vorne <124>	Lautlokalisierung (Garant)
	Inventor: sich stabilisierendes Muster	
Jarek Imitierer	und Mitte \ <128>	Lautlokalisierung (Garant)
	Inventor: sich stabilisierendes Muster	
Lehrerin Imitiererin	und / . Barrbie \ sag <129>	Wortklang (Datum) für die Strategie „Buchstaben-Hören" (Stützung)
	Initiatorin: Lehrerin <121, 123>	
Aram Imitierer	Mitte <129>	Lautlokalisierung (Garant)
	Inventor: sich stabilisierendes Muster (über Jarek)	

4.2.3.2 „gelb"

Um das Wort *gelb* als gültige Antwort an der Tafel aufzunehmen, muss geklärt werden, ob überhaupt ein B im Wort enthalten ist und – wenn ja – in welcher Position es sich befindet. Zwar schließt die Lehrerin schon recht früh die Möglichkeit aus, dass kein B im Wort vorhanden ist (<163>), dennoch kommen zumindest in den Zwischenbemerkungen einiger SchülerInnen Zweifel auf. So kann Efrems Kommentar zu Franzi als Gegenargumentation gesehen werden, die jedoch durch die Frage der Lehrerin gel . b - wo is das B \ hinten / Mitte - vorne \ <169> im offiziellen Interaktionsstrang umgangen wird. Mit dieser Frage setzt die Lehrerin endgültig die Gültigkeit des Wortes fest und es bleibt nur noch die Frage der Position zu klären. Hier wird wiederholt von einigen Kindern der Klasse die Mitte bevorzugt, während Franzi ausführt, warum das B hinten zu finden ist. Somit lassen sich hier drei Argumentationen ausmachen:

- Es ist kein B vorhanden (Efrem).
- Das B ist in der Mitte.

- Das B ist hinten (Franzi).

4.2.3.2.1 „gelb" enthält kein B

Schon die Schüleräußerung in <162.1> wurde in der Interaktionsanalyse als Hinweis auf die Auslautverhärtung gesehen – allerdings ist die Aussage nicht eindeutig als Ablehnung zu verstehen. Hingegen kommt Efrem direkt zu dem Schluss da is kein b drin <167.2>. Ob dieser Schluss nur die Phonemebene betrifft oder auch das Graphem einbezieht, konnte in der Interaktionsanalyse nicht geklärt werden, da diese Bemerkung nicht weiter aufgegriffen wird. Durch seine Sprechpause im Wort rekurriert er auf das von der Lehrerin wiederholt als Hilfe angebotene langsame, deutliche Sprechen und stellt damit aufgrund der Auslautverhärtung eine Abweichung vom Normallaut fest. Der beim Sprechen erzeugte Wortklang mag ihm dabei als Datum dienen, in dem der Normallaut nicht zu hören ist (Garant).

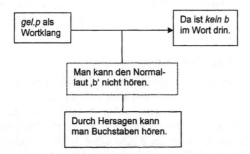

Diese Argumentation führt Efrem in einer Bemerkung zu Franzi aus. Das von David eingebrachte Wort *gelb* wird für diese Argumentation in seiner Funktion verändert, und zwar wird gel.p von Efrem als Datum benutzt, während David dieses Wort *gelb* als mögliche „Konklusion" nennt. Er nutzt dafür das zuvor von der Lehrerin für andere Worte immer wieder vorgeführte deutliche Sprechen. Efrem übernimmt dabei die Wortbedeutung (eine Farbe), erzeugt sich aber durch seine Aussprache einen eigenen „Wortklang" als Datum. Somit kann man Efrem hier für die Konklusion als Traduzierer sehen, während er mit der Strategie des deutlichen Sprechens (Stützung) eine Idee der Lehrerin auf das aktuelle Wort als Paraphrasierer anwendet. Der Garant, die Abweichung vom Normallaut, bleibt implizit, wird jedoch durch das deutliche Sprechen mit angezeigt.

Sprechender und Funktion	Äußerung	Idee (argumentative Funktion der Äußerung)
	weitere Verantwortliche und Funktion	
Lehrerin: Imitiererin	sags ma **ganz** langsam dann **hörst** dus \ <163>	Strategie „Buchstaben-Hören"(Stützung)
	Inventorin: Lehrerin <123>	
Efrem: Traduzierer	*flüsternd* gel p gel . p <167.2>	Wortklang (Datum / Garant)
	Formulator: David <158>	
Efrem Paraphrasier	*flüsternd* gel p gel . p <167.2>	deutliches Sprechen / „Buchstaben-Hören" (Stützung)
	Initiatorin: Lehrerin <123>	
Efrem: Kreator	ah / da is kein b drin <167.2>	der Normallaut ist nicht enthalten (Konklusion)

4.2.3.2.2 „gelb" hat in der Mitte ein B

Zahlreiche Zwischenrufe favorisieren *Mitte* als Position des gesuchten Lautes (Konklusion). Diese Argumentation stützt sich auf ein zuvor stabilisiertes Antwortmuster. Die Nachfrage der Lehrerin, wo ist das B <161> wäre damit als Datum zu sehen, das bisher immer erfolgreich mit *Mitte* erfüllt werden konnte (Garant). Die Lehrerin rechtfertigt in gewisser Weise diese Schlussmöglichkeit für den Buchstaben B, da Wörter mit B im Auslaut ihrer Ansicht nach eher selten vorkommen und somit die von den Kindern hier gewählte Antwort tatsächlich häufiger erfolgreich sein müsste <195>. (Diese Einschränkung auf nur wenige Ausnahmen ließe sich somit als modaler Operator für das Antwortmuster beschreiben.)

An dieser auf Gewohnheit rekurrierenden Argumentation sind die fokussierten Kinder nicht direkt beteiligt. Lediglich Franzi widerspricht offensichtlich grundsätzlich dieser Art der Argumentation <188>; dies wird im nächsten Abschnitt besprochen. Auf die Darstellung des Produktionsdesigns wird daher an dieser Stelle verzichtet.

4.2.3.2.3 „gelb" hat hinten ein B

Zunächst wird durch die Frage der Lehrerin nach der Position des gesuchten Lautes wo is das B \ <161> klargestellt, dass in *gelb* ein B vorkommt. Dies kann somit als Datum in die weitere Argumentation eingehen, in der es nur noch um die Position geht. Es lassen sich zwei Teilschlüsse rekonstruieren:

Die dazu von Franzi vorgenommene Fragmentierung des Wortes diskriminiert den gesuchten Laut von anderen im Wort auftretenden Konsonanten und kann für den ersten Schlussteil als ein Garant angesehen werden. Dazu erzeugt sie sich, wie zuvor auch Efrem, mit den Wortklängen gelllllb und gelllllg weitere Daten. *Vorne* und *Mitte* sind somit schon mit den Lauten ‚g' und ‚l' besetzt (Konklusion). Auch Davids abschließende Begründung greift nur, wenn schon akzeptiert ist, dass *gelb* ein B enthält. Die Position hinten begründet er mit einem L in der Mitte (Garant) <192>. Damit schließt er sich im Wesentlichen Franzis Ausführungen an. Die im Stundenverlauf wiederholt hervorgehobene Strategie „sprechen, hören, fühlen" wird von David in dem Begriff „sagen" zusammengefasst <194>. Diese Strategie, die sich auch in Franzis überdeutlicher Sprechweise dokumentiert, kann als die nicht hinterfragbare Stützung gesehen werden (siehe Argument 1). In den zweiten Teilschluss geht die erste Konklusion als Datum ein. Somit ist also in dem Wort ein B vorhanden und vorne und Mitte sind schon mit anderen Lauten besetzt. Damit steht nur noch das Wortende zur Verfügung (Garant). Als endgültige Konklusion kann der gesuchte Buchstabe nur noch am Ende stehen (siehe Argument 2).

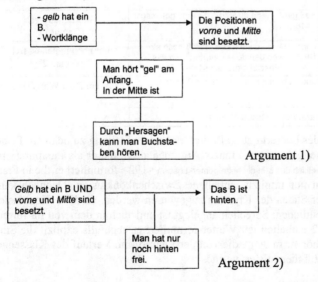

Argument 1)

Argument 2)

Franzis baut ihren Schluss gerade darauf auf, dass ein B im Wort vorhanden ist. Diese Gewissheit (Datum 1) lässt sich aus der Frage der Lehrerin wo is das B \ hinten / Mitte – vorne \ <170> schließen, die damit als Initiatorin des Datums gesehen werden kann. Mit dem sukzessiven Aufbau erzeugt sich Franzi weitere Daten, die das deutliche Sprechen (Lehrerin als Initiatorin, s. o.) neu gestalten. Explizit beruft sie sich in ihrer Argumentation auf das Hersagen (und damit auch auf das Hören von Buchstaben), sie vergleicht allerdings den Wortklang nicht mit dem Normallaut, sondern „erhört" die Laute in den besagten Positionen (Garant 1). Diese Verbindung ist die entscheidende argumentative Idee, die sie als Kreatorin einbringt. Sie beruft sich nun auf die noch freie Position *hinten* (Garant 2) und kommt so auch als Kreatorin zum Schluss, dass der gesuchte Buchstabe im Auslaut stehen muss.

Sprechender und Funktion	Äußerung	Idee (argumentative Funktion der Äußerung)
	weitere Verantwortliche und Funktion	
Lehrerin: Kreatorin	gel . b - wo is das B \ hinten / Mitte - vorne \ <168>	*gelb* hat ein B (Datum 1).
Franzi Paraphrasiererin	weil gelllllb / ... .. ja und das g / gellllg / <180-182>	Wortklänge (Datum 1) für die Strategie „Buchstaben-Hören (Stützung)
	Initiatorin: Lehrerin <168>	
Franzi: Kreatorin	das is hinten \ hinten \ <182>	B im Auslaut (Konklusion 2)
Franzi: Kreatorin	weil gel / . wenn du jetzt .. dis mit . gel . sagst / <184>	Wortanfang gel (Garant 1).
Franzi: Kreatorin	dann fehlt ja . dann haste ja bloß noch ein Buchstaben den de . da hinten . em das . das des hinsetzen musst \ <184-185>	nur noch hinten ist frei (Garant 2)
Franzi: Paraphrasiererin	und da hast du . nur noch das B \ <185>	es ist ein B im Wort (Datum)
	Initiatorin: Lehrerin <168>	

David wird von der Lehrerin aufgefordert, nochmals Stellung zu nehmen. Er beruft sich dabei weitgehend auf Franzis Argumentation, die er als Paraphrasierer wiederholt. Mit weil ich das L in die Mitte gemerkt habe \ <192> formuliert er die in Franzis Ausführungen nur implizit enthaltene Zwischenkonklusion. Dennoch kann ihm hier nicht der Status des Kreators zugewiesen werden, da diese Konklusion in Franzis überdeutlichem Sprechen angelegt ist und auch in dem von ihr formulierten Garanten 2 enthalten ist. Weiter formuliert er ebenfalls explizit die Stützung „sprechen, hören, fühlen", die von der Lehrerin im Verlauf des Klassengespräches wiederholt thematisiert wurde.

Sprechender und Funktion	Äußerung	Idee (argumentative Funktion der Äußerung)
	weitere Verantwortliche und Funktion	
David Imitierer	ämm hinten \ <189>	B im Auslaut (Konklusion 2)
	Iventorin: Franzi <182>	
David: Paraphrasierer	weil ich das L in die Mitte gemerkt habe \ <192>	Mitte ist besetzt (Datum 2 / Konklusion 1)
	Initiatorin: Franzi <180-184>	
David: Paraphrasierer	weil ichs gesagt habe <194>	Sagen und Hören zur Buchstabenerkennung (Stützung 1)
	Initiatorin: Lehrerin <166>	

Der Anforderung, die Podiumsdiskussion als „Verursacher" im Status des aufmerksamen Zuhörers zu verfolgen, ist David wohl nachgekommen. Es gelingt ihm hier, sich auf Franzis Argumentation zu berufen, dabei aber gerade auch die Elemente der Argumentation zu formulieren, die in Franzis Ausführungen lediglich implizit enthalten waren. Er kann die Argumentation somit nicht nur als Imitierer wiedergeben, sondern durch eigene Beiträge die Schlusskraft bestärken und verdeutlichen. Die Situation kann für David als günstige Lernsituation beschrieben werden, auch wenn die Argumentation aufgrund der fehlenden Thematisierung der Auslautverhärtung fragwürdig erscheint.

4.2.3.2.4 Interaktiver Zusammenhang der Argumentationen

Die hier dargestellten Argumentationen werden alle durch die Nachfrage der Lehrerin ausgelöst, führen allerdings zu sich widersprechenden Konklusionen. Franzi scheint der Argumentation für die Position *Mitte* zu widersprechen, stellt aber keine unmittelbare Verbindung zu ihrer eigenen Argumentation für eine andere Lautposition her. Lediglich in ihrer überdeutlichen Betonung des mittleren Lautes ‚l' könnte ein derartiger Bezug gesehen werden, der jedoch nicht expliziert wird. Obwohl somit durchaus eine konfliktträchtige Situation vorliegt, sind die Argumentationen nicht im Sinne eines rationalen Diskurses direkt aufeinander bezogen. Letztendlich erhalten die Argumentationen so nicht durch ein gegenseitiges Abwägen ihre Gültigkeit, sondern durch die abschließende Evaluation der Lehrerin.

Diese dem Argumentationszyklus grundsätzlich zugrunde liegende Autorität der Lehrerin wird durch Efrems Beitrag hinterfragt. Er bezweifelt die Akzeptanz des Wortes und könnte damit einen rationalen Diskurs anstoßen, der die Auslautverhärtung thematisiert und die Allgemeingültigkeit der von der Lehrerin propagierten Strategie des „Buchstaben-Hörens" einschränkt. Als Beitrag, der sich lediglich an einen sehr eingeschränkten Zuhörerkreis richtet, wird er nicht im offiziellen Unterrichtsgespräch aufgegriffen, sondern dort durch die nicht korrekte Aussprache gel. b <168> sogar unterlaufen.

4.2.3.3 Wortverlängerungen zu „Ball"

Unmittelbar nachdem die Lehrerin die Antwort *Ball* evaluiert, schlägt Wayne *Basketball* vor. Hier wird nur die Interpretation verfolgt, die auch im Interaktionsgeschehen weiterentwickelt wird und die Jarek als fokussiertes Kind betrifft, nämlich der Rückgriff auf die Wortverlängerung; die Ableitung über den Anlaut bleibt unberücksichtigt. In Brandt/Krummheuer (1998) wird ausführlicher auf diese beiden unterschiedlichen „Entdeckungsmöglichkeiten" eingegangen.

Für die Wortverlängerung wird die schon evaluierte Antwort *Ball* (Datum) in die neue „eingebunden" und so mit *Basketball* eine geeignete Veränderung vorgenommen (Konklusion). Der Garant wird nicht genannt und wird entsprechend unterstellt:

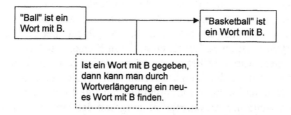

Der unterstellte Garant, dass bei der Bildung von Komposita bzw. Wortvariationen der gesuchte Buchstabe erhalten bleibt, findet durch die evaluierten Wörter (*Basketball, Fußball, american football*) zunehmend Sicherheit. Für die Gültigkeit der Wortvariation dienen diese Wortvorschläge somit als Stützung. Jedoch erfolgt dies lediglich implizit und wird daher nicht im Toulmin-Schema berücksichtigt. Lediglich durch den Ausruf aah <107> deutet sich eine gewisse Einsicht in die Regelmäßigkeit der Wortverlängerung an und könnte damit auch auf den unterstellten Garanten hinweisen. Alternativ könnte bei den später folgenden Worten mit „-ball" assoziative Wortspielerei als Strategie zum Zuge kommen, wobei jedoch nicht geklärt wird, welche Wortbestandteile zur Assoziation freigegeben sind.

Aus dem schon akzeptierten Wort *Ball* entstehen durch Komposita bzw. spielerische Variation neue Wörter mit dem gesuchten Buchstaben B. Das Wort *Ball*, das hier als Datum dient, wurde ursprünglich von Efrem genannt; jedoch ist in seinem Wortvorschlag noch nicht die Idee der Variationsmöglichkeiten enthalten. Wayne ist für Basketball als erstes dieser Wörter Kreator. Waynes Zwischenruf aah - Fußball wird von seinem Nachbarn Jarek als Imitierer in den offiziellen Interaktionsstrang eingebracht. Etwas später greift Jarek erneut auf das ursprüngliche Wort Ball zurück und bringt mit american football ein eigenes Wort ein. In diesem

Wort ist die Idee der Wortvariation neu formuliert. Jarek und Marina haben so für ihre Wortbeiträge *american football* bzw. *Handball* den Paraphrasiererstatus inne; Wayne bleibt die Verantwortung für die Idee, ist für diese beiden Beiträge also Initiator. Ihm kommt in diesem Unterrichtsgespräch die explanatorische Idee der Wortvariation zu, die er erstmals für die Konstruktion *Basketball* genutzt hat. Diese Idee wird mit Basketball in das Gespräch eingebracht, auch wenn Wayne sie eventuell erst mit seinem Zwischenruf Fußball als hilfreiche Konstruktion erkennt (für die folgende Darstellung s. Krummheuer/Brandt 2001, 117; s.a. Brandt 1997, 1997a):

Sprechender und Funktion	Äußerung	Idee (argumentative Funktion der Äußerung)
	weitere Verantwortliche und Funktion	
Efrem: Kreator	Ball \ <79>	Evaluierte Antwort *Ball* als Grundlage für Wortvariationen (Datum)
Polly: Imitiererin	Baue e b e Ball - <84>	
	Inventor: Efrem <84>	
Wayne Kreator	Basketball \ <88>	Kompositum mit *Ball* als evaluierte Antwort (Konklusion)
Wayne Paraphrasierer	aah - Fußball \ <107>	Kompositum mit *Ball* (Konklusion; Garant)
	Initiator: Wayne <88>	
Jarek Imitierer	Fußball \ <147>	Kompositum mit Ball als evaluierte Antwort (Konklusion)
	Inventor: Wayne <88>	
Jarek Paraphrasierer	american football \ <254>	Variation zum *Ball* als evaluierte Antwort (Konklusion)
	Initiator: Wayne <88>	
Marina Paraphrasiererin	äm Handball <269>	Kompositum mit *Ball* als evaluierte Antwort (Konklusion)
	Initiator: Wayne<88>	

4.2.4 Die individuellen Partizipationsvarianten

4.2.4.1 Efrems Partizipation

79	E: *Kreator*	Baal - Ball -	Ball Ball Baum
80	L E: *Gesprächspartner*	*hebt den rechten Arm*	+ zeig bitte auf - zeig auf \ Yussuf \
81	Yussuf E: *Zuhörer; Inventor*	**B** wie Baum \	
84	Polly E: *Zuhörer; Inventor*	Baue e b e Ball -	
86	E: *Kreator*	ha . hatte **ich** gedacht \	
87	L E: *Gesprächspartner*	*beim Umdrehen* du zeigst nich **auf** / deshalb kommste nich dran \ Wayne \	
135- 142	E: *Zuhörer*	*Es werden die Wörter Buch, blau und Blitz genannt und* *angeschrieben.*	
143	E: *Traduzierer*	was / blau	
167.2	E: *Traduzierer;* *Paraphrasierer*	*flüsternd* gel p gel . p +	
167.2	E: *Kreator*	*sich zu Franzi?* *umdrehend* ah / da is kein b drin	

Gleich zu Beginn der Episode ist Efrem um die inhaltliche Erfüllung der Aufgabe bemüht. Es gelingt ihm jedoch nicht, im offiziellen Interaktionsstrang zum Thema „Einführung B" im Zuge der Rotation Gesprächspartner der Lehrerin zu werden.[46] Er verstößt gegen den Mechanismus der Rederecht-Zuweisung und seine inhaltlichen Beiträge werden entsprechend im offiziellen Interaktionsstrang übergangen. So können seine Wortvorschläge von anderen Kindern als eigene Beiträge eingebracht werden.

Waynes Rückgriff auf eine bereits genannte und evaluierte Lösung als Datum lässt Efrem als Kreator eines Datums im Argumentationsprozess erscheinen. Die explanatorische Idee der Wortverlängerung wird jedoch nicht durch den Wortbeitrag *Ball* initiiert, deren Urheberschaft Efrem für sich einklagt. Erst durch den Vorschlag Basketball <88> wird die Idee der Wortverlängerung in der Interaktion wirksam. Damit wird Efrems Wortvorschlag *nachträglich* in einen Argumentationsprozess eingebunden, ohne dass er darauf Einfluss hat. Efrem bringt seinen Wortvorschlag zwar als Kreator ein, jedoch hat er damit keinen Anspruch auf die explanatorische Idee der Wortverlängerung (auch wenn das Wort *Ball* einfach zu verlängern ist). An der nachfolgenden Entwicklung nimmt er nur noch rezipierend zeil und inwieweit er dabei die gestaltende Kraft seines Zwischenrufs erkennt, ist nicht rekonstruierbar. Auch seine Zweifel an den Wortvorschlägen seiner MitschülerInnen, die aufgrund der Lautkombination ‚bl' sowie der Auslaut-

---

[46] Zum Begriff der „*Rotation*" als Rezipientendesign des interaktionalen Gleichflusses siehe Brandt/Krummheuer (2000, 220) und Krummheuer/Brandt (2001,64).

verhärtung über das sich etablierende Argumentationsmuster „Sprechen und Hören" nicht unmittelbar erschlossen werden können, bleiben unbeachtet.

Aufgrund der Qualität seiner Beiträge lässt sich Efrem zumindest für die Sequenzen, zu denen er mit Zwischenrufen beiträgt, als aufmerksamer Zuhörer beschreiben. Er scheint um echte Verstehensprozesse bemüht. Diesbezüglich bringt er Zweifel an der auf Antwortmuster orientierten Interaktionsstruktur hervor, die auf die stereotype Anwendung der Strategie „Buchstaben-Hören" vertraut. Trotz der intensiven inhaltlichen Auseinandersetzung mit dem Thema, die gerade die Standardisierung und Routinisierung des Interaktionsgeschehens hinterfragt, gelingt es Efrem auch in dieser Episode nicht, seine Beiträge im offiziellen Interaktionsfluss einzubringen. Es ist so nicht gesichert, dass seine Zweifel an der Lautkombination sowie an der Auslautverhärtung durch die Interaktion gelöst werden und sich damit Gewinn bringend (lernförderlich) auflösen. Das Potenzial seiner Beiträge sowohl hinsichtlich eigener tätiger Lernprozesse als auch zur Ermöglichung rezeptiver Lernprozesse für aufmerksame ZuhörerInnen wird so nicht erkennbar in der Interaktion umgesetzt.

4.2.4.2 Franzis Partizipation

108	L	so \ baden \ . Franzi /
	F: *Gesprächspartnerin*	
109	F: *Kreatorin*	Biber \
110	L	Biber \ *schreibt das B ein* . **Tier** ne / . **wo is** denn da dis B \
	F: *Gesprächspartnerin*	
111	F: *(Kreatorin)*	vorne -
112	S	Mitte \
	F: *Zuhörerin*	
113	S	Biber -
	F: *Zuhörerin / Iventorin*	
114	F: *Imitiererin*	Mitte \
172	L	wer **hilft** dem David \
	F: *Zuhörerin*	
173	Ss	*durcheinander, immer wieder* Mitte Mitte Mitte -
	F: *Zuhörerin*	
176	L	äh stop . gleich ja / Franzi /
	F: *Gesprächspartnerin*	
178	F: *Kreatorin*	ich weiß wos is \
179	L	*aufgeregt* wo **is** es \ wie kannste dem David helfen \
	F: *Gesprächspartnerin*	
180	F: *Paraphrasiererin*	ich **weiß** nich . weil **gelllllb** / .. ja und das g /
181	L	*tippt sich auf die Lippen* b
	F: *Gesprächspartnerin*	
182	F: *Paraphrasiererin,* *Inventorin*	**gellllg** / **gelb** – das is **hinten** \ hinten \
183	L	warum -

F: Gesprächspartnerin	
184 F: *Kreatorin*	weil **gel** / . wenn du jetzt .. dis mit . **gel** . sagst / . dann fehlt ja . dann haste ja bloß noch ein **Buch**staben den de . da **hinten** . em das . das des **hin**setzen musst \ und da hast du . **nur** noch das **B** \
187 L *F: Gesprächspartnerin*	s **richtig** \ **David** noch mal dazu \
188 F:	alle sagen Mitte Mitte M äh alle sagen Mitte \
189 David *F: Zuhörerin / Inventorin*	ämm hinten \
192 David *F: Zuhörerin /* *Initiatorin*	weil ich hab dis gel dis **L** in die Mitte gemerkt \

Franzis Wortvorschlag Biber <109> rekurriert nicht auf zuvor evaluierte Antworten und ist auch in der Lautkombination neuartig und damit nicht der Assoziationsmöglichkeit zuzuordnen. Somit ist sie hier Kreatorin. Sie muss zumindest zu Beginn der Episode den offiziellen Interaktionsstrang aufmerksam wahrgenommen haben, um der Aufgabenstellung entsprechend einen Beitrag leisten zu können. Die Wortbeiträge muss sie jedoch nicht aufmerksam verfolgen (mit dem Risiko, ein schon genanntes Wort zu wiederholen, was hier aber nicht geschieht). Die Lehrerin kommentiert Franzis Beitrag und hebt ihn damit besonders hervor, so dass er auch im Klassengespräch als originär dargestellt wird.

Vermutlich wird Franzi in <167.2> von Efrem als Gesprächspartnerin angesprochen. Es ist von ihr keine Reaktion darauf wahrnehmbar. Falls sie die Äußerung überhaupt wahrgenommen hat, könnte sie diesen Beitrag zugunsten des offiziellen Interaktionsstranges vernachlässigen. Sie wird kurz darauf im Rahmen der sich entfaltenden Podiumsdiskussion zum Wort *gelb* Gesprächspartnerin der Lehrerin und baut dabei ihre Argumentation auf Beiträge im offiziellen Interaktionsstrang auf. So kann man ihr für die unmittelbar vorhergehenden Äußerungen den Status der aufmerksamen Zuhörerin zuschreiben. In der entsprechenden Argumentation kann sie weitgehend als Kreatorin gesehen werden; insbesondere das „Ausschlussverfahren" für mögliche Positionen ist ihre Idee. Dabei nutzt sie zuvor von der Lehrerin eingebrachte Argumentationselemente aus. Die Schwierigkeiten in der Formulierung werden hier als Anzeichen für die Originalität ihrer Idee gesehen. Diese Idee lässt sich sicher „musterhaft" auf ähnliche Fälle übertragen. Dennoch mag der nachfolgende Zwischenruf auch das Neue ausdrücken, das für Franzi in ihrem Beitrag enthalten ist. Somit kreiert Franzi *in der Situation* eine Argumentation, die sich zu einem Argumentationsformat entwickeln könnte. Obwohl sie dieses (potenzielle) Argumentationsformat weitgehend als Kreatorin einbringt, kann diese Situation für Franzi als Lernsituation gesehen werden. Sie bezieht diese Argumentation nicht nur auf einen bestimmten Fall, sondern arrangiert bekannte Elemente neu und entwirft dabei aktuell etwas Neues. Nachdem sie auf dem Podium einen umfangreicheren Beitrag geleistet hat, hebt sie ihre Antwort nochmals von den zahlreichen an der musterhaften Gestaltung orientierten Zwischenrufen ab. Diese Bemerkung wurde in der Interaktionsanalyse als Bestätigung der eigenen Leistung gewertet. Für dieses „Eigenlob" wählt Franzi somit eine indifferente Zuhörerschaft außerhalb des offiziellen Interaktionsstranges.

Insgesamt gelingt es Franzi in dieser Episode, die einzige besonders ausführliche Argumentation darzulegen. Ihre Argumentation kann im Interaktionsgeschehen von David sinnvoll aufgegriffen werden, so dass ihr Beitrag für aufmerksame ZuhörerInnen als optimierte Bedingung zur Ermöglichung für rezeptive Lernprozesse gesehen werden kann. Dabei mag die nachdrückliche Demonstration der sukzessiven Lautsuche die nicht ganz geglückte sprachliche Umschreibung ausgleichen.

4.2.4.3 Jareks Partizipation

88	Wayne	Basketball \
	J: Zuhörer	
107	Wayne	**aah – Fußball **
	J: Zuhörer	*dreht sich kurz zu Wayne um*
124	Aram	Babi \ **vorne** \
	J: Zuhörer	
128	J: (Kreator)	und Mitte \
130	Aram	Mitte \
	J: Zuhörer / Inventor	
132	Julian	Jarek hat vorgesagt \
	J: Zuhörer	
146	L	ooond . Jarek /
	J: Gesprächspartner	
147	J: Imitierer	Fußball \
148	L	wo is denn **da** dis B \
	J: Gesprächspartner	
150	J: (Kreator)	Mitte \
252	L	Jarek \
	J: Gesprächspartner	
253	Jarek: Paraphasierer	*englisch aussprechend* american football \
254	L	**football** \ ja das is schon . is schon englisch \
	J: Gesprächspartner	

Zunächst ist Jarek als aufmerksamer Zuhörer bezüglich Waynes Zwischenruf *Fußball* zu sehen und damit für einen Beitrag, der strukturell nicht in die thematische Entwicklung eingebunden, dennoch aber inhaltlich Bezug darauf nimmt. Da Jarek diesen Beitrag etwas später als Gesprächspartner der Lehrerin im offiziellen Interaktionsstrang anbietet, kann man davon ausgehen, dass er den Zwischenruf als einen Beitrag interpretiert, der nicht den Regeln des Klassengesprächs entspricht. Ferner kann man unterstellen, dass er auch den offiziellen Interaktionsstrang soweit aufmerksam verfolgt hat, dass er den Zwischenruf thematisch diesem zuordnen kann. Er wird sowohl strukturell als auch inhaltlich durch die Akzeptanz seiner Antwort bestätigt.

Auch für den offiziellen Interaktionsstrang lassen sich Momente ausmachen, in denen Jarek als aufmerksamer Zuhörer dem Geschehen folgt. So ist es gerade sein Zwischenruf und Mitte, der wie oben beschrieben auf diesen Status schließen lässt. Es ist denkbar, dass er die Situation als eine einschätzt, in der die Lösung per Reinrufen gesucht wird (dies erfolgt in dieser Episode z.b. immer dann, wenn ein Wort genannt wird, das nicht den gesuchten Laut enthält, z.b. bei Ampel und Lampe; s.a. Brandt/Krummheuer 1998). Es ist jedoch unklar, ob diese Bemerkung eher an Aram gerichtet, also als „Vorsagen" zu interpretieren ist, oder an die Lehrerin adressiert ist und so eher Wissen demonstriert.

Bezüglich der Antwortmöglichkeit durch Bildung von Komposita kann man Jarek Ansätze zunehmender Handlungsautonomie und damit einen Lernprozess unterstellen: Indem er zunächst eine Äußerung von Wayne wörtlich wiederholt, agiert er anfänglich als Imitierer und nimmt damit einen (fast) verantwortungsfreien und ungefährlichen Sprecherstatus ein. Im Laufe des Unterrichtsgespräches entsteht jedoch größerer Kreativitätsdruck, und hier greift er dann zwar noch auf die Idee von Wayne zurück, kann aber einen eigenen Wortvorschlag erzeugen. Der Zuwachs an Handlungsautonomie drückt sich in dem Wechsel vom Imitierer zum Paraphrasierer aus. Dabei gelingt es ihm sogar, eine Antwort zu produzieren, die von der Lehrerin besondere Beachtung erfährt. Damit ließe sich diese Situation als Lernsituation für Jarek beschreiben, wobei diese den von der Lehrerin vorrangig tendierten Lerninhalt „B-Laut" nur mittelbar betrifft. Eher erlernt er hier wohl ein Antwortmuster, das in ähnlichen Situationen gültige Antworten erzeugt, ohne dass der jeweils gesuchte Laut tatsächlich erkannt werden muss (als Rechtschreibhilfe ist dieses Muster dann aber wieder sinnvoll einzusetzen).

4.2.4.4 Marinas Partizipation

220	L	bitte / es geht / starten / sie / . jetzt \ *zeigt auf Marina*
	M: *Gesprächspartnerin*	
221	M: *Kreatorin*	Beern \
222	L	gut \
	M: *Gesprächspartnerin*	
269	M: *Paraphasiererin*	äm Handball
270	L	ja
	M: *Gesprächspartnerin*	

Marina beteiligt sich mit zwei Wortvorschlägen, die sie allerdings erst in der Schlussphase der Wortsammlung unterbringt. Es ist möglich, dass die Lehrerin sie zuvor trotz Meldung nicht aufgerufen hat (Marina ist nicht durchgängig im Video zu sehen). Auch denkbar ist, dass sich Marina erst in dieser späteren Phase aktiv beteiligt, den Beginn somit eventuell zunächst nutzt, sich über die Fragestellung und den gesuchten Laut sicher zu werden. Ihre Beiträge erhalten keine besondere Aufmerksamkeit, die semantische Bedeutung ihres nicht ganz eindeutig zuzuordnenden Beitrags Beern <224> wird nicht geklärt. Mit Handball schließt sie sich der von Jarek vorangetriebenen Wortverlängerung an; allerdings lassen sich, wie schon ausgeführt, in dieser Schlussphase daraus kaum noch Aussagen über den Aufmerksamkeitsgrad machen. Es lässt sich festhalten, dass Marina erfolgreich mit richtigen Beiträgen partizipiert; inwieweit sie die dafür notwendigen inhaltlichen Kompetenzen (Lauterkennung; Wortverlängerung) in der nachgezeichneten Interaktion erst erwirbt, muss allerdings offen bleiben. Sollte sie sich tatsächlich erst gegen Ende der Unterrichtsphase von sich aus beteiligen, so könnte dies zumindest als Hinweis auf das Bedürfnis nach Sicherheit gesehen werden.

4.3 Episode *Frühling*

Die hier in einem Transkript zusammengefasste Episode umfasst die Besprechung von gebastelten Schmetterlingen und Frühlingsbildern: Die Kinder haben an den vorhergehenden Tagen aus Maschendraht je einen Schmetterling und nach einem Spaziergang je ein Frühlingsbild hergestellt. Die Schmetterlinge hängen an Schnüren unter der Decke, die Bilder sind an der Rückwand des Klassenzimmers angebracht. Diese Produkte sind außerhalb des Unterrichts von der Lehrerin im Klassenraum aufgehängt worden. Die Lehrerin eröffnet diese Unterrichtssequenz wie folgt:

L	so - **was** fällt euch hier auf in der **Klasse** \ was ist anders \
S	ahh \
L	was ist anders \ . jaa / . **Robert** \
Robert	Schmetterlinge \
L	was noch \ . was noch **Franzi** \
Franzi	hier die Schmetterlinge hängen – die **Bilder** hängen - .. und . mir is **aufgefallen** dass hier **ein** Schmetterling **gar** nich richtig **fertig** geworden is \
< L	is dis schlimm / sieht dis schlimm aus / Franzi /
< Franzi	nö

Die gemalten und gebastelten Objekte fallen offensichtlich den Kindern, wie von der Lehrerin erwünscht, „auf". Die Eröffnung **was** fällt euch hier auf in der **Klasse** \ mag daher gar nicht so „offen" sein, wie sie zunächst wirkt, sondern aufgrund der „Auffälligkeit" des Arrangements kaum andere Ideen zulassen. Nach diesem geglückten Auftakt werden zunächst die Schmetterlinge und dann die Bilder besprochen.

4.3.1 Interaktionsanalyse

Zunächst lenkt die Lehrerin die Aufmerksamkeit auf die gebastelten Schmetterlinge gucken wir uns doch mal die Schmetterlinge an \ (...) **was** fällt euch denn auf bei den Schmetterlingen \ welche findet ihr **besonders** schön - . wie sind die **geworden** - sehen die **aus** wie Schmetterlinge <15-18>. Mit dieser Lehrerin-Initiation werden die Kinder zunächst ermuntert, sich zu den Schmetterlingen zu äußern, und dabei werden eine ganze Reihe von Antwortmöglichkeiten eröffnet. Die Lehrerin erwähnt Merkmale, die zumindest exemplarisch beachtet werden könnten: Schönheit, handwerkliche Ausführung und realitätsnahe Darstellung.

Die Kinder zeigen dann mit einem Stock jeweils einen Schmetterling und äußern sich dazu. Das Rederecht wird durch die Weitergabe des Zeigestocks übergeben, die Kinder dürfen dabei selber das nächste Kind auswählen. Später werden die Bilder betrachtet und in gleicher Weise besprochen jetz würd ich noch gern was zu den Bildern . hören von euch \ wenn ihr die Bilder anguckt die wir gestern **gemalt** haben nach unserm **Spaziergang** \ unserm **Frühlings**spaziergang \ was fällt euch auf \ <116-119>. Somit lässt sich die Episode zunächst grob in die Besprechung der Schmetterlinge <15-116> und in die Besprechung der Frühlingsbilder <116-207> unterteilen. Eine feinere Unterteilung erfolgt entlang der Besprechung der von den jeweils aufgerufenen Kindern ausgewählten Objekte. Folgende Ausschnitte werden hier näher betrachtet:

    <21-34>   Yussufs Schmetterlingswahl

    <51-67>   Franzis Schmetterlingswahl

    <84-87>   Marinas Schmetterlingswahl

<138-142> Marinas Bildwahl

<143-146> Franzis Bildwahl

<155-192> Davids Bildwahl

4.3.1.1 Yussufs Schmetterlingswahl <21-34>

2 1	L	Yussuf \
2 2	Yussuf	*(unverständlich)* wie n Schmetterling aus \
2 3	L	**geh** mal hin und zeig ihn mal \
2 4	Yussuf	*geht hin und zeigt auf einen, springt dabei hoch* den -
2 5	L	ja komm ma her ich geb dir mal meinen **Stab** -
2 6	Franzi	warte ich zeig dirs ich **weiß** welchen -
2 7	L	*Yussuf den Stab gebend* **zeigste** mal drauf ja \
2 8	Yussuf	*zeigt auf einen Schmetterling*
3 0	S	ich **weißes** \
3 1	L	und warum findste dass der aussieht wie n richtiger Schmetterling /
3 2	Yussuf	dass die immer so dick sind \ so -
3 3	L	*nickend* hm / . ein **anderes** Kind / Yussuf nimm ma ein **anderes** Kind dran /
3 4	Yussuf	Aram \ *gibt Aram den Stab*
35-49		*Aram zeigt auf denselben Schmetterling wie Yussuf und wiederholt nach Aufforderung auch dessen Begründung. Abschließend übergibt er Franzi den Stab.*

Als erster Schüler wird Yussuf aufgerufen <21>. Er zeigt auf ein spezielles Objekt, das sich seiner Ansicht nach dadurch auszeichnet, dass es wien Schmetterling aus[sieht] <22> und damit dem von der Lehrerin genannten Kriterium der Realitätsnähe entspricht. Die Lehrerin hakt nach: und **warum** findste dass der aussieht wien richtiger Schmetterling / <31>. Allem Anschein nach wird hier die bereits in ihrer vorhergehenden Ausführung <15-19> implizite Aufforderung nach einer Begründung für die vorgenommene Auswahl nun deutlicher hervorgehoben. Eine Deutung von Yussufs Begründung entfällt hier (ausführlich in Brandt/Krummheuer 1998). An dieser Sequenz soll die Einbindung der permanenten Begründungsexplikation in ein Interaktionsmuster aufgezeigt werden: Zur deutlichen Kennzeichnung des gewählten Objektes zieht die Lehrerin den Stab als Hilfsmittel heran <27>. Yussuf zeigt nun den gewählten Schmetterling <28> und die Lehrerin fordert ihn zur Ausführung der Auswahlkriterien auf <31>. Nachdem er dieser Begründungsexplikation nachgekommen ist, darf er den Stab an ein Kind seiner Wahl weiterreichen und so das Rederecht übergeben. Dieses hier erstmals hervorgebrachte Muster bleibt mit kleineren Modifikationen über die gesamte Episode der Schmetterlings- und Bildbesprechung stabil. Mit diesem Interaktionsmuster wird die zunächst offene Fragestellung der Lehrerin auf die begründete Auswahl eines Objektes eingeschränkt, wobei hier sicher durch den Zeigestab die Beschränkung auf einen Gegenstand verstärkt wird. Dabei ist es durchaus erlaubt, sowohl das Objekt als auch die Begründung zu wiederholen. Aram imitiert in der Erfüllung der Aufgabenstellung Yussuf.

Für die meisten Kinder scheint der Schwerpunkt der Interaktion in der Möglichkeit zur subjektiven Objektauswahl zu bestehen, während die Lehrerin diesen Schwerpunkt wohl auf die (objektiven) Begründungsmöglichkeiten dieser subjektiven Auswahl setzt. Dies wird insbesondere auch in dem Abschnitt deutlich, in dem sie die Symmetrie als einen objektiven Grund für die Auffälligkeit eines Schmetterlings anführt; dies schließt sich an Marinas Schmetterlingsauswahl an (s. u. <88-116>). Zunächst wird jedoch Franzis Schmetterlingswahl betrachtet, die den Zeigestab von Aram erhält.

4.3.1.2 Franzis Schmetterlingswahl

51	Franzi	also \ ich find eigentlich von da hinten . ein am schönsten nämlich . den hier -
52	L	**warum gefällt** er dir so \
53	Franzi	weil der so ordentlich **gemacht** äh ist – und welche **Farben** derjenige genommen hat und so \ . den da hinten find ich auch so so so lustig weil der -
56	< L	zeig mal \ geh mal hin dass wir sehen welchen du meinst -
57	< Franzi	Hier den - den hier weil der is - . so m ganz durchn**ander** und **bunt** -
59	L	du findest eimal den **einen** schön weil der so schön **ordentlich** is und bunt / und du findest den **andern** schön weil der so schön **unordentlich** is und bunt \ ja /
61	Jarek	*lacht*
62	Franzi	den find ich **lustig** \
63	< L	**lustig** \ ja is doch **toll** - ja / . dann gib mal nem **andern** Kind *(unverständlich)*
64	< Franzi	*(unverständlich)*
65	Efrem	*sich meldend* hier zwei **mel** - **zwei** -
66	L	ja \ dann kommst du aber glaub ich **ganz** zum Schluss dran Efrem \ *(unverständlich)* \ ja /
67	Franzi	Ayse *schiebt Ayse den Stab über den Tisch*

Franzi gibt auffällig eloquent ihre Auswahl bekannt also \ ich find eigentlich von da hinten . ein am schönsten nämlich . den hier - <51>. In der Satzkonstruktion scheint sie die Zeit zu antizipieren, die sie benötigt, um das Objekt ihrer Wahl mit dem Stab zu zeigen. Sowohl die Stimmführung als auch die Einleitung durch also und eigentlich lassen weitere Ausführungen erwarten. Allerdings unterbricht die Lehrerin, fragt nach einer Begründung für die Auswahl <52> und setzt so das bisher etablierte Interaktionsmuster durch.

Franzi kommt dieser Aufforderung nach weil der so ordentlich gemacht äh ist - und welche Farben derjenige genommen hat und so \ . <54>. Somit verweist sie hier wohl auf die Sorgfalt des Herstellungsprozesses. Danach fährt sie unmittelbar fort den da hinten find ich auch sch so so lustig weil der - <53,54>, wählt also einen zweiten Schmetterling und setzt sofort zur Begründung an. Schließlich hat sie das gewählte Objekt wohl erreicht und ergänzt nun auf den entsprechenden Schmetterling zeigend hier den - den hier weil weil der is - . so m ganz durchnander und bunt - <57,58>. Sie erfüllt damit eigenständig die von der Lehrerin aufgestellte permanente Begründungsexplikation und könnte damit ihre zweite Objektwahl rechtfertigen, zumal sie in ihren Begründungen sorgsam unterscheidet: Während sie den ersten Gegenstand aufgrund der ordentlichen Verarbeitung und der Farbwahl wählt, beschreibt sie das zweite Objekt als *lustig*, weil es durcheinander und bunt ist. Auch könnte sie durch diesen Vergleich an die zunächst weitere Eingangsinitiation der Lehrerin anknüpfen.

Die Lehrerin reagiert darauf mit du findest den **einen** schön weil der so schön **ordentlich** is und bunt / und du findest den **andern** schön weil der so schön **unordentlich** is und bunt \ ja / <59,60>. In dieser Rephrasierung werden allerdings einige der eben ausgeführten Nuancen in Franzis Äußerungen nicht wiedergegeben bzw. sogar nivelliert. Franzi hebt bei ihrer Beschreibung des ersten Schmetterlings auf die ordentliche handwerkliche Ausführung <51> ab und muss nicht notwendig bei ihren Ausführungen zur Farbwahl die Buntheit gemeint haben, die sie für das zweite Objekt anführt. Weiter bezeichnet sie den einen als schönsten <51>, während sie den anderen lustig <54> findet.

Franzis Hinweis den find ich lustig \ <62> mit Betonung des Wortes lustig und abfallender Intonation wirkt entsprechend wie eine Richtigstellung. Franzi weist darauf hin, dass die Einschätzung *lustig* nicht gleichzusetzen sei mit der Beurteilung *schön*. Die Lehrerin hebt abschließend noch einmal das unterscheidende Merkmal *lustig* hervor, findet dies dann toll und fordert Franzi auf, jemand anderes aufzurufen <63>.[47] Somit bleibt ein wenig unklar, was sie nun toll findet; eventu-

---

[47]   In Brandt/Krummheuer (1998) findet sich eine ausführliche Auseinandersetzung zur Vermeidung einer Tautologie in der Argumentation durch die hier angesprochene Unterscheidung zwischen „ästhetische Schönheit" und „Lustigkeit".

ell ist sie grundsätzlich über die Komplexität von Franzis Ausführungen verblüfft.

Mit hier zwei mel - zwei - <65> macht Efrem wohl auf sich und ein weiteres Kind aufmerksam, das sich ebenfalls meldet. Offensichtlich erkennt er in der Aufforderung der Lehrerin den bevorstehenden Sprecherwechsel und möchte gerne zur Besprechung der Schmetterlinge etwas beitragen. Vielleicht ist er sich nicht sicher, das er und das andere Kind von Franzi gesehen werden können. Allerdings wird sein Meldeverhalten von der Lehrerin zurückgewiesen und damit wohl auch Franzis Wahl für das nächste Kind eingeschränkt ja \ dann kommst du aber glaub ich ganz zum Schluss dran Efrem \ <66>. Obwohl die Lehrerin mit der Weitergabe des Stabes die Rederecht-Zuweisung in die Verantwortung der Kinder gibt, bleibt ihr somit dennoch eine richtungs- und weisungsgebende Funktion in dieser Zuweisungsprozedur. Dies wird auch schon in der Aufforderung an Franzi, den Stab weiterzugeben, deutlich: Eventuell wollte Franzi ja in der unverständlichen Äußerung <64> noch mehr über die Schmetterlinge berichten. Mit der Aufforderung, ein neues Kind zu wählen, bleibt der Lehrerin hier die Möglichkeit, das Rederecht der einzelnen Kinder zu beschränken.

4.3.1.3 Marinas Schmetterlingswahl

87	Marina	den find ich schön \ . weil der . schön orntlich is und so \
88	L	mir fällt auch **genau** bei **diesem** was auf \
89	Marina	bei welchem \
90	L	**worauf** hat das Kind **geachtet** - zeig noch ma auf den . **Schmetterling** Mari \ . bei **dem** fällt mir was auf \ auf der **linken** Seite / und auf der **rechten** Seite \
93	Efrem	ach **so** dis is da ein -
94	L	ä **Efrem** \ **zeig auf** bitte \ ja / . wir möchten das **gerne wissen** was du **denkst** \ aber du musst aufzeigen \ . Nicola \
96	Nicola	m dass er genau so richtig m so ge **reingemacht** hat \
97	< L	das **stimmt** / das **meint** ich -
98	< Nicola	und in die Mitte
99	L	**ja** / das **meint** ich aber nich \ . **was ist** . bei **diesem** besonders auffällig \ . wenn man **genau** hinguckt \ . links rechts links rechts -
101	S1	**ahh** \
102	S2	ah ich **weiß** es \
103	L	David /
104	David	der is ganz schön ordentlich \
105	L	das **meinte** Nicola schon \ ich **meine** was **anderes** \ . man muss **nur hingucken** \ dann kricht mans raus \ Petra /
107	Petra	*(unverständlich)*
108	L	**schade** dass Kinder geredet hamm – Petra n **bisschen** lauter *(unverständlich)* nochmal \
110	Petra	der hat immer die gleichen Farben genommen \
112	Franzi	naja \ nich immer \ bloß drei \
113	L	**guck** doch mal /
114	Franzi	ja \ aber **bloß drei** \

115 L   stimmt \ oder **vier Farben** seh ich ne / und die sind **fast** auf der auf der **linken**
          Seite **fast** die selben Farben wie auf der rechten \ . jetz würd ich noch gern was
          zu den Bildern . **hören** von euch \ wenn ihr die Bilder anguckt die wir gestern
          gemalt haben nach unserm **Spaziergang** \ unserm **Frühlings**spaziergang \ was
          fällt euch auf \ Carola /

Die von Ayse aufgerufene Marina zeigt auf einen Schmetterling und sagt den find
ich schön \ . weil der . schön orntlich is und so \ <87>. Marina bringt hier mit einigen For-
mulierungspausen einen sprachlich vollständigen argumentativen Schluss hervor:
Etwas findet sie schön, weil es ordentlich ist. Sie kommt ohne besondere Nachfrage sofort der von der Lehrerin gesetzten permanenten Begründungsexplikation
nach. Formal ähnelt diese Argumentation der von Franzi. Inhaltlich wird von
Marina aber nicht der Prozess der Herstellung des Schmetterlings, sondern das
fertige Produkt beurteilt.

Die Lehrerin reagiert mit mir fällt auch **genau bei diesem** was auf \ <88>. Es bleibt zunächst unklar, ob sie hiermit Marinas Begründung aufgreifen oder auf etwas anderes hinweisen will. Marina vermutet anscheinend, dass die Lehrerin einen weiteren Schmetterling meinen muss <89>. Die Besprechung zu dem von ihr gewählten Schmetterling ist für sie mit der Begründung *ordentlich* beendet und e-
ventuell glaubt sie auch nicht, dass man dem gewählten Objekt noch weitere Eigenschaften zuweisen kann. Allerdings macht die Lehrerin nochmals explizit
deutlich, dass sie genau zu dem von Marina gewählten Schmetterling noch mehr
hören möchte worauf hat das Kind **geachtet** - zeig noch ma auf den . **Schmetterling** Marina \. bei
dem fällt mir was auf \ auf der **linken** Seite / und auf der **rechten** Seite \ <90,91>. Das offene
Gesprächsangebot sowie die Möglichkeit, relativ unspezifische Gründe anzufüh-
ren, dürfte hiermit beendet sein. Die Lehrerin möchte auf etwas Spezielles hinaus.

Der „reinrufende" Efrem wird zurechtgewiesen ä Efrem \ zeig auf bitte \ ja / . wir möchten
das **gerne wissen** was du denkst \ aber du musst aufzeigen \ <93-95>. Mit der Ermahnung
macht die Lehrerin aber auch deutlich, dass nun nicht mehr nur Marina zur Stellungnahme aufgefordert ist, sondern dass sich auch andere Kinder durch Melden
am Gespräch beteiligen können. Sie ruft dann die sich meldende Nicola auf. Damit ist hier auch der Mechanismus der Rederecht-Zuweisung wieder ganz in ihrer
Hand. Im Folgenden forciert die Lehrerin den Fortgang des Unterrichtsgesprächs
und möchte auf etwas Spezielles hinaus, das durch genaues Hingucken von je-
dem zu sehen ist <100, 113>.

Mehrere Schüler melden sich und versuchen dabei bereits den Eindruck zu vermitteln, dass ihnen nun etwas aufgefallen bzw. aufgegangen sei ahh\ <101> bzw.
ah ich **weiß** es \ <102>. Allerdings weist die Lehrerin wiederholt die Ausführungen
der Kinder zurück <99,105>. Ob sie Petras Beitrag der hat immer die gleichen Farben
genommen \ <110> unterstützt, wird nicht deutlich. Franzis kommentiert diesen Beitrag naja \ nich immer \ bloß drei \ ja \ aber **bloß drei** \ <112-114>. Diesen unaufgeforderten
Kommentar bestätigt die Lehrerin und nennt schließlich das ihr Auffällige: die sind

fast auf der auf der linken Seite fast die selben Farben wie auf der rechten \. <115,116>. Sie wollte auf achsensymmetrische Eigenschaften dieses Objektes eingehen und diese über die beiden – zumindest sehr ähnlichen – Seiten des Schmetterlings erklären.[48] Offenbar erkennt die Lehrerin gerade in dem Hinweis auf die beschränkte Farbwahl einen Anknüpfungspunkt für die Achsensymmetrie. Allerdings verwundert es, dass die Lehrerin Davids Bemerkung (ganz besonders ordentlich <104>) und Nicolas Hinweis auf die und in die Mitte <98> nicht stärker im Sinne der Umschreibung einer achsensymmetrischen Figur aufgegriffen hat.

4.3.1.4 Marinas und Franzis Bildwahl

116-137		*Die Lehrerin lenkt nach dem Hinweis auf die Achsensymmetrie die Aufmerksamkeit auf die Frühlingsbilder. Sie ruft zunächst Wayne, dann Conny und Carola auf. Die Kinder wählen jeweils ein Bild und nennen nach Aufforderung der Lehrerin ein Auswahlkriterium.*
138	L	Mari /
139	Marina	dis äm dis da *(unverständlich)*
140	L	so \ es is eigentlich **nich** so wichtig / von **wem** das Bild is \ sondern die Mari findet das schön **weil** /
142	Marina	dis sind so schön leuchtende \
143	L	und Franzi noch /
145	Franzi	ich find dis Bild hier so schön weil hier die Blumen sind so schön **gemalt** \
146	L	stimmt \ . Franzi gib mal an ein anderes Kind / vier zeigen noch auf / fünf /
147	Franzi	Carola \
148-159		*Die Lehrerin fordert Carola auf, ein anderes Kind zu wählen, da Carola schon was gesagt hat. Carola wählt David. Es folgt eine kurze Auseinandersetzung, ob bisher mehr Jungen oder Mädchen gewählt wurden, dann erhält David schließlich den Stab (siehe nächsten Abschnitt).*

Die Besprechung beginnt erneut mit einer relativ offenen Frage - was fällt euch auf <118,119>, die Kinder wählen aber jeweils nur ein Bild, so dass sich auch hier wieder das schon für die Besprechung der Schmetterlinge beschriebene Interaktionsmuster weitgehend durchsetzt. Die Lehrerin muss zunächst wieder gezielt nach den Gründen fragen. Schließlich ruft die Lehrerin Marina auf <138>, die ein Bild wählt und diese Auswahl leider unverständlich kommentiert <139>. Eventuell hat sie hier wie schon bei der Schmetterlingswahl sofort eine Begründung angeführt. Vermutlich hat sie den Namen der/des Malerin/Malers genannt und damit ihre Auswahl begründet, da die Lehrerin dahingehend kritisiert so \ es is eigentlich **nich** so wichtig / von **wem** das Bild is \ sondern die Mari findet das schön **weil** / <140>. Marina ist aufgefordert, einen (anderen) Grund zu nennen. Hat sie zunächst tatsächlich einen Namen genannt, so werden hier der Begründung für die Auswahl

---

[48] Krummheuer (1994, 51ff.) analysiert ebenfalls eine Szene, in der an speziell dazu angefertigten Produkten der Kinder die Achsensymmetrie angesprochen werden soll. Auch hier gelingt es der Lehrerin nur schwer, den „Blick" der Kinder auf die von ihr gewünschte Auffälligkeit zu lenken.

inhaltliche Grenzen gesetzt – der Verweis auf die Herkunft des Bildes ist kein angemessener Grund. Als (weiteres) Auswahlkriterium nennt Marina nun dis sind so schön leuchtende \ <142>, wobei hier wohl *Farben* zu ergänzen wäre. Diese Unvollständigkeit wird jedoch nicht weiter beanstandet, eventuell erübrigt sich bei Ansicht des Bildes auch eine entsprechende Nachfrage.

Ohne weitere Evaluation wird Franzi von der Lehrerin aufgerufen <143>. Erneut begründet sie ihre Bildwahl recht ausführlich ich find dis Bild hier so schön weil hier die Blumen sind so schön gemalt \ <145>. Auch hier hebt Franzi wieder auf den Herstellungsprozess ab, den sie für einzelne Objekte im Bild lobt. Eventuell sind andere Bildelemente weniger geglückt. Die Lehrerin stimmt explizit zu, offensichtlich findet sie dieses Bild auch dahingehend gelungen. Sie überlässt nun Franzi wieder die Wahl der/des nächsten Sprecherin/Sprechers; allerdings gibt sie nur mit Einschränkungen die Rederecht-Zuweisungen an die SchülerInnen zurück. So revidiert sie Franzis Wahl und gibt auch der von Franzi gewählten Carola deutliche Vorgaben ich würd gern ein Kind was noch nich dran war \ ja / . du darfst aber ma entscheiden wer das noch wer nichts gesacht hat \ <149-150>.

4.3.1.5 Davids Bildwahl

160	David	dis \
161	L	**warum** \
162	David	weil weil -
164	L	weil /
165	David	weil **dis** da drinne is \
166	L	was **is** denn da drin \
167	David	dis **weiß** ich nich \
168	L	wie sieht das denn **aus** \
169	S	sieht **aus** wie n **Hund** \
170	L	ja *lachend* was könntes denn noch sein - . hab ihr schon ma n Hund im Baum gesehn / was **könntes** denn sein \
172		*Viele Schüler reden laut im Hintergrund.*
.1	L	Wayne / was könntes sein \ kann das n Hund **sein** \
173	S	**nein** /
174	L	was für n Tier kann das sein \ jetz bitte melden \ David \
175	David	n Eichhörnchen \
176	L	**oder** \ *zeigt auf Jarek*
177	Jarek	Hase \
178	L	**oder** \
179	S	Vogel \
180	< L	**ja** \ **schön** \ oder \ . Aram -
181	< Franzi?	**Hase** hoppelt doch nich aufm **Baum** herum \
182	Aram	Eichhörnchen \
183	L	ein Eichhörnchen \
184	Julian	oder Frosch
185	L	warn Witz ne / warn Witz gewesen für uns ja /
186	David	ein Wolf \
187	L	**gut** David \ und zum Schluss noch /

188	< Efrem	Frösche und Wölfe **könn** nich auf Bäume klettern \
189	< L	zum Schluss noch / **ein** Kind bitte - such noch
		ein Kind aus was noch was sagen möchte / .. entscheide dich David \ **ja** /

| 192-208 | *David wählt Julian, der als letztes Kind ein Bild aussuchen darf. Er findet es „cool", begründet dies dann mit der Farbe Gelb. Danach übernimmt die Lehrerin den Stab und beendet damit diese Unterrichtsphase.* |

Zunächst reduzieren sich die Auswahl und die Begründung in dieser Sequenz auf ein Minimum: David zeigt ein Bild sagt dis\ <160> und ergänzt nach wiederholtem Ansetzen ein Auswahlkriterium weil dis da drinne is \ <165>. Somit begründet er seine spezifische Auswahl mit der Existenz eines gemalten Gegenstandes im Bild, ohne dabei näher zu erläutern, ob es sich um etwas besonders Schönes oder etwas besonders Auffälliges handelt.

Die Lehrerin möchte nun genauer wissen, um was es sich bei diesem Gegenstand handeln könnte <166>. Durch diese Reaktion wird eher die Auffälligkeit und weniger die Schönheit ins Zentrum der Auseinandersetzung gerückt. David – kann diesen Gegenstand nicht identifizieren <167>. Mit wie sieht das denn aus \ <168> eröffnet die Lehrerin nun einen Diskurs über den Gegenstand im Bild. Dies ist insofern erstaunlich, da ja vermutlich das Kind, das das Bild gemalt hat, hier weiterhelfen könnte. Somit scheint auch hier die Möglichkeit zur rationalen Auseinandersetzung im Vordergrund zu stehen.

Ein Schüler äußert, dass dieser Gegenstand *wie ein Hund aussehe* <169>. Die Lehrerin bestätigt dies lachend und fährt fort: was könnte es denn noch sein -. habt ihr schon man n Hund im Baum gesehn / was könntes denn sein \ <170>. Der Gegenstand kann aus ihrer Sicht wohl tatsächlich als Hund beschrieben werden. Nur ist dies für sie unwahrscheinlich, da Hunde in der Regel nicht auf Bäume klettern. Sie wiederholt diesen Vergleich mit der Realität <172>, nachdem sie Wayne kurz ermahnt.

Mit was füm Tier kann das sein <174> ermuntert die Lehrerin die Kinder nochmals, fordert aber nach den Zwischenrufen wieder zum Melden auf. Dabei präzisiert sie nun den Identifikationsversuch: Der von David mit dis da <165> bezeichnete Gegenstand ist ein Tier, das näher zu bestimmen ist. David selbst, dem sie hiernach wieder das Rederecht einräumt, hält das Tier für n Eichhörnchen <175>. Die Lehrerin lockt nun durch oder \ <176>, <178 und 180> weitere Vorschläge hervor:[49] Hase <177>, Vogel <179>, Frosch <184>, Wolf <186> und als Wiederholung Eichhörnchen <183>.

Der von Jarek eingebrachte Vorschlag Hase <177> wird dabei von Franzi kritisiert Hase hoppelt doch nich aufm Baum herum <181>. Damit schließt sie sich hier der Argumentation der Lehrerin an, die in ähnlicher Weise den Hund anzweifelte. Auch Efrem schließt sich etwas später dieser Argumentation an; er weist damit den Frosch und den Wolf zurück Frösche und Wölfe könn nich auf Bäume klettern \ <188>. Den Frosch hat die Lehrerin zuvor schon als Witz bezeichnet und so wohl auch als ernsthaften Lösungsvorschlag abgelehnt <185>; allerdings hat sie den Wolf

---

[49] Für den Aufforderungscharakter der Partikel *oder* s.a. 5.1.3.2.2.

gelobt, wie auch den Vogel und das Eichhörnchen. Sowohl Franzi als auch Efrem bringen ihre Einwände vor, ohne von der Lehrerin das Rederecht zu erhalten. Diese geht nicht weiter auf die Einwände ein, allerdings werden sie auch nicht zurückgewiesen.

Man erkennt in dieser Gesprächsphase, dass es für alle Beteiligten schwierig ist, den Gegenstand auf dem Baum zu identifizieren. Offenkundige Einigkeit besteht darin, dass es sich um ein Tier handeln muss. Über die Art des Tieres wird keine Einigung erzielt und wohl von der Lehrerin auch gar nicht angestrebt. Insgesamt bleibt somit erneut der Eindruck bestehen, dass die Lehrerin auch in dieser Bildbesprechung einfache Begründungsformen üben will, die darin bestehen, dass man als SchülerIn zu einer getroffenen Auswahl einen Grund angibt. Dieser Eindruck verstärkt sich durch die nicht ganz stimmigen Ablehnungen bzw. Bestätigungen bei den genannten Tieren, die dem ursprünglich eingeforderten Realitätsanspruch nur bedingt genügen.

4.3.2 Rezeptionsanalyse

Wie in der Interaktionsanalyse ausgeführt, emergiert schon in der ersten Sequenz ein Interaktionsmuster, dessen konsequente Einhaltung dazu führt, dass zu jeder Auswahl auch eine Begründung generiert wird:

- Eine/ein SchülerIn erhält mit dem Stab das Rederecht und zeigt auf einen Schmetterling bzw. ein Bild; meist wird das gewählte Objekt noch mit einem Adjektiv beschrieben (z.B. schön, realitätsnah).

- In der Regel fordert nun die Lehrerin eine Begründung für die Auswahl ein (ggf. entfällt dieser Schritt).

- Die/der SchülerIn erwähnt leicht erkennbare Merkmale des ausgewählten Objekts (z.B. Farben, Hinweis auf enthaltene Objekte, aber auch nochmals Eigenschaften wie z.B. ordentlich, schön), die die Auswahl bzw. die Zuschreibung einer Eigenschaft (schön, realitätsnah) begründen sollen.

Danach gibt die/der Schülerin/Schüler den Stab und damit das Rederecht weiter, wobei die Lehrerin hier teilweise die Wahl der/des nächsten Sprecherin/Sprechers den Kindern überlässt. Die/der Schülerin/Schüler mit dem Stab ist jeweils in eine wechselseitige Gesprächspartnerschaft mit der Lehrerin eingebunden, die als solche auch die einzelnen Beiträge kurz kommentiert. Die übrigen Kinder sind ZuhörerInnen. Die Dramaturgie des Zeigestabs könnte bewirken, dass der Anteil der aufmerksamen ZuhörerInnen überwiegt. Allerdings ist es relativ bald möglich, auch aus dem Bystanderstatus heraus jederzeit das Rederecht zu übernehmen, da sich die inhaltlichen Anforderungen an den Beitrag in der oben aufgezeigten Sequenz schnell reduzieren: Es ist jederzeit möglich, nochmals dasselbe Objekt zu zeigen, und auch die Begründungen dürfen wiederholt werden. Schließlich reduziert sich die Anforderung nur noch auf das Zeigen und die

Benennung irgendeines, nicht unbedingt näher zu bezeichnenden Grundes (siehe Davids Bildauswahl).

Obwohl die Lehrerin mit der Weitergabe des Stabes die Rederecht-Zuweisung teilweise in die Verantwortung der SchülerInnen gibt, bleibt ihr dennoch eine richtungs- und weisungsgebende Funktion in dieser Zuweisungsprozedur. Dies wird z.B. in der Aufforderung an Franzi, den Stab weiterzugeben, deutlich <63>: Eventuell wollte Franzi ja in der unverständlichen Äußerung <64> noch mehr über die Schmetterlinge berichten. Mit der Aufforderung, ein neues Kind zu wählen, bleibt der Lehrerin hier die Möglichkeit, das Rederecht der einzelnen Kinder zu beschränken. Weiter gibt sie auch Vorgaben und schränkt so die Wahl des nächsten Sprechenden ein. So kontrolliert sie über Korrekturmechanismen die Redezeit der einzelnen Kinder (<148>: Carola soll ein Kind wählen, das noch nichts gesagt hat) und achtet auf die Einhaltung der *ihr* wichtigen Regeln (<66>: Efrem wird von der Wahl ausgeschlossen).

In den emergierenden Podiumsdiskussionen zur Achsensymmetrie und zu dem Tier im Bild übernimmt die Lehrerin gänzlich die Rederecht-Zuweisung und gibt sie erst etwas verzögert wieder an die Kinder zurück. Mit den Podiumsdiskussionen weitet sich zu einem bereits gewählten Objekt der Kreis der potenziellen GesprächspartnerInnen.

In der Auseinandersetzung zum Bild müssen lediglich Tiere genannt werden, Doppelnennungen werden nicht kritisiert und auch der Realitätsanspruch wird nicht konsequent durchgehalten. So können die GesprächspartnerInnen bald wieder aus dem Kreis der „*Bystander*" rekrutiert werden. Eine kritische Auseinandersetzung zu den genannten Vorschlägen findet gerade in den nicht weiter beachteten Zwischenrufen von Franzi und Efrem statt. Diese beiden Kinder sind damit zum Kreis der aufmerksamen ZuhörerInnen zu zählen, ihre Beiträge sind nicht dem offiziellen Interaktionsstrang zuzuordnen. Diese Zwischenrufe scheinen jedoch an alle aufmerksamen ZuhörerInnen gerichtet als unmittelbar an die jeweiligen Urheber (Jarek, Julian, David) des kritisierten Vorschlags.

Die Anforderung an die GesprächspartnerInnen in der Podiumsdiskussion zur Achsensymmetrie ist höher einzuschätzen. Hier möchte die Lehrerin auf etwas ganz Bestimmtes hinaus und sie weist Wiederholungen zurück. Die Improvisationsstrategie der Lehrerin, Zwischenrufe aufzugreifen, wenn sich der Lösungsprozess schwierig gestaltet, bestätigt sich hier. Insofern ist Franzis Zwischenruf nach mehreren Fehlversuchen anderer Kinder offensichtlich günstiger platziert als Efrems Versuch, der unmittelbar nach der Eröffnung der Podiumsdiskussion zur Achsensymmetrie erste Überlegungen einbringen möchte.[50]

---

[50] Verlässt man die symbolisch-interaktionistische Perspektive, könnten diese beiden Zwischenrufe unabhängig von ihrer „Platzierung" im Interaktionsgeschehen aus dem Erwartungshorizont der Lehrerin heraus interpretiert werden. Man könnte hier unterstellen, dass die Lehrerin Efrem vor allem in Hinblick auf das fehlende Meldeverhalten hin

4.3.3 Argumentationsanalysen

In dieser Episode werden drei verschiedene Argumentationen nachgezeichnet:

- Begründungen für die Objektauswahl <51-63,87,139-146>,
- Achsensymmetrie am Schmetterling <90-116> und
- Identifikationsversuch zu einem Tier im Bild <168-188>.[51]

4.3.3.1 Begründungen für die Objektauswahl

Es wird hier unterstellt, dass die Lehrerin in dieser Episode insgesamt versucht, die SchülerInnen dazu zu bewegen, bei jeder Auswahl eines Schmetterlings oder eines Bildes auch Gründe für diese Favorisierung mit anzugeben. Für diese permanente Begründungsexplikation emergiert ein Interaktionsmuster, das die Argumentation formal bestimmt. Die von Franzi und Marina für ihre ausgewählten Objekte angeführten Argumentationen können hier als Beispiel angeführt werden. Das Grundmuster wird in der Konklusion „lustig" und „am schönsten" jeweils leicht modifiziert.

In das Interaktionsmuster eingebunden zeigen die SchülerInnen zunächst jeweils ein Objekt und fügen teilweise noch eine Bezeichnung (*schön, lustig*) an, die hier als Konklusion fungiert. Fehlt zunächst der Verweis auf bestimmte „sichtbare" Merkmale, so werden diese Merkmale, die sich als Daten der Argumentation einordnen lassen, auf Nachfrage der Lehrerin ergänzt. Damit wird hier die formale „Herstellung des Schlusses" (s.o. 1.1.1) in jeder Sequenz sichergestellt. Dabei sind die in den Daten und den Konklusionen zu verwendenden Eigenschaften durchaus austauschbar und in einigen (hier nicht ausgeführten) Sequenzen kaum zu unterscheiden (z.B. *gefällt* Ayse ein Schmetterling, weil sie ihn *schön* findet <75-80>). Eine Ausdifferenzierung, etwa durch Einbringen von Garanten und Stützungen, unterbleibt in den meisten Fällen. Der zu unterstellende Garant wäre dann gerade, dass man dem gewählten Objekt ein besonderes Merkmal zuschreiben kann, das durch „Hingucken" leicht zu überprüfen ist; dies wird aber nur in der Argumentation zur Achsensymmetrie expliziert; in den übrigen Sequenzen kann lediglich der Zeigestab als Hinweis auf den Garanten und den damit unterstellten *„Topos des Guckens"* (Naujok 2000, 129) gesehen werden. Für die Bildauswahl wären folgende Daten bzw. Konklusionen zu setzen (Toulimin-Layout für Marinas Argument):

---

[51] wahrnimmt, während sie von Franzi eventuell grundsätzlich produktive Beiträge erwartet (z.B. Dann 2000, *Schweer/Thies* 2000 zu Wahrnehmungsprozessen und Handlungsentscheidungen über Attribuierungsprozesse).

Die hier angeführten Argumentationen zur Objektauswahl und zum Identifikationsversuch gehen auf Brandt/Krummheuer (1998) zurück, stellen aber eine wesentlich überarbeitete Version dar. Insbesondere werden hier die verbindenden Elemente der Argumentationen herausgearbeitet und so die Musterhaftigkeit der Argumentationen in dieser Episode weiter geschärft.

Marina: *leuchtende Farben* (Datum) →   *schön* (Konklusion)

Franzi: *schön gemalte Blumen* (Datum) → *schön* (Konklusion)

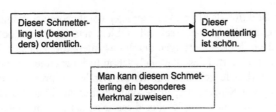

Auch dem „lustigen" Schmetterling weist Franzi mit durchnander und bunt <58> gut sichtbare, besondere Eigenschaften zu; allerdings führt wohl gerade die Abweichung vom Konventionellen zu der Beurteilung *lustig*, so dass das Grundmuster wie folgt modifiziert erscheint:

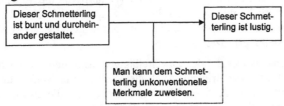

Für den aus ihrer Sicht schönsten <51> Schmetterling führt sie zwei Daten an. Es wird ihr hier unterstellt, dass sie diesen Superlativ u.a. auch durch die Angabe dieser nur im Verbund wirkenden Daten zu begründen versucht. Aussagelogisch sind also die beiden Daten mit einem UND zu verbinden. Als Modifikation der Grundstruktur ergäbe sich folgende Darstellung:

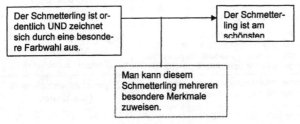

Marinas Versuch, ihre Auswahl über die/den Malerin/Maler als Datum zu begründen <139>, wird zurückgewiesen. Die „Eigenschaft" eines Objekts, von einer bestimmten Person angefertigt worden zu sein, wird nicht akzeptiert – sie passt zumindest nicht unmittelbar zum *„Topos des Guckens"* (Naujok 2000,

129).[52] Somit scheitert Marinas Antwort eventuell gerade daran, eine neue argumentative Figur zu beinhalten, die sich nicht in das Muster der Lehrerin einfügen lässt.

Die formale Struktur ist durch das Interaktionsmuster vorgegeben; so können die Kinder zwar eigenständig das zu besprechende Objekt auswählen, jedoch sind die argumentativen Ideen ihrer Äußerungen durch das Interaktionsmuster festgelegt, das die Lehrerin dominiert. Diese hat auch schon in ihrer einleitenden Aufgabenstellung einige Merkmale genannt, auf die die Kinder in ihrer Argumentation für die Ausfüllung der Konklusion, insbesondere aber auch für das Datum, zurückgreifen können. So können die Kinder diese argumentativen Ideen (Elemente der Argumentation) bestenfalls im Paraphrasiererstatus auf das von ihnen gewählte Objekt übertragen. Wie schon in der Interaktionsanalyse an Arams Auswahl <38-41> aufgezeigt, ist es aber auch möglich, alle Teile im Imitiererstatus einzubringen. Auch Marina greift in der Schmetterlingssequenz auf das schon von Franzi hervorgebrachte Merkmal *ordentlich* (Datum) für die Eigenschaft *schön* (Konklusion) zurück und kommt so für diese Sequenz nicht über den Status der Imitiererin hinaus, auch wenn sie eventuell auf das Objekt verweist und Franzi auch den Herstellungsprozess anspricht.

Lediglich Franzi gelingt es hier mit den Zuschreibungen *lustig* und *am schönsten*, mehr eigenständige Ideen einzubringen. Auch die Merkmale *ordentlich* und die „Farbwahl" als Datum sind in gewisser Weise neu. Da es sich allerdings, wie im Toulmin-Schema dargestellt, lediglich um eine Modifikation der Grundstruktur handelt, ist es nicht möglich, ihr für diesen Part den Sprechendenstatus der Kreatorin zuzuweisen. Auch sie wird durch das Nachfragen der Lehrerin in den Status der Paraphrasiererin eingespurt. Damit lässt sich für die Schmetterlingswahl für Franzi und Marina folgendes Produktionsdesign aufstellen.

Sprechender und Funktion	Äußerung	Idee (argumentative Funktion der Äußerung)
	weitere Verantwortliche und Funktion	
Lehrerin: Kreatorin	**was** fällt euch denn auf bei den Schmetterlingen \ welche findet ihr **besonders** schön - . wie sind die **geworden** - sehen die **aus** wie Schmetterlinge <15-18>	mögliche Eigenschaften und Merkmale[53] (Datum / Konklusion)
Franzi Paraphrasiererin	ich find eigentlich von da hinten . ein am schönsten nämlich . den hier -<51>	Eigenschaft *am schönsten* (Konklusion)
	Initiatorin: Lehrerin <15-18>	

---

52 Diese Passung wäre erst wieder mit dem Hinweis auf einen bestimmten Stil der Person möglich, wird hier aber wohl nicht in Erwägung gezogen.

53 Wie oben ausgeführt, sind diese Anregungen nicht trennscharf den Daten oder den Konklusionen zuzuweisen. Zur besseren Unterscheidung wird hier im Layout „Merkmal" als Hinweis für die Verwendung als Datum benutzt, während „Eigenschaft" für die konklusive Verwendung steht.

Sprechender und Funktion	Äußerung	Idee (argumentative Funktion der Äußerung)
	weitere Verantwortliche und Funktion	
Franzi Paraphrasiererin	weil der so ordentlich **gemacht** äh ist – und welche **Farben** derjenige genommen hat und so \ . <53>	Merkmale: *ordentlich* und „Farbwahl" (Konklusion)
	Initiatorin: Lehrerin <52> (Nachfrage)	
Franzi Paraphrasiererin	den da hinten find ich auch sch so so lustig - <54>	Eigenschaft *lustig* (Konklusion)
	Initiatorin: Lehrerin <15-18>	
Franzi Paraphrasiererin	weil weil der is - . so m ganz durchnander und **bunt** -<57>	Merkmale: *ordentlich* und „Farbwahl" (Konklusion)
	Initiatorin: Lehrerin <56> (Nachfrage)	
Marina Imitiererin	den find ich schön \ . weil der . schön orntlich is und so \ <87>	Eigenschaft *schön* (Konklusion) Merkmal *ordentlich* (Datum)
	Formulatorin: Franzi <51,53> Initiatorin: Lehrerin <wie oben>	

Für die Begründung der Bilderwahl führen Marina und Franzi *schön* als konklusive Eigenschaft an und sind somit – abgesehen von der Wahl eines speziellen Bildes – hier nur noch Imitiererinnen. Allerdings wird es wohl mit zunehmender Dauer der Episode auch schwieriger, in diesem Bereich noch kreativ zu sein. Mit dem Hinweis auf die leuchtenden Farben (dis sind so schön leuchtende \ <142>) scheint Marina bemüht, dem schon vielfach angebrachten Merkmal „Farbwahl" (Datum) neue Aspekte abzugewinnen, und könnte so versuchen, eine gewisse Originalität einzubringen (nachdem anscheinend ihr Versuch, mit der Urheberschaft eine ganz neue Idee einzubringen, gescheitert ist). So kann man ihr hier den Status der Paraphrasiererin zuschreiben. Ebenso versucht wohl auch Franzi, zumindest auf der Datumsebene noch neue Elemente zu finden und kann so für den Hinweis auf die besondere Ausführung der Blumen den Status der Paraphrasiererin für sich beanspruchen. Auf die tabellarische Darstellung kann hier verzichtet werden, da sich damit die oben für die Schmetterlingswahl schon vorgenommenen Zuweisungen entsprechend wiederholen.

4.3.3.2 Achsensymmetrie am Schmetterling

Im Prinzip lässt sich auch die Argumentation zur Achsensymmetrie dem oben beschriebenen Argumentationsmuster zuordnen. Die durch die Farbgebung angelegte Achsensymmetrie lässt sich in diesem Sinne als ein Datum begreifen, das durch genaues Hinschauen „erblickt" werden kann. Somit kann diesem Schmetterling ein besonderes Merkmal zugewiesen werden, das die Auswahl als „auffällig" rechtfertigt. Durch die Frage der Lehrerin was ist . bei diesem besonders auffällig \ . wenn man genau hinguckt \ <99> soll die Besonderheit als Datum von den Kinder durch „Hingucken" entdeckt werden. Damit kann diese Frage als Explikation des

Garanten gesehen werden, die nach den zugrunde liegenden Daten für die Eigenschaft „auffällig" fragt. Die Kinder nennen entsprechende Daten, finden allerdings nicht das von der Lehrerin gesuchte. Das gesuchte Merkmal (die Achsensymmetrie) wird von der Lehrerin über die Farbgebung umschrieben:

Franzis Hinweis auf die eingeschränkte Farbwahl wäre ein weiteres mögliches Datum, um dem Argumentationsmuster folgend die Auffälligkeit zu begründen. Sie übernimmt hier wohl eine Idee von Petra als Paraphrasiererin. Die Lehrerin bestätigt lediglich Franzis Feststellung mit einer kleinen Korrektur und findet dabei Anknüpfungspunkte für das von ihr erwartete Datum, das sich ebenfalls auf die Farbgebung bezieht. Dabei könnte man sogar unterstellen, dass die Beschränkung auf nur wenige Farben gerade aus der symmetrischen Gestaltung hervorgeht und somit ihr gesuchtes Datum konklusiv mit dem von Franzi (Petra) zusammenhängt. Allerdings wird dieser Zusammenhang nicht expliziert. Die Lehrerin greift nicht unmittelbar für ihr eigenes Datum Franzis Formulierung auf, sondern begnügt sich mit einem Stichwort, so dass Franzi hier nicht als Formulatorin bezeichnet werden kann. Auch zu Marinas ursprünglicher Begründung *ordentlich* wird keine explizite Verbindung hergestellt, obwohl die Symmetrie Ordnung impliziert. Die Kinder nennen relativ isoliert vom inhaltlichen Hinweis der Lehrerin (links – rechts) Daten, die den Schluss wie auch bisher formal beenden. Der Versuch, den Kindern das „richtige" Datum für die hier rekonstruierte Variante des bisher etablierten Argumentationsformates zu entlocken, ist fehlgeschlagen und damit misslingt der Versuch, an einem spezifischen Datum eine stärker inhaltliche Diskussion anzuknüpfen. Die Lehrerin ist letztendlich Kreatorin der gesamten Argumentation. In dem Grundmuster des Argumentationsformats wären die Vorschläge der Kinder als Paraphrase einzuordnen, allerdings „passen" sie nicht in die von der Lehrerin allein vorgebrachte Argumentation. Das entsprechende Layout entfällt hier.

4.3.3.3 Identifikationsversuch zu einem Tier im Bild

Im Laufe dieser Bilderbesprechung hat sich *schön* als Konklusion stabilisiert. Die argumentative Darstellung kann sich bei diesem Grad von Aussagenstandardisierung auf die Nennung eines Datums beschränken. Für seine Auswahl verweist David auf etwas „Besonderes", das im Bild enthalten ist (Datum). Davids Begründung lässt sich so ebenfalls dem beschriebenen Grundmuster zuweisen. Die Routinisierung der beschriebenen Rationalisierungspraxis ist auf die Spitze getrieben worden: Das Argumentationsmuster wird endgültig rein formal und „inhaltslos" angewendet; die Konklusion muss nicht mehr genannt werden (vgl. Krummheuer/Brandt 2001, 38).

In der Folge wird auf Initiative der Lehrerin darüber gesprochen, was dieses „Besondere" sein könnte. Dies könnte der Versuch sein, die Standardisierung über eine inhaltlich Auseinandersetzung wieder etwas zurückzunehmen. Dazu soll das von David genannte Datum näher bestimmt werden. Die Kinder kommen hierbei mit relativ vielen Vorschlägen zu Wort, in denen vor allem die unterstellte Realitätsnähe der angefertigten Bilder zum Ausdruck kommt. Ob es David in seiner Auswahl tatsächlich darum ging, dass hier mit einem Tier im Baum ein „liebevolles" Detail berücksichtigt wurde, dessen Ausführung wohl nicht ganz geglückt ist, bleibt dabei ungeklärt. Die Einbettung der Auseinandersetzung in Davids Argumentation scheint somit für die Betroffenen von immer geringerer Wichtigkeit. Sie wird wohl von den meisten als eine separate Diskussion zu dem gewählten Bild erfahren.

Die Diskussion um den Gegenstand wird schon nach der ersten Antwort Hund <169> auf die Suche nach geeigneten Tieren eingeschränkt. Ziel und damit Konklusion der Argumentation sind mögliche Antworten auf die Frage was für n Tier kann das sein \ <174>. Allerdings wird mit dem Hinweis hab ihr schon ma n Hund im Baum gesehn / was könntes denn sein <170-172> der Anspruch auf Realität nochmals erhöht (Stützung): Die Lehrerin apelliert hier an die Erfahrungen der Kinder und verweist mit der Ablehnung des Hundes auf ein entscheidendes Kriterium für mögliche Antworten: Es können nur Tiere sein, die auf Bäumen „gesehen" werden können. Da das Tier im Bild im Baum abgebildet ist (Datum), sollte das Tier in der Realität auch tatsächlich auf Bäumen „gesehen" werden können (Garant), um als Antwort infrage zu kommen (Konklusion). Das Datum wird dabei nicht eigenständig expliziert, jedoch mag der Hinweis auf *Baum* verbunden mit dem Bild hier deutlich genug sein. Als Negation dieser unterstellten Realität schließt die Lehrerin zunächst den Hund als (ernsthafte[54]) Antwort aus, da Hunde wohl nicht auf Bäumen zu sehen sind. Die Konklusion lässt sich die Lehrerin nochmals bestätigen <173>.

Entsprechend führt Franzi aus, dass Hasen nicht auf Bäumen zu erwarten sind (Garant) und lehnt dieses Tier als sinnvolle Antwort ab. Ebenso greift auch Efrem für den Wolf und den Frosch auf dieses Argumentationsmuster zurück. Grundlage ist dabei der Erfahrungshintergrund der Kinder, der auch (Bilder)bücher – Erzählungen einbezieht.[55]

---

54 Lachend akzeptiert die Lehrerin den *Hund* durchaus als Antwort; ebenso lässt sie *Frosch* als Witz durchaus gelten, lehnt damit aber auch die Gültigkeit im Sinne des unterstellten Realitätsanspruchs ab (siehe Brandt/Krummheuer 1998 für eine argumentationstheoretische Auseinandersetzung mit der Kategorisierung „Witz" für eine Antwort).

55 Dieser Erfahrungshintergrund wird insbesondere durch die als Witz ausgedrückte Ablehnung des Vorschlages *Frosch* deutlich: Frösche können sehr wohl auf Bäumen „gese-

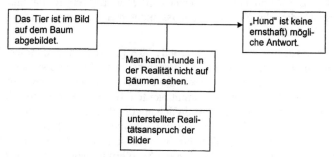

Mit ihren Vorschlägen folgen die Kinder der Idee der Lehrerin, dass ein Tier zu suchen ist – damit führen sie die Konklusion paraphrasierend aus; Jarek ist für Hase <54> als Paraphrasierer zu sehen (Die doppelte Nennung Eichhörnchen erfolgt im Imitiererstatus). Die argumentativ ausgeführte Ablehung einiger Vorschläge führt die Lehrerin erstmals für den Hund vor. Sie kann dementsprechend als Kreatorin bezeichnet werden. Die Konklusion lässt sich die Lehrerin aus dem Zuschauerraum bestätigen. Als rhetorische Frage soll dies wohl die Aufmerksamkeit erhöhen – die inhaltliche Auseinandersetzung hat sie zuvor vollständig geliefert, so dass die Antwort lediglich im Imitiererstatus ausgeführt wird.[56]

Indem Franzi und Efrem den Garanten auf andere vorgeschlagene Tiere übertragen, füllen sie ihn paraphrasierend aus. Die Lehrerin bezeichnet den Vorschlag *Frosch* als einen Witz für die Klasse und bezweifelt damit grundsätzlich dessen Glaubwürdigkeit. Allerdings wird Efrem hier nicht so verstanden, als greife er das bisherige Vorgehen in dieser Sequenz als Witz auf. Dazu müsste er sich verstellen und in dann vorgetäuscht ernster Form den Vorschlag zurückweisen. Es wird vielmehr angenommen, dass er Julians Einwurf ernst nimmt für den *Frosch* und die für den *Hund* angeführte Argumentation als Paraphrasierer der Lehrerin anwendet.

Sprechender und Funktion	Äußerung	Idee (argumentative Funktion der Äußerung)
	weitere Verantwortliche und Funktion	
Lehrerin: Kreatorin	hab ihr schon ma n Hund im Baum gesehn / <170>	Abgleich mit Realitätserfahrungen (Garant – implizit: Datum)

---

[56] hen" werden, dieser Tatbestand wird aber in diesem Interaktionsprozess nicht berücksichtigt.

Aufgrund der Antwortverengung kann nur noch der Imitiererstatus zugewiesen werden, auch wenn nein erstmals als Wortlaut hervorgebracht wird. Das „Trichter-Muster" (Bauersfeld 1978, 162) kann dabei für diese Statuszuweisung in schulischer Interaktion gesehen werden (s.o. 2.3.1).

Sprechender und Funktion	Äußerung	Idee (argumentative Funktion der Äußerung)
	weitere Verantwortliche und Funktion	
Lehrerin: Kreatorin	kann das n Hund **sein** \ <172.1>	Frage nach der Konklusion
S ImitiererIn	**nein** <173>	Tier kann kein Hund sein (Konklusion)
	Inventorin: Lehrerin <172.1>	
Lehrerin: Kreatorin	was für n Tier kann das sein \ <173>	Frage nach neuen Vorschlägen für Konklusionen
Jarek Paraphrasierer	Hase <53>	mögliches Tier (Konklusion)
	Initiatorin: Lehrerin <174>	
Franzi Paraphrasiererin	**Hase** hoppelt doch nich aufm **Baum** herum \ <181>	Abgleich mit Realitätserfahrungen (Garant – implizit: Datum)
	Initiatorin: Lehrerin <170>	
Efrem Paraphrasierer	Frösche und Wölfe **könn** nich auf Bäume klettern \ <188>	Abgleich mit Realitätserfahrungen (Garant – implizit: Datum)
	Initiatorin: Lehrerin <170>	

Franzi und Efrem können den Rückgriff auf die Realität als Begründungsmöglichkeit paraphrasierend anwenden und schaffen so optimierte Bedingungen zur Ermöglichung von Lernprozessen. Allerdings konzentriert sich die Lehrerin hier darauf, mögliche Konklusionen zu sammeln. Inwieweit die ablehnenden Beiträge auf Garantenebene, die als Zwischenrufe eingebracht werden, tatsächlich eine breitere Öffentlichkeit erreichen, muss offen bleiben. Insbesondere die nicht dem Realitätsanspruch genügenden Vorschläge *Hase* und *Wolf* (und wohl auch *Frosch*) lassen hier keinen Ansatz erkennen, diese Idee aufmerksam wahrzunehmen und umzusetzen.

4.3.4 Die individuellen Partizipationsvarianten

4.3.4.1 Efrems Partizipation

65	E: *Kreator* zu Franzi	sich *meldend* hier zwei **mel** - **zwei** -
66	L E: *Gesprächspartner*	ja \ dann kommst du aber glaub ich **ganz** zum Schluss dran Efrem \ *(unverständlich)* \ ja /
93	E: *?*	ach **so** dis is da ein -
94	L E: *Gesprächspartner*	ä **Efrem** \ **zeig auf** bitte \ ja / . wir möchten das **gerne wissen** was du **denkst** \ aber du musst aufzeigen \ .
188	E: *Paraphrasierer*	Frösche und Wölfe **könn** nich auf Bäume klettern \

Auch in dieser Episode scheint Efrem wieder über weite Strecken das Unterrichtsgeschehen als aufmerksamer Zuhörer zu verfolgen. Es gelingt ihm allerdings wieder nicht, einen akzeptierten Beitrag im offiziellen Interaktionsstrang einzubringen. Sein diesbezüglicher Versuch in <65> wird von der Lehrerin als unpassend abgewiesen. Die Ankündigung, dass er dann zum Schluss das Wort erhält, wird nicht erfüllt.

Wie schon in der Rezeptionsanalyse dargelegt, weist die Lehrerin auch seinen Versuch zurück, zu Beginn der ersten Podiumsdiskussion ohne Aufzeigen seine Erkenntnis zu äußern. Auch hier erinnert die Lehrerin explizit an den Melderitus, allerdings kommt Efrem in dieser Podiumsdiskussion nicht mehr zum Zuge. Lediglich sein dritter Versuch, ebenfalls ohne Aufzeigen, wird zumindest nicht explizit zurückgewiesen, wenn auch nicht unbedingt aufgegriffen.

4.3.4.2 Franzis Partizipation

	F: *Kreatorin*	hier die Schmetterlinge hängen – die **Bilder** hängen - .. und . mir is **aufgefallen** dass hier **ein** Schmetterling **gar** nich richtig **fertig** geworden is \
	L F: *Gesprächspartnerin*	is dis schlimm / sieht dis schlimm aus / Franzi /
	F: *?*	nö
26	F: *Kreatorin*	warte ich zeig dirs ich **weiß** welchen -
51	F: *Paraphrasiererin*	also \ ich find eigentlich von da hinten . ein am schönsten nämlich . den hier -
52	L F: *Gesprächspartnerin*	**warum gefällt** er dir so \
53	F: *Paraphrasiererin*	weil der so ordentlich **gemacht** äh ist – und welche **Farben** derjenige genommen hat und so \ . den da hinten find ich auch sch so so lustig weil der
56	L F: *Gesprächspartnerin*	zeig mal \ geh mal hin dass wir sehen welchen du meinst -
57	F: *Paraphrasiererin*	hier **den** - den hier weil weil der is -. so m ganz durch**n**ander und **bunt** -
59	L F: *Gesprächspartnerin*	du findest eimal den **einen** schön weil der so schön **ordentlich** is und bunt / und du findest den **andern** schön weil der so schön **unordentlich** is und bunt \ ja /
62	F: *Paraphrasiererin*	den find ich **lustig** \
63	L F: *Gesprächspartnerin*	**lustig** \ ja is doch **toll** - ja / . dann gib mal nem **andern** Kind *(unverständlich)*
65	E F: *Gesprächspartnerin*	*sich meldend* hier zwei **mel** – **zwei**
112	F: *Paraphrasiererin*	naja \ nich immer \ bloß drei \ ja \ aber **bloß drei** \
115	L F: *Gesprächspartnerin*	stimmt \ oder **vier Farben** seh ich ne /
145	F: *Paraphrasiererin*	ich find dis Bild hier so schön weil hier die Blumen sind so schön **gemalt** \

146	L	stimmt \. Franzi gib mal an ein anderes Kind / vier zeigen noch auf /
	F: Gesprächspartnerin	fünf /
181	*F: Paraphrasiererin*	**Hase** hoppelt doch nich aufm **Baum** herum \

Ihre Aufmerksamkeit dokumentiert Franzi in dieser Episode durch zahlreiche Zwischenrufe. Sie erkennt in <26>, dass das zur Besprechung ausgewählte Objekt genau gezeigt werden muss. Ihr Lösungsvorschlag, der ihr selbst eine entscheidende Funktion zuweisen würde, wird allerdings nicht umgesetzt und der Zwischenruf ignoriert. Wie schon in der Rezeptionsanalyse dargelegt, wird am Ende der ersten Podiumsdiskussion Franzis Zwischenruf als Stichwort aufgegriffen. Sie wird dabei nicht, wie Efrem noch kurz zuvor, von der Lehrerin an den Melderitus erinnert, sondern diese stimmt sogar explizit Franzis Beitrag zu <113>. Hingegen wird Franzis Zwischenruf in der zweiten Podiumsdiskussion ignoriert, also weder aufgegriffen noch explizit zurückgewiesen. Efrem könnte sich hier eventuell nicht nur inhaltlich, sondern auch strukturell an Franzi orientieren. Seine beiden vorhergehenden Beiträge wurden explizit abgewiesen; die „Imitation" von Franzis Partizipationsverhalten wird hingegen lediglich „ignoriert".

Franzi gelingt es auch in dieser Episode, an allen sich bietenden Gelegenheiten umfangreiche Wortbeiträge einzubringen. Schon in der Einleitung hebt sich ihr Beitrag sowohl inhaltlich als auch von der Ausdrucksfähigkeit deutlich von dem anderen Schülerbeitrag ab und die Lehrerin geht sogar schon in dieser erst noch hinführenden, als „brainstorming" angelegten Sequenz auf Franzis Beitrag ein. Alle ihre Äußerungen in dieser Episode sind auffallend wortgewandt und vielschichtig. So werden auch fast alle Beiträge Franzis von der Lehrerin über die normale Evaluation hinaus aufgegriffen und zumindest explizit bestätigt <146> bzw. in einer erweiterten Sequenz in ihrem Bedeutungsgehalt näher verhandelt <56,59,63>. Franzi erhält damit die Möglichkeit zu ergänzenden bzw. korrigierenden Ausführungen. Ihre Beiträge können somit den anderen Kindern als positive Sprach- und Argumentationsmuster dienen, soweit sie die Auseinandersetzung aufmerksam verfolgen.

4.3.4.3 Jareks Partizipation

61	J: ?	*lacht*
177	*J: Paraphrasierer* ·	Hase
181	Franzi:	**Hase** hoppelt doch nich aufm **Baum** herum \
	J: Zuhörer	

Jarek ist in dieser Episode kaum tätig-produktiv beteiligt. Ob der Lacher <61> in irgendeiner Weise mit dem Interaktionsgeschehen zusammenhängt, lässt sich nicht klären. Dieses Lachen könnte sich genauso gut auf einen Wortwechsel außerhalb der Kamarareichweite beziehen. Sein Vorschlag Hase <177> in der zweiten Podiumsdiskussion lässt sich, wie in der Rezeptionsanalyse herausgearbeitet, aus dem Status des „*Bystanders*" machen, insbesondere da er nicht dem Realitätsanspruch genügt. So ist sein Aufmerksamkeitsgrad für diese Episode indifferent und es bleibt unklar, ob er Franzis Kritik an seinem Vorschlag als solche wahrnimmt und das darin enthaltene Argumentationsmuster erkennt.

4.3.4.4 Marinas Partizipation

87	M: ?	den find ich schön \. weil der . schön orntlich is und so \
88	L: M: *Zuhörerin*	mir fällt auch **genau** bei **diesem** was auf \
89	M: *Kreatorin*	bei welchem \
90	L: Zuhörerin / Gesprächspartnerin	**worauf** hat das Kind **geachtet** - zeig noch ma auf den . **Schmetterling** Mari \ . bei **dem** fällt mir was auf \ auf der **linken** Seite / und auf der **rechten** Seite \
139	M: ?[57]	dis äm dis da *(unverständlich)*
140	L M: *Gesprächspartnerin*	so \ es is eigentlich **nich** so wichtig / von **wem** das Bild is \ sondern die Mari findet das schön **weil** /
142	M: *Paraphrasiererin*	dis sind so schön leuchtende \

Im Vergleich zu den anderen Episoden und in Hinblick auf den gebotenen Partizipationsspielraum ist Marina hier relativ häufig produktiv tätig. Sowohl bei den Schmetterlingen als auch bei den Frühlingsbildern wählt sie ein Objekt und kann auch jeweils eigenständig den formalen Kriterien der Argumentation genügen. Ihre Begründungen sind dabei nicht originell; sie wiederholt zunächst Franzi als Imitiererin. Bei der Bilderwahl kann ihr hingegen durchaus das Bemühen um Originalität unterstellt werden, allerdings wird ihr erster Versuch nicht akzeptiert und sie greift dann auch auf die schon mehrfach angeführte Farbwahl zurück. Der einzige Beitrag als Kreatorin ist als Frage an die Lehrerin formuliert. Hier ist sie wohl überrascht, dass diese noch etwas zu dem von ihr zuvor gewählten Schmetterling sagen möchte. Eventuell sieht sie darin auch eine Kritik an ihrer Begründung, die ihr so „unvollständig" erscheinen könnte.

Da Marina sich lediglich in den Sequenzen merkbar beteiligt, für die sie durch den Zeigestock das Rederecht erworben hat und die inhaltlichen Ansprüche in der jeweiligen Objektauswahl auch imitierend aus dem Bystanderstatus erfüllt werden können, lässt sich keine Aussage über ihre Aufmerksamkeit in den übrigen Sequenzen treffen.

---

[57] Für diese teilweise unverständliche Äußerung kann Marina leider kein Sprechendenstatus zugewiesen werden. Sollte sie hier tatsächlich für ihre Begründung auf einen Namen rekurrieren, so könnte ihr dafür der Status einer Kreatorin zugeschrieben werden.

5 Zum Gestaltungspotenzial der Partizipationsprofile

In diesem Kapitel werden die Ergebnisse der hier vorgelegten empirischen Arbeit vorgestellt. Zunächst werden auf einer eher beschreibenden Ebene die in den Episoden zum Klassenunterricht rekonstruierten Partizipationsvarianten zusammengefasst und dabei mit Hilfe einiger weiterer Szenen das jeweils „Typische" der Partizipation der fokussierten Kinder herausgearbeitet. Dieser erste Komparationsschritt erfolgt somit entlang der *„Partizipationseinheit"* (Goffman 1974, 25; s.o. 3.4 und in der Einleitung) SchülerIn und ergibt das jeweilige Partizipationsprofil. In einem weiteren Schritt werden diese Partizipationsprofile auf einer stärker analytischen Ebene in ihrer unterschiedlichen Anpassung an den gemeinsam zugrunde liegenden Partizipationsspielraum und ihrer Mitwirkung daran verglichen und hinsichtlich der herausgearbeiteten Handlungsorientierungen typisiert. Auf beiden Ebenen wird das gestaltende Potenzial der Partizipationsprofile in den Blick genommen; „gestaltend" konnotiert konstituierende Aspekte, die über die Möglichkeit zur *Mit*gestaltung hinausgehen: Die situativen Partizipationsvarianten der Partizipationsprofile erzeugen in ihrem Zusammenspiel die situative Partizipationsstruktur der Interaktion und damit auch die Bedingung zur Ermöglichung kollektiver Lernprozesse.

5.1 Die Partizipationsprofile der fokussierten Kinder

Dieses Unterkapitel lässt sich als abschließende Komparation der bisherigen Analysen auf beschreibender Ebene fassen. Die jeweils für die einzelnen Kinder herangezogenen ergänzenden Szenen sollen helfen, die bisher rekonstruierten Partizipationsvarianten der fokussierten Kinder in ihrer Besonderheit deutlicher herauszuarbeiten. Es sei nochmals daran erinnert, dass nicht eine Charakterisierung der fokussierten Kinder bzw. biographische Entwürfe das Ziel der Analyse sind. In den Partizipationsprofilen wird das Typische der jeweiligen Partizipationsvarianten in den Interaktionsprozessen herausgestellt. Die damit vorgenommene Typisierung erhebt nicht den Anspruch der Vollständigkeit möglicher Partizipationsprofile; dies scheint aufgrund individueller Eigenheiten sowie der grundsätzlichen situativen Offenheit der Partizipation weder sinnvoll noch möglich. Vielmehr sollen diese hier stärker auf der beschreibenden Ebene dargestellten Ergebnisse in einem nächsten Schritt auf der Folie der Alltagspädagogik theoretisch weiter ausgearbeitet werden. Die in diesem Unterkapitel beschriebenen Partizipationsprofile stellen jedoch den Schwerpunkt der Ergebnisse dar.

Über das Partizipationsdesign lassen sich die Handlungen der fokussierten Kinder hinsichtlich der sich eröffnenden rezeptiven bzw. produktiven Bedingungen zur Ermöglichung von Lernprozessen unterscheiden. Das Partizipationsprofil wird daher über die Ergebnisse der Rezeptions- und Argumentationsanalyse beschrieben:

- Mit Hilfe der Rezeptionsanalyse wird zunächst zwischen einer aufmerksamen Rezeption, die potenziell eine tätig-produktive Partizipation ermöglicht, und einer mangelnden Aufmerksamkeit, die den (inhaltlichen) Anschluss an das Unterrichtsgeschehen nicht mehr gewährleistet, unterschieden. Aussagen über die Aufmerksamkeit sind nur möglich, wenn entsprechende inhaltliche Äußerungen erfolgen. Dabei ist die notwendige Intensität an Aufmerksamkeit für die Ermöglichung passender Anschlussäußerungen nicht nur individuell sehr verschieden, sondern kann auch situativ recht unterschiedlich sein: Während sich für den interaktionalen Gleichfluss der indifferente Rezipientenstatus des *„Bystanders"* ergibt und so keine Aussagen über die „tatsächliche" Aufmerksamkeit möglich sind, wird für die interaktionale Verdichtung eine aufmerksamere Rezeption notwendig, die über Anschlussäußerungen differenziert werden kann. Mit Hilfe der rekonstruierenden Rezipientenstatus lässt sich weiter erkennen, ob die fokussierten Kinder die rezeptive Seite des offiziellen Unterrichtsgespräches (aufmerksame ZuhörerInnen bzw. *„Bystander")* überwinden und über den Status der/des Gesprächspartnerin/Gesprächspartner das Rederecht erhalten. In der Mitwirkung im offiziellen Interaktionsstrang sind zwei Kategorien zu unterscheiden, nämlich zwischen von der Lehrerin angeforderten Beiträgen und (nachträglich) akzeptierten Beiträgen, die für die thematische Entwicklung im offiziellen Interaktionsprozess aufgegriffen werden. Eine dritte Kategorie bilden die nicht legitimierten Beiträge, die strukturell nicht dem offiziellen Interaktionsstrang zuzuordnen sind und ggf. sogar explizit zurückgewiesen werden. Allerdings können auch die Beiträge sehrwohl Auswirkungen auf den offiziellen Interaktionsstrang haben.

- In Bezug auf die produktiven Aspekte der Lernbedingungen für fachliches Lernen (in Argumentationsformaten), die über die Argumentationsanalyse herausgearbeitet werden, lassen sich die Beiträge dahingehend unterscheiden (zu beiden Punkten s.o. 2.2),

  welchen Autonomiegrad sie hinsichtlich des Produktionsdesign erkennen lassen und

  inwieweit sie in ein Argumentationsformat eingebunden sind.

  Die Beiträge der Kinder werden daher im Folgenden danach zusammengestellt, ob sie in Abhängigkeit vom Produktionsstatus

  - einem sich kollektiv im Unterrichtsgespräch entwickelnden Argumentationsformat zuzuordnen sind,

  - eigenständige, der thematischen Entwicklung zuzuordnende Argumentationsmuster verfolgen oder

  - gar nicht eine aufgabenbezogene Argumentation betreffen.

Durch die Beiträge der fokussierten Kinder werden potenziell günstige bzw. weniger günstige Bedingungen geschaffen. Deren „Wirksamkeit" ist jedoch wesentlich von der jeweiligen Aufmerksamkeit der anderen Lernenden abhängig und kann lediglich für einzelne Lernende bei entsprechenden Anschlussäußerungen beurteilt werden. Die Einschätzung der geschaffenen Bedingungen als potenziell günstig bzw. weniger günstig erfolgt nicht in Hinblick auf Lernprozesse für andere Beteiligte, sondern in Hinblick auf die Fähigkeiten der fokussierten Kinder, Beiträge mit potenziell günstigen Anschlussmöglichkeiten anzubieten.

5.1.1 Efrem – der Anschluss Suchende

5.1.1.1 Efrem im Rezipientendesign

Efrems Beiträge stehen in engem Zusammenhang zum thematischen Verlauf der jeweiligen Episode. In dieser Hinsicht ist Efrems Aufmerksamkeit in allen bereits analysierten Episoden durchgehend als ausreichend einzuschätzen, um tätig-produktiv sinnvoll in das Unterrichtsgeschehen eingreifen zu können, wobei er wohl zumeist als aufmerksamer Zuhörer einzuschätzen ist. In den bisher analysierten Episoden wird Efrem lediglich in Ermahnungen als Gesprächspartner von der Lehrerin adressiert (*Eckenrechnen* <221>, *Bb-Einführung* <87> und *Frühling* <66, 94>). In der folgenden Übersicht wird deutlich, dass alle Äußerungen für den offiziellen Interaktionsstrang als nicht legitimiert im Sinne des Mechanismus der Rederecht-Zuweisung anzusehen sind.

	Eckenrechnen	Bb-Einführung	Frühling
angeforderte Beiträge	-	-	-
(nachträglich) akzeptierte Beiträge	(<211,213>)	-	-
nicht legitimierte Beiträge	<65, 81, 211, 213>	<79, 86,143, 167>	<65, 188>

Die Vorsage-Sequenz in der Episode *Eckenrechnen* wird in ihren Auswirkungen auf das „Spielgeschehen" zwar akzeptiert, jedoch in seiner grundsätzlichen strukturellen Passung abgelehnt – daher erfolgt hier die doppelte Zuweisung. In dem zugrunde liegenden Transkriptmaterial lässt sich eine Sequenz finden, in der die Lehrerin Efrem unzureichende Aufmerksamkeit wohl zumindest zuschreibt. Auf diese Sequenz soll hier kurz eingegangen werden (5.1.1.1.1). Weiter wird eine Szene betrachtet, in der Efrem im Klassengespräch nicht in Form einer Ermahnung zum Gesprächspartner der Lehrerin wird (5.1.1.1.2).

5.1.1.1.1 Efrem als Rezipient in Mister X

Der hier dargestellte Ausschnitt entstammt der Episode *Mister X* (Brandt/ Krummheuer 1999, S. 96ff.). Hier interessiert Efrem als Rezipient (in 5.1.3.2.1 wird Jarek für diese Episode als Produzent betrachtet). In dieser Episode wird ein Rechenspiel durchgeführt, bei dem eine Zahl zwischen 10 und 20 zu erraten ist. Die gesuchte Zahl 13 („Mister X") hat ein Schüler gewählt (Wayne), der in dieser Szene bezüglich des Mechanismus der Rederecht-Zuweisung als „Lehrer" fungiert; d.h. er darf die SchülerInnen aufrufen und ihre Beiträge als „zu groß" bzw. „zu klein" bewerten. Die Lehrerin sorgt dafür, dass die Vorschläge in Form eines einfachen Rechentermes erfolgen; gegebenenfalls fordert sie zur Formulierung eines Termes auf. Sie „überwacht" den Übungscharakter dieses Spiels.[58] Wayne notiert die genannten Zahlen je nach ihrer Relation zu der Zahl 13 auf der linken bzw. rechten Tafelseite. Dabei wird durch die groß an die Tafel gemalte Figur „Mister X", die sich aus den Zeichen > und < zusammensetzt, die mathematische Symbolik für diese Relation in spielerischer Form eingebunden. Die Notation der Zahlen an der Tafel erleichtert zudem das Vermeiden schon genannter Zahlen (was jedoch in Verknüpfung mit einem Rechenterm nicht allen Kindern gelingt). Viele Kinder sind eifrig dabei und stehen dazu auch von ihren Stühlen auf. So ist wohl Efrems erster Einwurf auf die schriftliche Fixierung des Spielverlaufes bezogen:

92 Efrem   könnt ihr da mal bitte weggehn \ weil ich kann nich sehn

Vermutlich ist Efrem die Sicht auf die Tafel versperrt; ob er hier gezielt einige Kinder anspricht, ist aufgrund fehlender (verbaler) Reaktion leider nicht zu rekonstruieren. Sicher dokumentiert sich aber in dieser Äußerung sein Interesse, das Geschehen zu verfolgen. Zu bemerken sei hier noch die Ähnlichkeit zu Franzis Einwurf im „Spiel Eckenrechnen", in dem diese sich beklagt, den Zahlenstrahl als Rechenhilfe nicht vollständig einsehen zu können. Wie oben ausgeführt, wird dieser Einwurf, der eine Voraussetzung für das explizit eingeforderte „Mitdenken" einklagt, durch die Lehrerin aufgegriffen und es werden entsprechende Änderungen vorgenommen (s.o. 4.1.4.2). Hier erfolgen keine entsprechenden Maßnahmen durch die Lehrerin, allerdings ist es denkbar, dass die betroffenen Kinder den Blick freigeben. Efrems Interesse, das Spiel- bzw. Unterrichtsgeschehen genau zu verfolgen, wird jedoch in diesem Einwurf deutlich. Auch muss sich die dem Einwurf zugrunde liegende „versperrte Sicht" geändert haben, da Efrem kurz danach erneut auf das Interaktionsgeschehen reagiert. Folgender Ausschnitt schließt sich an den von Jarek eingebrachten Vorschlag 14 an (s.u. 5.1.3.2.1):

111 Wayne   zu groß – *schreibt rechts eine 14*
112 L   sehr schön Wayne \
113 Ss   *durcheinander* ahaa \ jetzt weiß ich \

---

[58]   Es bedarf einiger Mühe, diese Anforderung immer wieder durchzusetzen. Insgesamt scheint für die Kinder eher der spielerische Charakter der zu erratenden Zahl im Vordergrund zu stehen. Die von der Lehrerin vorgenommene Modifikation eines Ratespieles in eine Rechenübung wird somit wohl kaum von allen Kinder mitgetragen. In Hinblick auf die Begriffe *„Primäre Rahmen"* und *„Modulationen"* (Goffman 1977, 31f./52f.) könnte man der Lehrerin einen Primärrahmen der Interaktion als Übung zuschreiben, die in Richtung Spiel modelliert wird. Entsprechend ist der Primärrahmen der meisten Kinder wohl eher als Spiel zu rekonstruieren (zur rahmentheoretischen Auseinandersetzung mit schulischer Interaktion s. Krummheuer 1992).

```
 .1   < Efrem      vierzehn . vierzehn ist . vierzehn sind doch klein
114  < Wayne                        Aram \
 .1  S             flüsternd dreizehn
115  Aram          null plus eins \
116  Efrem         zu klein \
```

Die schon die Lösung 13 anvisierenden Äußerungen anderer Kinder dienen hier
nur als Kontextinformation; betrachtet werden Efrems Äußerungen sowie die
Beiträge, auf die er sich unmittelbar bezieht. Wayne ordnet die Zahl 14 gemäß
den Spielregeln den zu großen Zahlen der rechten Tafelseite zu und wird dafür
von der Lehrerin ausdrücklich gelobt. Einige Kinder deuten mit ahaa \ jetz weiß ich \
<113> wahrscheinlich an, dass sie nun die gesuchte Zahl kennen. Efrem hinge-
gen bezeichnet 14 als klein und bekundet damit wohl Erstaunen über die Zuordnung zu groß für eine aus seiner Sicht wohl „kleine" Zahl.[59] Interessant ist seine
Selbstkorrektur ist in sind: Er korrigiert damit von der Einzahl zum Plural. Dieser
Korrektur könnte ein kardinal geprägtes Zahlenverständnis zugrunde liegen. Zunächst verwirrend erscheint dann allerdings klein statt der kardinalen Entspre-
chung wenig. Hier benutzt er den in diesem Spiel gerade eingeübten Sprachgebrauch, der sich von der kardinalen Zahlvorstellung löst, und eventuell besteht
gerade in dieser sprachlichen Abweichung auch für Efrem die Schwierigkeit, die
Relation in dem aus den Zeichen > und < zusammengesetzten
„Mister X" erfassen. Mit seiner Äußerung formuliert er somit einen Widerspruch, der zwischen seinem Verständnis von „groß" und „klein" (bzw. „viel"
und „wenig") und der von Wayne vorgenommenen und von der Lehrerin bestä-
tigten Zuordnung besteht. Ihm gelingt hier somit kein reibungsloser Anschluss an
seine Zahlvorstellung (nach Mehan an sein „akademisches Wissen"; s.o. 1.1.2),
er kann aber diesen Konflikt formulieren. Dies erfolgt als Zwischenruf. Aus Efrems Sicht mag dieser Zwischenruf daher ein Korrekturvorschlag für eine Fehlin-
formation im Spiel darstellen, die auch auf diesem Wege eingebracht werden
kann. Jedoch kann dieser Zwischenruf auch als spontane Reaktion auf Unstim-
migkeiten mit den eigenen Vorstellungen gesehen werden. Im Transkriptmaterial
lässt sich rekonstruieren, dass Fehler an der Tafel über Zwischenrufe eingeklagt
werden können (z.B. in der Episode Bb-Einführung, in der die Lehrerin die den
Kindern noch nicht bekannte Schreibschrift benutzt). Folgt man dem Perturbati-
onsansatz von Piaget, so könnte sich durch diesen formulierten kognitiven Konflikt für Efrem eine günstige Lernsituation ergeben. Entsprechend ließe sich seine
Einschätzung zu klein <116> für Arams Lösungsvorschlag null plus eins <115> als
eine probeweise Übernahme des Sprachspiels verstehen, die sich mit seinem

---

[59] Die auch denkbare Deutung, dass Efrem hier klein bezogen auf die Größe des Tafel-
      anschriebs benutzt, lässt sich in späteren Äußerungen nicht bestätigen; hier wird daher
      auf eine weitere Ausführung verzichtet.

Verständnis „klein" deckt und damit eine Weiterentwicklung seiner Zahlvorstellungen aus einer Konfliktsituation heraus ermöglicht. [60]

Efrem kann bis hierher erneut als aufmerksamer Zuhörer beschrieben werden, und er bemüht sich in diesem Rahmen auch, den „mathematischen Gehalt" des Spieles mit seinem Zahlenverständnis in Verbindung zu bringen. Etwas später eröffnet die Lehrerin eine längere argumentative Sequenz, in der die Eindeutigkeit der Lösung 13 begründet wird. Hier werden in der sich anschließenden Interpretation Efrems Beiträge sowie die unmittelbar Efrem als Gesprächspartner betreffenden Äußerungen betrachtet:

132	L	weshalb konnte es nur die dreizehn sein \ Nicola \	
134	Nicola	weil **alle** Zahlen schon da drinne außer dreizehn	
135	L	nö / . **fünfzehn** zum Beispiel /	
136	Jarek	und sechsehn \	
137	< L	gibt nen andern Grund \	gibt nen andern Grund \ **David** \
.1	< Jarek	Sechsehn	
.2		*Es herrscht allgemeine Unruhe in der Klasse. Es wird laut gehustet.*	
138	< David	weil vierzehn zu groß wa -	
.1	< S1	a b c d	
.2	< S2	Man hör aauf	
139	L	so **stop** \ das ist jetzt **ganz** wichtig \ nochma \	
.1	Efrem	und hundert	
140	< David	weil vierzehn zu groß wa \ *legt seinen Oberkörper auf den Tisch*	+
141	< L	*zeigt auf die 14* ja \ .	+ und / *zeigt auf die 12*
142	David	die . zwölf war zu klein \	
143	L	**wiederhol** + das ma Efrem \ **Efrem** \ . wiederhol das ma \ .	

Die Lehrerin lehnt die Antwort von Nicola als unzureichend ab und gibt ein entsprechendes Gegenbeispiel <135>. Jarek schließt sich dieser Argumentation an und nennt ebenfalls ein weiteres Gegenbeispiel <136,137.1>, wobei er in dem im Spiel genutzten Zahlenraum bis 20 bleibt. Es herrscht allgemeine Unruhe in der Klasse; vermutlich deshalb wiederholt Jarek seinen Beitrag, der jedoch auch in der Wiederholung nicht beachtet wird. Dennoch fordert die Lehrerin auf, einen andern Grund <137> zu nennen. Die Äußerung von David weil vierzehn zu groß wa - <138> wird von der Lehrerin als ganz wichtig <139> bezeichnet und soll wiederholt werden. Efrems Äußerung und hundert <139.1> schließt jedoch vermutlich mit Verzögerung an der Ablehnung von Nicolas Antwort an. Aus dieser Sicht heraus nennt er eine weitere noch nicht genannte Zahl, geht dabei aber über den für das Spiel relevanten Zahlenraum weit hinaus. Damit könnte er hier erneut „groß" weniger in Relation zur gesuchten Zahl 13 deuten als vielmehr als eine aus seiner Sicht „große" Zahl. Gerade in der Verzögerung könnte hier somit das Bemühen

---

[60] Die Entwicklung eines relationalen Verständnisses kann hier nicht nachgezeichnet werden; die Äußerungen sind zu sporadisch und werden im weiteren Verlauf nicht aufgegriffen; allerdings könnte dies auch Ausdruck des sporadischen Charakters schulischen Lernens sein.

um Verständniss der von der Lehrerin und Jarek in <135,136,137> ausgesprochenen Ablehnung rekonstruiert werden, also eine „aufmerksame Rezeption".

Mit ihrer Aufforderung, das inzwischen von David unter ihrer Anleitung beendete Argument zu wiederholen <143>, unterstellt die Lehrerin Efrem wohl jedoch gerade Unaufmerksamkeit. Gesprächspartner der Lehrerin ist zunächst Efrem. Dieser erhält allerdings nicht das Rederecht, da die Lehrerin unmittelbar anschließend nochmals die Wichtigkeit betont und eine andere Schülerin für eine Reformulierung und Ergänzung aufruft. Damit ist das Aufrufen von Efrem <143> nicht mehr als Basisprozedur des Mechanismus der Rederecht-Zuweisung für die Organisation des interaktionalen Dreischrittes eingesetzt, sondern fungiert zur Sicherung von Grundregeln schulischer Interaktion als Ermahnung (s. zur Interpretation in dieser Sequenz Brandt 1997b; vgl. für die Funktionen der Melde-Aurufprozedur Schneider 1997, 188). Die Zurechtweisung trifft in dieser Situation Efrem, allerdings weist sie als Hinweis auf Verhaltensmaßregeln sowohl über die unmittelbare Situation als auch über den unmittelbar Ermahnten hinaus.

Efrem kann so auch in dieser Szene keinen legitimierten Beitrag im offiziellen Interaktionsstrang einbringen; und er wird auch hier nur als Adressat einer Ermahnung zum (stellvertretenden) Gesprächspartner, erhält dabei aber weder die Möglichkeit einer Rechtfertigung noch die Möglichkeit, tatsächlich das von David Gesagte zu wiederholen. Dabei ist durchaus denkbar, dass Efrem tatsächlich nicht wiederholen könnte, was David gesagt hat – bzw., dass er nicht „versteht", was daran wichtig sei. Dies ließe sich dann aber nicht aufgrund mangelnder Aufmerksamkeit, sondern eher aufgrund eines anderen Verständnisses von „groß" und „klein" und dem sich daraus ergebenen „Nachlauf" in seiner Rezeption erklären. In dieser Sequenz bestätigt sich der Eindruck, dass Efrem das Unterrichtsgeschehen zumeist als aufmerksamer Zuhörer verfolgt. Trotz seiner offenkundigen Aufmerksamkeit und Interessiertheit bleibt Efrem, wie in allen anderen bisher analysierten Unterrichtsausschnitten, für den durch den Mechanismus der Rederecht-Zuweisung strukturierten offiziellen Interaktionsstrang auf der rezeptiven Seite.

5.1.1.1.2 Efrem als Austeiler

In der folgenden Szene wird Efrem von der Lehrerin als Gesprächspartner angesprochen. Als organisatorische Phase findet sie zwischen den einführenden Übungen mit der Rechenkette (s.u. 5.1.3.2.2 und 5.1.4.3) sowie den Bearbeitungsprozessen zum Arbeitsbogen „Die Zahlen bis Zwanzig" (s.u. 5.1.1.2.1, 5.1.4.1.1 und 5.1.4.2.1) statt (Transkript *Rechenkette 1 – Dreizehn Perlen*; Brandt/Krummheuer 1999, 56ff.):

216	L	ich brauche jetzt die Austeiler mal .. ganz schnell . die beiden Austeiler . der David fehlt heute siehste /
218		*Carola und Wasily melden sich.*
219	< Wasily	kann ich mit austeilen /

Die Lehrerin ruft die Austeiler <216> zu sich, also Kinder, die in dieser Klasse das Austeilen als Amt innehaben und beendet damit die bisherige Übung. Sie mahnt dabei nach einer kurzen Pause, in der offensichtlich nichts ihren Erwartungen Entsprechendes passiert, zur Eile an. Schließlich bemerkt sie, dass David, der wohl zu den beiden Austeilern gehört, fehlt. Eventuell findet sie darin auch eine Erklärung für den aus ihrer Sicht scheinbar zu langsamen Übergang. Carola und Wayne melden sich, vermutlich, um das Amt stellvertretend ausüben zu dürfen <218>. Zumindest Wayne bestätigt diesen Wunsch kann ich mit austeilen / <219>. Damit wendet er sich wohl an die Lehrerin, die zuvor den Missstand und damit den Handlungsbedarf anzeigt. Wahrscheinlich erwartet er, dass sie nun über die übliche Melde- und Aufrufprozedur einen Ersatz bestimmt. Allerdings wählt sie hier eine Variante:

220	L	Efrem \ . such dir mal bitte ein Kind aus was gut mit dir austeilt \ ... entscheide dich aber relativ schnell \
223	Efrem	Jarek \
224	< L	gut \
225	< Franzi	hab ich doch schon gewusst \
226	< S1	hab ich gewusst \
227	< S2	hab ich . gewusst \
228	L	Jarek / gibt Efrem einen blauen Plastikbehälter mit einem Teil der Rechenketten; gibt den Rest der Ketten Jarek zum Austeilen Jarek (mach) . müsste für jedes Kind eine Kette sein \
231	Jarek	ja /

Mit Efrem \ . such dir mal bitte ein Kind aus was gut mit dir austeilt \ <220> gibt die Lehrerin zunächst das Recht, einen Ersatz für David zu suchen, an Efrem ab, der in dieser Woche zu den *Austeilern* gehört. Efrem ist damit hier Gesprächspartner der Lehrerin und erhält das Rederecht, und zwar einbezogen in die Organisation des Austeilprozesses. Dieser zögert und wird von der Lehrerin nochmals zur Eile ermahnt ... entscheide dich aber relativ schnell \ <221>. Weiter fordert sie Efrem auf, ein Kind zu nehmen, das gut mit ihm austeilen kann. Die Lehrerin scheint somit vor allem am möglichst reibungslosen und raschen Ablauf dieser organisatorischen Zwischenphase interessiert. So könnte Efrem sich durch diese Anweisung in der Auswahl entsprechend eingeschränkt und mitverantwortlich für den reibungslosen Ablauf sehen. Das Zögern ließe sich dann damit erklären, dass er bemüht ist, einen Partner zu nennen, mit dem er gut zusammenarbeiten kann (weitere „Motive" für das Zögern sind denkbar, allerdings nicht in der Situation aufzudecken). Schließlich wählt Efrem Jarek \ <223> und die Lehrerin scheint zufrieden mit der Wahl <224,228>. Jarek ist damit eine ihren Anforderungen entsprechende Wahl. Für viele Kinder (u.a. Franzi) scheint diese Wahl nicht besonders überraschend hab ich gewusst \ <225-227>. Sie könnten sich dabei darauf berufen, dass bekanntermaßen

- Efrem und Jarek Freunde sind bzw. Efrem Jareks Freundschaft sucht (Sympathie),

- Jarek ein *guter* Partner beim Austeilen ist (Kooperationsfähigkeit),
- Jarek (als guter Schüler) häufig gewählt wird u.Ä. ...

Die Lehrerin erläutert kurz, dass jedes Kind eine Rechenkette erhalten sollte <228>. Die Zwischenrufe bleiben damit ohne Kommentar und werden auch nicht sanktioniert; eine Einschränkung der Interpretation ist daher nicht möglich.[61]

232	L	jaha / n bisschen schneller \ ja / Efrem *legt Efrem die Hand auf die Schulter*
233-247		*Efrem und Jarek teilen die Rechenketten aus. Die Kinder fangen sofort an, damit zu spielen, und es gibt kleinere Unstimmigkeiten, die von der Lehrerin geschlichtet werden.*
248	L	.. so \ es geht los \ . seita so weit / eine Kette braucht die Frau Fege auch \ . ne / ...
249	Efrem	*bringt Frau Fege eine Kette*
.1	L	ja ganz toll \ jaha \ so \ es geht los .

Die Lehrerin hält nochmals zur Eile an, wobei sie namentlich Efrem adressiert und diese Adressierung durch Körperkontakt unterstützt. Efrem ist somit erneut Gesprächspartner einer Ermahnung, auch wenn diese durch den Körperkontakt sicher durchaus wohlwollend zu interpretieren ist. Der Austeilprozess scheint dann aus der Sicht der Lehrerin zufriedenstellend angelaufen; sie wendet sich nun stärker anderen Interaktionssträngen zu. Schließlich möchte die Lehrerin wohl mit der nächsten Aufgabe beginnen so \ es geht los \ . seita so weit / <248>. Sie eröffnet damit wieder den offiziellen Interaktionsstrang. Allerdings stellt sie dann fest, dass der Austeilprozess noch nicht die notwendigen Voraussetzungen geschaffen hat. So wendet sie sich mit eine Kette braucht die Frau Fege auch \ . ne / ... <248> wieder an die Austeiler. Ansprechpartner in diesem Interaktionsstrang sind Efrem und Jarek, und Efrem fühlt sich auch entsprechend aufgefordert, diesen Missstand aufzulösen <249>. Die Feststellung der Lehrerin könnte als Kritik an die Austeiler gerichtet sein, allerdings hatte sie zuvor nur die *Kinder* als Empfänger einer Rechenkette benannt <228>. Auch wenn sie sich hier durch die Titulierung der eigenen Person als Frau Fege <248> bezeichnet und darin eine gewisse Zugehörigkeit zur Gruppe ausgedrückt ist, wird sie sich wohl nicht in <228> als Kind bezeichnet haben. So lässt sich diese Feststellung auch als nachträgliche Korrektur der eigenen Austeilanweisung verstehen. Dann könnte ja ganz toll <249.1> als ausdrückliches Lob an Efrem verstanden werden. Es ist aber auch als Bestätigung der nun endlich erfüllten Voraussetzungen für die sich anschließende Übung denkbar, zur der die Lehrerin in <249.1> erneut überleitet. Damit wäre Efrem allerdings ebenfalls in der Ausführung seiner Aufgabe bestätigt, wenn auch unmittelbarer Adressat eines Lobes.

---

[61] Organisatorische Zwischenphasen sind meist nicht an den Mechanismus der Rederecht-Zuweisung gebunden und bieten so Freiräume für Zwischenrufe. Sie wirken damit auch in gewisser Weise als Ventil für die Anpassung an die enge Reglementierung der Rederecht-Zuweisung im Unterrichtsgespräch (s.a. Schneider 1997, 198f.).

Da in den Behältern tatsächlich nur für *jedes Kind* eine Kette war, hat Efrem der Lehrerin in <249> die letzte Kette gegeben und nun zunächst am Ende des Austeilprozesses keine Rechenkette. Dies bemerkt seine Nachbarin Marina (s.u. 5.1.4.3); allerdings löst sich dies in einer von der Kamera nicht beobachteten (Inter-)Aktion auf.

5.1.1.1.3 Zusammenfassung

Im gesamten Transkriptmaterial lässt sich keine Sequenz finden, in der Efrem im Klassengespräch im offiziellen Interaktionsstrang einen legitimierten Beitrag einbringt. Auch wird keiner seiner vielfach treffenden Beiträge nachträglich aufgegriffen, wenn man von der vorgesagten Lösung in der Episode *Eckenrechnen* absieht (s.o. 4.1.3.4 sowie 4.1.4.1). Dieser Beitrag wird dann allerdings von der Lehrerin explizit als „nicht legitimiert" gekennzeichnet. Dabei ist er wohl durchaus daran interessiert, dass im Klassengespräch seine Ideen aufgenommen und „verhandelt" werden. Zwei Beiträge lassen sich entsprechend interpretieren:

- *Bb-Einführung* <86>: Einklagen der Urheberschaft eines Beitrages und

- *Frühling* <65>: mit dem Melden verknüpftes lautes Verkünden seiner Bereitschaft, das Rederecht zu übernehmen.

Beide Versuche werden von der Lehrerin als ungeeignet bezeichnet und abgewiesen, wobei sie ihn wiederholt auf das zu verändernde Meldeverhalten als Bedingung für die Rederecht-Übernahme im Klassengespräch hinweist. Dies kann Efrem aber offensichtlich (noch) nicht umsetzen.

So gelingt es ihm lediglich, während der Tischarbeit mit einem Schüler bzw. der Lehrerin in wechselseitiger Gesprächspartnerschaft entsprechende inhaltliche Anschlüsse an seine Beiträge und Ideen zu erhalten (s.u. 5.1.1.2.1). Diese im polyadischen Unterrichtsgeschehen eingebetteten „Hilfesituationen" sind dyadisch strukturiert und unterliegen damit nicht dem Mechanismus der Rederecht-Zuweisung, die ja gerade dem polyadischen Charakter unterrichtlicher Interaktion geschuldet ist. Sie entsprechen in ihren Strukturierungsprozessen eher außerschulischen Lernsituationen, insbesondere Lernsituationen in der Eltern-Kind-Interaktion. Als solche sind diese durch eine durchgehende wechselseitige Aufmerksamkeit gekennzeichnet, die Efrem wohl auch dem Klassengespräch unterstellt. Sein Rezeptionsverhalten ist in Hinsicht auf die Ermöglichung von (eigenen) Lernprozessen ambivalent zu beurteilen:

- Einerseits ist er (zumindest in den analysierten Ausschnitten) durchgehend aufmerksam und schafft so günstige Voraussetzungen für inhaltliche Anschlüsse. Dies ist sowohl für eigene Lernprozesse als auch für die Lernprozesse anderer eher günstig einzuschätzen.

- Andererseits gelingt es ihm nicht, den dem polyadischen Charakter geschuldeten Anforderungen im Interaktionsgeschehen Genüge zu leisten. Seine Ideen erhalten so keine Aufmerksamkeit über legitimierte oder akzeptierte

Beiträge im Klassengespräch. Dies ist hinsichtlich der Lernbedingungen e-
her negativ einzuschätzen.

Auch wenn der Interaktionsfluss im Klassengespräch über die Basisprozeduren[62]
des Mechanismus der Rederecht-Zuweisung geregelt werden muss und es Efrem
in dieser Hinsicht offensichtlich nicht gelingt, diese Regelungen einzuhalten,
scheint es doch bedenklich, wenn ein Schüler es über den beobachteten Zeitraum
(14 Tage) nicht schafft, trotz seiner sichtlichen Bemühungen um inhaltliche Auseinandersetzung einen akzeptierten Beitrag einzubringen.

5.1.1.2 Efrem als Produzent

Obwohl Efrem, wie eben dargestellt, nie legitimierte Beiträge in die inhaltliche
Auseinandersetzung im Klassengespräch einbringen kann, lassen sich die meisten seiner Beiträge der thematischen Entwicklung im offiziellen Interaktionsstrang zuordnen. Bezüglich der sich daraus ergebenden Lernbedingungen werden
diese Beiträge gemäß der Einschätzung der Ermöglichung von Lernprozessen im
oben dargelegten Modell (s.o. 2.3.1) differenziert in

- den Sprechendenstatus und

- die Einordnung in eine Argumentation.

Es wird unterschieden zwischen emergierende kollektive Argumentationsformate
und eigenständige Argumentationsmuster, die der thematischen Entwicklung zuzuordnen sind (und ggf. in anderen Situationen mit ähnlicher thematischer Entwicklung als kollektives Argumentationsformat emergieren könnte):

	kollektives Argumentationsformat	eigenständiges Argumentationsmuster	sonstiges
Kreator	<E 211,213>:[63] Vor-sagen der Lösung <B 79>:Wortvorschläge	<E 65, 81>: vermut-lich Fehleranalyse <B 167>: weist auf Widerspruch im kol-lektiven Argumentati-onsformat hin	<B 86>: klagt Urhe-berschaft der Wortvor-schläge ein <F 65>: fordert Aufruf zum Gesprächspartner ein
Paraphrasierer	<B 167>: greift auf „Sprechen-Hören" als Garant zurück <F 188>: lehnt Schülervorschlag ab		

---

[62] In dieser Klasse dominiert dabei die Melde- und Aufrufprozedur.

[63] Die Großbuchstaben in der Zeilenangabe bezeichnen die Episode; E: *Eckenrechnen*, B:
Einführung-Bb und F: *Frühling*.

	kollektives Argumentationsformat	eigenständiges Argumentationsmuster	sonstiges
Traduzierer	\<B 143\>: fordert mit Frage zur Auseinandersetzung auf \<B 167\>: Wortklang als Datum		

Der Status des Imitierers kann in den analysierten Episoden Efrem nicht zugeschrieben werden. Insgesamt sind seine Beiträge meist argumentativ eingebunden und dabei in den anspruchsvolleren Sprechendenstatus hervorgebracht, so dass aus dieser Sicht günstige Lernbedingungen vorliegen. Entsprechend ließen sich auch seine Beiträge in der zuvor analysierten Episode *Mister X* einordnen. Dabei sind seine Beiträge nicht nur inhaltlich passend, sondern häufig lassen sie sich als argumentativ kritische Beiträge rekonstruieren, die der inhaltlichen Auseinandersetzung neue Perspektiven eröffnen könnten. Dies gilt insbesondere für die im Status des Traduzierer eingebrachten Einwürfe. Keinem anderen fokussierten Kind kann in den analysierten Episoden dieser Status zugeschrieben werden. Dieser Status wird häufig von der Lehrerin eingenommen, um Schülerbeiträge in der von ihr gewünschten Perspektive im Gesprächsverlauf aufzunehmen bzw. die Gültigkeit dieser Beiträge zu hinterfragen. Efrem wiederholt ein genanntes Wort (*blau*) als Frage und zweifelt so die Gültigkeit an bzw. fragt zumindest nach einer Rechtfertigung, die über die bisher zugrunde liegende Ähnlichkeit im Anlaut hinausgeht. So könnte Efrem mit diesem Beitrag sowohl für sich als auch für andere günstige Lernbedingungen schaffen: Aus seiner Sicht ist die Gültigkeit des Wortes mit dem zu diesem Zeitpunkt etablierten Argumentationsformat („Hören von Buchstaben") nicht gegeben. Der gesuchte Laut ‚b' erscheint in dem von ihm in Frage gestellten Wort *blau* verfremdet durch die Konsonantenverbindung *bl*. Eine Auseinandersetzung mit derartigen Lautkombinationen scheint aus didaktisch-methodischer Sicht sinnvoll und ist vor allem für Kinder wichtig, deren Muttersprache nicht Deutsch ist – also z.B. für Efrem. Allerdings findet diese Auseinandersetzung keine Aufnahme im offiziellen Interaktionsstrang, so dass die hier geschaffene günstige Bedingung zufälliger Rezeption überlassen ist. Inwieweit Efrem allein durch die Verbalisierung eine Annäherung an den gesuchten Laut auch in der Lautkombination gelingt, ist ebenfalls nicht zu beurteilen. Ähnlich ist der Traduziererstatus für *gelb* durch die überdeutliche Aussprache als Zweifel an der Gültigkeit zu verstehen, den Efrem in diesem Falle sogar als Bemerkung zu Franzi konklusiv ausführt. Über die Lernförderlichkeit dieser Sequenz sind jedoch aufgrund der problematischen Auslautverhärtung keine Aussagen möglich.

Aufgrund Efrems in 5.1.1.1 herausgearbeiteter problematischer struktureller Anpassung in polyadischen Interaktionen kommen seine Leistungen auf der inhaltlichen Dimension der Interaktion in den Unterrichtsgesprächen nur unzureichend zur Geltung. Die sich in seiner Stärke in der inhaltlichen Dimension der interaktiven Kompetenz verbergenden Möglichkeiten für fachliche Lernprozesse sollen hier daher an einer Szene aus der Tischarbeit hervorgehoben werden.

5.1.1.2.1 Efrem erhält Hilfe zum Arbeitsbogen „Die Zahlen bis Zwanzig"

Für die Tischarbeit ist Efrem vor allem in der Bearbeitungsphase zum Arbeitsbogen „Die Zahlen bis Zwanzig" (siehe Abbildung) gut dokumentiert, und zwar sowohl in Einzelarbeit als auch in dyadischen Interaktionen mit einem Mitschüler (Wayne) bzw. mit der Lehrerin. Eine stärker auf die Rekonstruktion von Argumentationsformaten ausgerichtete Auseinandersetzung mit den Abschnitten kollektiver Bearbeitung findet sich in Brandt/Krummheuer (1999a). Dort sind auch ausführlichere interaktionsanalytische und argumentationstheoretische Auseinandersetzungen mit diesen Abschnitten nachzulesen. Hier erfolgt eine Konzentration auf die tätig-produktive Partizipation Efrems.

Im Anschluss an eine einführende Übung zur Zahlenzerlegung (s.u. insbesondere 5.1.3.2.2) mit Hilfe der Rechenkette und einer der Kreisdarstellung auf dem Arbeitsbogen entsprechenden Übung an der Tafel (s.u. 5.1.3.2.2 und 5.1.4.2) sollen die Kinder in Einzelarbeit den Arbeitsbogen „Die Zahlen zwischen 10 und 20"[64] ausfüllen (siehe Abb.). Die Punkte sind im Original rot und gelb. Die in der Klasse benutzte Rechenkette weist ebenfalls eine Zehnerunterteilung auf; die Perlen sind hell und dunkel. Die Lehrerin hat die Rechenkette als Hilfsmittel für diesen Arbeitsbogen vorgeschlagen. So bemüht sich Efrem, den Arbeitsbogen mit Hilfe der Rechenkette allein zu lösen. Zunächst zählt er an der Rechenkette zehn Perlen ab und stellt dann fest *zeigt auf die erste Zeile* das brauch ich nisch zu machen \ <380>. Er wendet sich dann der zweiten Reihe zu (Transkript *Rechenkette 1 – T 4.1*; Brandt/Krummheuer 1999, 65ff.):

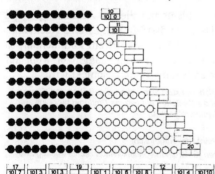

Abbildung: „Die Zahlen zwischen 10 und 20".

387 Efrem   *macht eine kleine Lücke nach den zehn hellen Perlen und fasst eine dunkle Perle und* **eine** *gelbe hab ich \ lächelt, schiebt alle Perlen wieder zusammen üps dreht die Kette; schiebt die zehn dunklen Perlen auf einmal gelb tut eine helle dazu; zählt sehr leise an der Kette bis zehn elf \ sind elf \ zeigt auf ein Kästchen*

[64] Arbeitsblatt aus: Paknin, M. und Mitarbeiter (1984): Mathematik 1, Arbeits-Diagnose-Förderblätter / Schulmaterial; Berlin.

auf seinem Arbeitsbogen elf / .. eine wegmachen / schiebt die helle Perle
z e h n *. schaut auf das Blatt zehn hab isch / und was kommt hier / ... lächelt*
eine **Zehn** \o h *. Frau Fege ich kann das nicht* \

Efrem scheint die Zahlen in den Kästchen als Zählauftrag an der Rechenkette zu verstehen. Die Zehnereinteilung an der Rechenkette scheint Efrem zu kennen und er kann sie teilweise für den Abzählprozess ausnutzen. Dabei ist er wohl bemüht, zwischen der bildlichen Darstellung auf dem Arbeitsblatt und der Rechenkette eine Beziehung herzustellen: Die die Handlungen an der Rechenkette begleitenden Äußerungen beziehen sich auf die Farbgebung des Arbeitsblattes; durch das Umdrehen der Rechenkette stellt er eine Ähnlichkeit der Farbgebung her. Nachdem er so die Elf und die Zehn abgezählt hat, kann er für das leere Kästchen keine „Handlung" an der Rechenkette finden. Die einzutragende Eins, die in der einen hellen Perle an der Rechenkette existent war, hat er *weggemacht*, sie ist wieder im zweiten (hellen) Zehner „verschwunden" und steht als Handlungsgrundlage nicht zur Verfügung. Deutlich wird hier sein intensives Bemühen, Zusammenhänge zwischen den drei verschiedenen Darstellungen der Zerlegung zu finden:

- die dunklen und hellen Perlen der Rechenkette,
- die roten und gelben Kreise der Kreisdarstellung und
- die Darstellung durch Zahlen in den Kästchen.

Letztlich scheint gerade diese Suche nach einem Zusammenhang sein Scheitern zu begründen, da er die Zielsetzung des Arbeitsbogens – die Zerlegung der Zahlen zwischen 10 und 20 – schon benennen und teilweise zum Abzählen nutzen kann. Scheinbar hilflos ruft er die Lehrerin.

Allerdings haben viele Kinder zunächst Probleme mit diesem Arbeitsbogen und die Lehrerin etabliert ein Helfersystem. Dazu verlässt Marina, Efrems Nachbarin, ihren Platz und setzt sich zu Carola (s.u. 5.1.4.1.1), was Efrem kommentiert oh dann bin ich schon wieder alleine <424>. Entsprechend freudig reagiert er wohl auf Wayne, der von der Lehrerin zum Helfen an Efrems Tisch geschickt wird:

429	Wayne	*kommt mit seinem Aufgabenblatt und stellt sich neben den lächelnden Efrem* hier sind doch zehn \ *zeigt auf die Kästchen auf Efrems Blatt* und hier eins . da musst du doch / . guck doch \ *(unverständlich)*
432	Efrem	ja \ eine Eins \ ja
433	Wayne	ja + da müsste ne Eins (jetzt rein*) (unverständlich)*
434	Efrem	und jetzt *zeigt immer die gelben Kreisreihen von links nach rechts entlang* zwei drei vier fünf
435	Wayne	*zeigt auf die Kästchen* guck jetzt /
436	< Efrem	sechs sieben acht
437	< Wayne	*(unverständlich)*
438	Efrem	neun zehn . bis hier sollen wir (eins) hinschreiben + \ stimmts /
439	Wayne	*zeigt auf das Kästchen* guck mal und hier musst du jetzt erst mal hier ne Eins machen
440	Efrem	*holt einen Stift aus der Mappe, schreibt* eins /

Wayne zeigt zunächst auf das schon ausgefüllte Kästchen und nennt dann die Eins in Verbindung mit einem Arbeitsauftrag und hier eins . da musst du doch / <429>. Schon hier lässt sich Waynes Konzentration auf die Darstellung der Zerlegung durch Zahlen in den Kästchen erkennen, in der „noch etwas zu machen" ist. Scheinbar bestätigend wiederholt Efrem eine Eins \ ja <423>. Doch während Wayne nochmals deutlich auf die einzutragende Eins der Kästchendarstellung verweist <433>, wechselt Efrem nun zur Kreisdarstellung und benennt die Anzahl der gelben Kreise <434,436,438>. Dabei betrachtet er das Arbeitsblatt vertikal, so dass er hier die Zahlwortreihe aufzählt. Die Eins <432> wird so zum Anknüpfungspunkt für diesen vertikalen Abzählprozess, so dass Efrem hier als Traduzierer zu sehen ist. Wayne beharrt jedoch auf dem zunächst auszufüllenden Kästchen <439> und Efrem kommt dieser Idee schließlich nach <440>. Für die den Schreibprozess begleitende Äußerung eins / <440> ist Efrem damit Imitator.

441	Wayne	*zeigt auf das Kästchen* hier musst du jetzt ganz oben eine **Zwölf** machen /
442	Efrem	du meinst wieder s *(unverständlich)*
443	Wayne	nein \ ne Zwölf \ .. gut / *zeigt auf die Kästchen* und dann hier / . *schaut auf seinen Arbeitsbogen*
445	Efrem	eine Zehn / *schreibt*
446	Wayne	*schaut kurz auf sein Blatt* jaha / zehn \ .. und dann musst du
448	Efrem	und eine Zwei /
450	< Wayne	*nickt* mmh / kannst du das jetzt /
451	< Efrem	*schreibt* ä m \

In diesem Abschnitt setzt sich Wayne mit seiner Bearbeitungsform durch: Das Zwölferkästchen wird sukzessive ausgefüllt, ohne dabei die Darstellung der Kreise einzubinden. Wayne gibt die erste Lösungszahl ne Zwölf \ <443 vor, die Efrem offensichtlich übernimmt. Waynes Äußerungen und dann hier / . <443> sowie und dann musst du <448> interpretiert Efrem wohl als Aufforderung, die einzutragenden Lösungszahlen zu nennen <445,448>. Mit den sich anschließenden Bestätigungen <446, 450> wird der übliche Dreischritt I-R-E wieder durch Wayne abgeschlossen, so dass damit das Interaktionsmuster aus dem Klassenunterricht „imitiert" wird und der asymmetrische Charakter der Interaktion durch eine deutliche Rollenverteilung in diesem Dreischritt hervortritt. Efrem kann in diesem Muster lediglich imitierend die Lösungen nennen.[65] Für den Bearbeitungsprozess seines Aufgabenblattes verlässt er sich an dieser Stelle auf Waynes Kompetenz. Dieser gibt vor, an welcher Stelle gearbeitet werden soll, und übernimmt auch die Verantwortung für die Lösung auf dem Arbeitsblatt. Damit nimmt er aber zugleich Efrem Verantwortung ab, der „probeweise" antworten kann. Für die Zahlen, die Efrem schließlich einträgt, kann er keine Originalität mehr beanspruchen. Diese Verantwortlichkeit hat Wayne ihm mit den Evaluationen abgenom-

---

[65] In Krummheuer/Brandt (2001, 153) werden die Zuweisungen „Imitierer" und „Paraphrasierer" für Efrem an dieser Stelle diskutiert. In beiden Fällen wäre die Lösungsidee bei Wayne bzw. im Arbeitsblatt zu verorten; eine genauere Zuweisung ist für diese Arbeit nicht notwendig.

men. Nach diesem gelungenen Ausfüllen des Zwölferkästchens erfragt Wayne den Erfolg seiner Erklärungsversuche. Efrem reagiert nur zögerlich und der dyadische Interaktionsstrang setzt sich fort:

452	Wayne	guck mal \ hier ist doch *auf die Kästchen zeigend* zwölf dreizehn vierzehn fünfzehn sechzehn siebzehn + und hier / in diese Kästchen immer zehnsf *(unverständlich)*
454	< Efrem	und diese Kästchen immer auch drei vier fünf sechs
455	< Wayne	ja \ ja \ *klopft mit seinem Stift auf den Tisch* so \
457		*Efrem arbeitet alleine weiter.*

Wayne verweist mit guck mal \ erneut auf die Kästchen <452>, allerdings geht er nicht auf das Dreizehnerkästchen über, sondern betrachtet nun der vertikalen Leserichtung folgend zunächst jeweils die oberen Felder zwölf dreizehn vierzehn (...) <452> und dann die linken Felder, in die immer zehnsf <453> einzutragen wären. In dieser vertikalen Leserichtung lässt sich die ursprünglich für den Abzählprozess der gelben Kreise <434, 436, 438> genutzte Idee Efrems wiedererkennen. Allerdings überträgt Wayne diese Idee traduzierend auf die Kästchen, in der noch *was zu machen ist* (s.a. Bauersfeld 1982 für die Konzentration auf den „auszufüllenden" Teil eines Arbeitsblattes). In dieser Verbindung findet hier wohl auch Efrem Anschluss an seine ursprüngliche Idee. Er wiederholt seine ursprünglich auf der Kreisebene eingebrachte Zahlwortreihe drei vier fünf sechs <454> in der Verknüpfung mit der Kästchendarstellung. Wayne und Efrem teilen sich so die komplexe Idee, die in der vertikaler Bearbeitung (Efrem) auf der Kästchenebene (Wayne) besteht (s.a. Brandt 1998a; Brandt/Krummheuer 1999a). Während Wayne wohl die Zahlwortreihe unmittelbar auf die einzutragenden Zahlen bezieht und sie als solche bestätigt <455>, hat Efrem hier für sich vermutlich eine „Übersetzung" für die unterschiedlichen Darstellungen gefunden, mit der er anschließend den oberen Teil des Arbeitsblattes erfolgreich ausfüllen kann. Dies verkündet er *seine Bögen bearbeitend* iss kanns ganz *guckt kurz zu Carola und Marina* Wayne hat mir beigebracht \ *lächelnd* ich kanns jetzt ganz **alleine** \ <472>. Dabei scheint es ihm gleichermaßen wichtig zu sein, dass Wayne ihm geholfen hat und er nun die Aufgabe „kann" (s.u. 5.1.4.1.1).

Die Hilfe der Lehrerin für die untere Aufgabe ist in dieser Hinsicht weniger erfolgreich. Zwar füllen sie gemeinsam das erste Feld aus und die Lehrerin versucht, mit der Rechenkette ein Hilfsmittel zur Bearbeitung einzuführen, das eine spätere autonome Bearbeitung ermöglichen könnte. Allerdings gibt sie Efrem dazu lediglich sehr enge Handlungsanweisungen, die jeweils nur eine der Darstellungsebenen betreffen.

Erste Feld: Vorlesen - Kästchendarstellung

529	L	*zeigt das erste Feld* guck mal was steht da \ . siebzehn \ ist gleich /
530	< L	*zeigt auf ein Kästchen* *zeigt ein anderes Kästchen* so \
.1	< Efrem	zehn / (sieben)

Zweites Feld: Legen und Abzählen – Rechenkette

535	L	leg mir das mal hin \ . zeig mir das mal \ . ne Zehn / und ne Drei \
536	Efrem	*bewegt zehn Perlen an seiner Kette* zehn und eine Drei . zehn / . *tut drei gelbe*
		Perlen dazu
538	L	mmh / wie viel haste dann / mmh /
539	Efrem	*zählt die Perlen leise einzeln ab* ... dreizehn \
540	L	mmh / und wo schreibst du die hin
541	< Efrem	hier *schreibt*
542	< L	mmh / dann machs \

Auf den einzelnen Darstellungsebenen kann Efrem sich aufgrund der kleinschrittigen Führung der Lehrerin, die durchgehend dem I-R-E-Muster entspricht, nur
als Imitierer einbringen. Efrem beherrscht, wie in der Einzelarbeit zu beobachten,
die Handlungen an den einzelnen Darstellungen (das Lesen der Zahlen bzw. das
Abzählen der Perlen) und er kann hier jeweils richtig antworten – es entstehen so
auch keine Reibungen mit seinen Vorstellungen, die er verbalisieren könnte. Die
abgezählte Dreizehn wird schließlich unter Anleitung der Lehrerin in das leere
Kästchen eingetragen. Das erste zu bearbeitende Feld ist erfolgreich ausgefüllt
und die Lehrerin verlässt den Tisch. Der Zusammenhang bleibt Efrem jedoch
verborgen; bei der nächsten Aufgabe zählt er seine Perlen ab und kann das Feld
nicht allein ausfüllen. So bleibt hier der Eindruck, dass die Lehrerin einerseits Efrems Fähigkeiten unterschätzt: Die Handlungsschritte an den einzelnen Darstellungsebenen beherrscht er schon (siehe Vorgehen in der Einzelarbeit). Andererseits scheint auch Efrem, in das kleinschrittige Vorgehen eingebunden, seinen eigenen Fähigkeiten nicht mehr zu trauen: Obwohl er sowohl in der Einzelarbeit
als auch in der Zusammenarbeit mit Wayne größere Einheiten anzahlmäßig richtig erfasst und dabei auch auf die Zehnereinteilung der Rechenkette zurückgreift,
zählt er nun die zehn Perlen einzeln ab.

5.1.1.2.2 Zusammenfassung

Als Konvergenz der beiden Herangehensweisen von Efrem und Wayne entwickelt sich in dieser Schülerkooperation eine sehr schematische Ausfülltechnik in
vertikaler Leserichtung[66] (vgl. zur Konvergenzfunktion sozialer Interaktion
Krummheuer 1992, 43f.). In Hinblick auf die interaktionalen Fähigkeiten, die
sowohl für Efrem als auch Wayne rekonstruierbar werden, kann die Konvergenz
als ein wechselseitiges Anknüpfen und Weiterentwickeln der Idee des anderen
gesehen werden. Zunächst ergreift Efrem die Initiative, indem er die erste Lösungszahl Eins mit der anderen Darstellung auf dem Arbeitsbogen in Verbindung
bringt. Dieser Versuch, Anschluss an das eigene Vorgehen bzw. an das eigene
„akademische Wissen" (Mehan 1979; s.o. 1.1.2) zu suchen, kommt hier erneut in
dem Sprecherstatus des Traduzierers zum Vorschein. Diese Fähigkeit, geeignete
Anschlusspunkte aufzugreifen, lässt sich als Stärke der interaktiven Kompetenz

---

[66] Der von den Planer des Arbeitsblattes angestrebte „Gehalt" der Übung, das Zerlegen der
Zahlen, wird bei dieser Ausfülltechnik allerdings verdeckt.

in der inhaltlichen Dimension beschreiben, die ihm hilft, für den eigenen Lern-prozess günstige Verknüpfungen zwischen eigenen Vorstellungen und der the-matischen Entwicklung im Gespräch herzustellen. In der dyadischen Interaktion erhält Efrem hier die Gelegenheit, seinen Gedanken bis zu Ende durchzuführen, auch wenn Wayne zunächst noch nicht daran anknüpft. Allerdings greift Wayne später auf Teilaspekte zurück und so findet Efrem schließlich mit seiner Idee in der zur gegenseitigen Aufmerksamkeit verpflichtenden Dyade dennoch Beach-tung. Darin zeigt sich jedoch gerade Waynes Stärke als Helfender, der in gewis-ser Weise flexibler reagiert als die Lehrerin – eventuell konnte er ja auch für sich durch diese Interaktion neue Aspekte des Arbeitsblattes erblicken. Wayne ver-sucht zunächst, Efrem auf seine Sichtweise „einzuspuren". Allerdings lässt er sich nicht von den richtigen Antworten und dem fertig ausgefüllten Kästchen täuschen und Efrem erhält nochmals eine Chance, stärker eigenverantwortlich zu partizipieren. In der zweiten Hilfsszene mit der Lehrerin liegt die Anpassung ein-seitig bei Efrem, der dies bezogen auf die einzelnen Darstellungsebenen auch leisten kann. Dieses auf das Einspuren in ein Argumentationsformat ausgelegte Hilfsangebot wirkt aber geradezu widersprüchlich zu Efrems inhaltlicher Stärke. Seine Handlungsorientierung bezüglich der tätig-produktiven Partizipation scheint gerade in der aktiven Suche nach Anschlusspunkten und Verknüpfungen zu bestehen und nicht im „Mitmachen", auch wenn er hier erfolgreich die richti-gen Antworten findet. Die Übernahme und Ausführung fertiger (Argumentati-ons)Muster irritiert Efrem wohl eher in seinem Lernprozess.

In der engen Führung im Status des Imitierers durch die Lehrerin kann Efrem seine Fähigkeiten nicht entfalten und so das in der Interaktion hervorgebrachte Argumentationsformat, in das er als Imitierer eingebunden war, nicht erfassen. In den Klassengesprächen kann dieses auf Anschluss an eigene Ideen ausgerichtete Partizipationsprofil in den Sprechendenstatus mit entsprechender Verantwort-lichkeit auch für die Idee (Kreator, Traduzierer) nachempfunden werden. Ent-sprechend fehlt der Status des Imitierers in der tätig-produktiven Partizipation im Klassengespräch gänzlich. Hinsichtlich der Ermöglichung von Lernprozessen gemäß dem zugrunde liegenden Partizipationsmodell ist für Efrems Produktion festzuhalten:

- Efrems Beiträge entsprechen anspruchsvollen Sprechendenstatus und sind meist argumentativ auf die jeweilige thematische Entwicklung bezogen. Dies bedeutet günstige Bedingungen zur Ermöglichung von Lernprozessen. Diese Einschätzung kann für Efrems Lernprozess in der sich ankündigenden Weiterentwicklung individueller Zahlvorstellungen in der Episode *Mister X* bestätigt werden.

- In der Übernahme formatierter Argumentationen scheint Efrem hingegen blockiert. Bezogen auf die in dieser Klasse vorwiegend rekonstruierte Struk-turierung unterrichtlicher Lernprozesse, die die dreischrittige Sequenzierung mit der Übernahme der Argumentationsmuster der Lehrerin nur punktuell überschreitet, ist dies eher ungünstig einzuschätzen. Dies zeigt sich besonders deutlich im „Scheitern" der von der Lehrerin angebotenen formatierten Argumentationshilfe an der Rechenkette.

5.1.1.3 Efrems Partizipationsprofil im Klassenzimmer

Efrem erscheint in gewisser Weise von dem offiziellen Interaktionsstrang im Klassengespräch als Gesprächspartner ausgeschlossen, zumindest bezogen auf die hier interessierenden aufgabenbezogenen Abschnitte. Dieser Ausschluss lässt sich mit Efrems Schwierigkeit in der strukturellen Anpassung an polyadische Interaktionsstruktur(ierung)en erklären. Er scheint auch diesen Interaktionsformen die gegenseitige Aufmerksamkeit der Dyade zu unterstellen und sich an den dort geltenden Regeln der Rederecht-Übernahme zu orientieren. Dieser Ausschluss im Klassengespräch wird zu weiten Teilen auch auf die Tischarbeit übertragen. Dabei unterstellen die übrigen Beteiligten wohl, dass Efrem lieber alleine arbeitet (alle folgenden Ausschnitte aus dem Transkript *Stifte*, Brandt/Krummheuer 1999, 23ff.):

| 24 | L | der **Efrem** / der arbeitet immer sehr gern für **sich** und braucht einfach . manchmal etwas länger **Zeit** / das macht aber **gar** nichts / Efrem hat die Aufgabe einmal **hier** / die er rechnen muss und darf sich natürlich Finger äh Plättchen darf sich alles nehmen zum Rechnen oder unseren Rechenschieber [67] |

Diese Einschätzung, dass Efrem gern für sich (arbeitet), gibt die Lehrerin vor dem Beginn der Wochenplanarbeit. Die Kinder an seinem Gruppentisch kommen, eventuell in Anlehnung an diese Einschätzung der Lehrerin, zu einer ähnlichen Bewertung:

228	Marina	wollen wir uns **alle** die Stifte **teilen** /
229	David	aber **Efrem** nich der macht nich
230	Efrem	**warum** nisch /
231	David	machst du /

(diese Szene wird in Naujok 2000, 94ff. näher besprochen). Marina regt an, dass alle Kinder am Tisch die Stifte teilen sollten (zur Rolle Marinas in dieser Szene s.u. 5.1.4.3); David geht jedoch davon aus, dass Efrem nicht mitmachen möchte. Efrem fühlt sich jedoch wohl zu unrecht ausgeschlossen und fragt nach einer Begründung. Er „macht" schließlich mit. Der Interaktionsstrang *Stifte teilen* wird parallel zu verschiedenen, auch aufgabenbezogenen Interaktionssträngen, konti-

---

[67] Die Lehrerin bietet Efrem hier eine ganze Reihe so genannter „Rechenhilfen" an – wie z.B. auch in der Episode *Eckenrechnen*. Aus mathematikdidaktischer Sicht sei hier angemerkt, dass eine Begrenzung auf nur wenige, aufeinander abgestimmte Materialien, die vielfältig einsetzbar sind, günstiger für strukturierte Erkenntnisse ist (s. Lorenz 1993, Krauthausen/Scherer 2001). In Hinblick auf die „suchende" Haltung Efrems, die Zusammenhänge zwischen den verschiedenen Darstellungen zu erfassen, ist diese Vielfalt und Beliebigkeit an Hilfsmitteln wohl auf jeden Fall ungünstig – zumindest ist wohl eine Verzögerung im Bearbeitungsprozess zu erwarten. Dies könnte sich mit der Einschätzung der Lehrerin, dass Efrem etwas länger **Zeit** (braucht) <24>, decken.

nuierlich weiterentwickelt. In diesem Interaktionsstrang ist Efrem immer wieder Gesprächspartner der anderen Kinder am Tisch. Allerdings scheint er sehr bemüht, hier immer wieder seine Zugehörigkeit zu bestätigen:

277 Efrem **teilen ist doch viel besser** \

(Äußerungen mit ähnlicher Funktion <232,259,269>; vgl. Naujok 2000, 99f.). Diese Bemühen um Anschluss – auch auf der sozialen Beziehungsebene – bzw. das Gefühl einer gewissen Isolation konnte schon in 5.1.1.2.1 bei der Bearbeitung des Arbeitsbogens „Die Zahlen bis 20" rekonstruiert werden. Insofern könnte Efrem auch jeweils relativ schnell aufgeben, um über diesen Weg Anschluss an kollektive Bearbeitungsprozesse zu erhalten. Während der Tischarbeit äußert Efrem häufiger oh das kann ich nischt \ (u.ä.); diese sich darin ausdrückende Hilflosigkeit, die aufgrund der häufig „guten" Beiträge im Klassengespräch irritiert, könnte der Versuch sein, die „Beziehungslosigkeit" in aufgabenbezogenen Interaktionsprozessen zu überwinden. Efrem kann so im doppelten Sinne als „Anschluss suchend" bezeichnet werden:

- Einerseits sucht er Anschluss an Interaktionsstränge als Gesprächspartner – und ist hier lediglich in dyadisch strukturierten Bearbeitungsprozessen erfolgreich.

- Andererseits sucht er in der thematischen Entwicklung der Interaktionsprozesse Anschluss an seine eigenen Vorstellungen.

Unter dieser Doppeldeutigkeit des „Anschluss suchen" lässt sich auch folgender kurzer Austausch zwischen Efrem und der Lehrerin verstehen. In der Episode *Rechenkette 2* (Brandt/Krummheuer 1999, 78ff.) werden die Lösungen des Arbeitsbogens „Die Zahlen bis Zwanzig" verglichen; dabei hat die Lehrerin die ersten Zeilen an die Tafel gemalt und geht nochmals auf die Zerlegung in der Kreisdarstellung ein:

36 L   Wer sieht das nicht \
37 Efrem   ich –
38 L   du siehst es nicht \ *lacht* Efrem – wenn man genau hinguckt sieht man dis \ ja /

Die Lehrerin bittet um Rückmeldung, ob die Zerlegung der Zahlen durch die Farbgebung nun von allen „gesehen" wird, wobei mit „sehen" wohl auch ein Verständnis einhergehen soll und nicht nur der optische Reiz; dabei scheint hier die übliche Melde- und Aufrufprozedur außer Kraft gesetzt und durch eine offenere Prozedur ersetzt. „Sehen" und „Gucken" erhalten hier ähnlich wie in der Episode *Bb-Einführung* das „Sprechen" und „Hören" eine Erklärungsfunktion, die allein über den optischen (bzw. akustischen) Reiz gegeben zu sein scheint. Efrem könnte hier eine Möglichkeit erkennen,

1. in einer polyadischen Interaktionsstruktur ohne Melden einen legitimierten Beitrag einzubringen und

2. seine Schwierigkeiten mit der Übersetzung der verschiedenen Darstellungs-ebenen im Klassengespräch zu thematisieren.

Jedenfalls versteht er „sehen" wohl als das Erblicken eines Zusammenhanges und äußert in der Hinsicht seine Bedenken. Die Lehrerin wertet dies jedoch nicht als ernsthaften Zweifel; eventuell stützt sie sich in dieser Einschätzung auf Efrems zum großen Teil schon ausgefüllten Arbeitsbogen. Jedoch führt Efrem etwas später aus, dass er *eigentlich schon fertig sei* <70>, dennoch ungern auf die Tafelzeichnung beim Vergleichen verzichten möchte und relativiert für seinen eigenen Lernprozess den Zusammenhang zwischen „das Arbeitsblatt ausgefüllt haben" und die „Aufgabe verstanden haben".

Hier anknüpfend lässt sich Efrems Partizipationsprofil in seinen positiven Möglichkeiten, aber auch in seinem den Interaktionsfluss gefährdenden Potenzial erfassen: Seine tätig-produktive Partizipation zeichnet sich durch das Einbringen eigener Ideen in die thematische Entwicklung und die Verknüpfung dieser eigenen Vorstellungen mit Beiträgen anderer Beteiligter aus. Seiner Partizipation lässt sich eine Autonomieorientierung unterstellen, die auf der Durchdringung von Argumentationsmustern und deren eigenständiger Ausführung beruht. Diese Autonomieorientierung zeigt sich bei Efrem in einer „zugreifenden" und „eingreifen wollenden" Rezeption, die eine hohe Aufmerksamkeit gegenüber den Beiträgen anderer voraussetzt und wohl auch eine entsprechende Rezeption seiner Beiträge erwartet.

Dies ist zunächst lerntheoretisch überaus günstig sowohl für eigene Lernprozesse als auch für die anderer Beteiligter einzuschätzen, zumal er auch auf Ideen anderer Lernender „reagiert" und nicht nur die Argumentationsformate der Lehrerin aufgreift. Er schafft einerseits für sich inhaltliche Anschlussmöglichkeiten, die zur Weiterentwicklung seiner Vorstellungen führen können. Andererseits können die anderen Lernenden eine Rückmeldung für ihre eigenen Beiträge erhalten, die sich nicht an der Perspektive der schon fertigen Ideen der Lehrerin orientiert. Hier besteht die Chance zur Entfaltung eines Unterrichtsgesprächs, dessen thematische Entwicklung im Deutungsprozess nicht vorschnell auf das schon fertige Endprodukt, auf das „Typische" und „Alltägliche" zurückgreift (s.a. Brandt 2000a).

Auf der anderen Seite gefährdet gerade das Anzweifeln „unterschwellig" akzeptierter, nicht weiter thematisierter Argumentationsformate, die in Interaktionsmustern routinemäßig abgearbeitet werden (das „Sprechen" und „Hören", das „Sehen", die „unterstellte Äquivalenz" der Darstellungsebenen), den gleichförmigen Interaktionsfluss (schulischen) Alltags. Die in der Interaktion produzierte Gleichförmigkeit und Regelhaftigkeit ermöglicht das Miteinander; das ständige Bezweifeln und Ausdeuten behindert den „reibungslosen Verständigungsprozess" und führt letztendlich zum Zusammenbruch der Interaktion. Das Ausblenden einer tieferen inhaltlichen Auseinandersetzung hat damit eine gewisse Schutzfunktion für den Interaktionsprozess, der sich nur sehr punktuell auf die

„Fragilität" des gegenseitigen Bemühens zur Überwindung von Differenzen einlassen kann:

„Hervorgebrachte Interaktionsmuster reduzieren zwar diese Komplexität [der Bedeutungsaushandlung unter einer ‚hergestellten Rahmungsdifferenz'; Anmerkung B.B.] *und bewirken eine vergleichsweise hohe Stabilität der Aushandlungsprozesse, sie stellen aber wegen der deutlichen Ausblendung des Ringens um inhaltliche Klärung keine optimalen Bedingungen der Möglichkeit schulischen Lernens dar." (Krummheuer 1992, 169; vgl. zur Funktion der Interaktionsmuster dort auch 40ff.)*

In diesem Sinne klagt Efrem in seinen Beiträgen die Herstellung einer Rahmungsdifferenz ein (ebenda, 47f.), die den Unterricht aus seinem interaktionalen Gleichstrom hinausführen könnte – die aber in den rekonstruierten Unterrichtsausschnitten im Anschluss an Efrems Äußerungen nicht hergestellt wird. Die Initiierung einer Podiumsdiskussion wäre im Anschluss an seine Beiträge denkbar und damit wird das Potenzial seiner Partizipation offenkundig. Die gleichsam geringe „Wirksamkeit" dieser der Interaktion zur Verfügung gestellten Komplexität scheint somit nicht nur der mangelnden Anpassung seiner Beiträge an den Mechanismus der Rederecht-Zuweisung geschuldet. Diese geringe „Wirksamkeit" lässt sich auf dem Hintergrund der hier ausgeführten „Fragilität" schulischer Interaktionsprozesse auch als ein Schutz gegen „zuviel" Zweifel verstehen.

5.1.2 Franzi – die Geschichtenerzählerin

5.1.2.1 Franzi im Rezipientendesign

Franzi ist eine sehr präsente Schülerin, die neben der Lehrerin die meisten Redebeiträge erhält und damit eine nicht unerhebliche Redezeit innehat. Sie wird sowohl über Melden und Aufrufen, also über angeforderte Beiträge, als auch über zahlreiche (nachträglich) akzeptierte Beiträge Gesprächspartnerin der Lehrerin. Die Beiträge sind der thematischen Entwicklung im offiziellen Gesprächsstrang angepasst, so dass sie als aufmerksame Zuhörerin zu bezeichnen ist:

	Eckenrechnen	Bb-Einführung	Frühling
angeforderte Beiträge	<192, 232, 235, 237, 243, 233>	<180, 182, 184, 109, 178, 114>	<52, 53, 57, 59, 115, 145>
(nachträglich) akzeptierte Beiträge	<104, 107, 127, 222>	-	<112>
nicht legitimierte Beiträge	<216>	<188>	<26, 181>

Auffällig ist hier insbesondere die hohe Anzahl von Beiträgen außerhalb der jeweils gültigen Basisprozeduren, ohne dass hier ein vergleichbarer Ausschluss oder eine explizite Ablehnung durch die Lehrerin erfolgt, wie dies für entsprechende Beiträge Efrems geschieht. Franzis Einwürfe werden häufig aufgegriffen bzw. akzeptiert und damit wird nachträglich ihre „Selbstwahl" als Sprechende (und damit meist als Gesprächpartnerin der Lehrerin) interaktional bestätigt. Zur Ergänzung sei noch angeführt, dass sie oft am Tisch steht (siehe z.B. Episode *Eckenrechnen*, <222>) und mitunter durch die Klasse läuft (siehe z.b. am Anfang der Episode *Frühling*). Gelegentlich wird sie dafür von der Lehrerin ermahnt, allerdings kommt es nie zu ernsthaften Konflikten oder Störungen. Wie in den analysierten Episoden trägt Franzi auch in allen anderen lehrergelenkten Unterrichtsphasen sowohl mit evaluierten Beiträgen als auch mit Zwischenrufen und –kommentaren zur thematischen Entwicklung des Gesprächs bei.

Einschränkungen dieser „raumgreifenden" Partizipation, die sich durch hohes Engagement und Direktheit auszeichnet, erfährt Franzi explizit in den Erzählkreisen, die in dieser Klasse immer montags die neue Schulwoche eröffnen. Hier haben die Kinder Gelegenheit, von ihren Erlebnissen am Wochenende zu erzählen. Franzis Partizipation an den beiden von uns aufgenommenen Erzählkreisen soll hier bezüglich des Rezipientendesigns betrachtet werden. Eine inhaltliche Auseinandersetzung mit ihren Erzählungen bzw. eine erzähltheoretische Analyse erfolgt nicht (Arbeiten hierzu für den Grundschulbereich z.B.: Hausendorf/Quasthoff 1996, Claussen 2000, Heinzel 2000). Die Wiedergabe der Transkripte beschränkt sich daher im Wesentlichen auf die Nahtstellen der Rederecht-Zuweisungen bzw. Redezeit-Beschränkungen.

5.1.2.1.1 Franzi in den Erzählkreisen

In dieser Klasse gibt es einen Puschel, mit dem das Rederecht im Erzählkreis weitergegeben wird. Nicola hat den Puschel gerade von Jarek erhalten und berichtet nun von ihrem Besuch auf dem Straßenfest, das im Wohngebiet der Kinder am Wochenende stattgefunden hat und Janine hat mir erzählt die warn m so auf ein Straßenfest \ und da warn wir gestern auch \ <76> (Transkript *Erzählkreis 1*; Brandt/Krummheuer 1999; 7ff.). Franzi reagiert sofort:

78	Franzi	*(unverständlich)* das Straßenfest /
79	Nicola	*nickend* mhm /
80	Franzi	da war ich auch \

Franzi wendet sich vermutlich an Nicola, die gerade das Rederecht innehat, und formuliert offensichtlich eine (nur zum Teil verständliche) Frage, die sich auf das Straßenfest bezieht <78>. Nicola nickt zustimmend <79> und Franzi teilt nun mit, dass sie auch dort war <80>. Ob sie dabei insbesondere Nicola adressiert oder allgemein dem gesamten Kreis diese Information mitteilen möchte, wird nicht deutlich. Nicola als die ursprüngliche Erzählerin knüpft nun aber an:

82	Nicola	hab ich - ich hab dich auch **gesehn** \
83	Franzi	echt /
84	Nicola	doch aber - du hast **mich nicht** gesehn \ da bin ich nämlich einfach **weitergegangen** \
86	Franzi	**wo denn** \

87	<Nicola	so - *macht eine vage Handbewegung* .. ich **weiß** nich mehr wo \
88	<Franzi	bei der Wurstbude ..
89	Nicola	ich **weiß** nich mehr wo aber irgendwo hab ich dich auch **gesehn** \
90	S	ich hab Nicola - ich hab die Beiden gesehn \
91	L	ähhm - ich muss nochma was sagen - .. ich **kann** das verstehen dass ihr ganz viel sagen wollt aber – es is – wenn - wenn andere reden und derjenige der den Erzählpuschel hat e dann unterbrochen is is n bisschen **blöd** \ . ja /

Nicola greift Franzis Information auf. Dabei scheint sie hier ihre ursprüngliche Erzählung zu unterbrechen und sich direkt an Franzi zu richten. Diese ist nun sehr interessiert, Genaueres darüber zu erfahren, wo Nicola sie gesehen hat. Es kann nicht geklärt werden, ob Nicola Franzi nun tatsächlich gesehen hat oder eventuell ihre „Geschichte" so gestaltet, dass sie Anknüpfungspunkte zu Franzi findet. „Erfindet" sie hier diese Geschichte, so hat sie eventuell eingebunden in den Erzählkreis nicht damit gerechnet, so intensiven Nachfragen ausgesetzt zu sein. Dann würde hier auch deutlich, dass Franzis Eingreifen in die Erzählung so nicht der üblichen Praxis entspricht.[68] Offensichtlich wird jedoch, dass sich hier die ursprüngliche „Erzählung" auflöst und in ein Zwiegespräch übergeht, das Franzi über ihre Fragen steuert und bei dem sie Nicola auch Hilfestellung für mögliche Antworten anbietet bei der Wurstbude <88>. Die beiden adressieren sich gegenseitig als Gesprächspartnerinnen. Schließlich meldet sich in <90> ein weiteres Kind zu Wort. Auch dieses Kind war offensichtlich auf dem Straßenfest und behauptet nun die Beiden gesehn <89> zu haben. Interessanterweise werden Nicola und Franzi nicht direkt mit „euch" als Gesprächspartnerinnen adressiert, sondern es wird aus der Außenpserpektive etwas über die beiden berichtet. Dies verstärkt den Eindruck, dass sich hier zwischen Franzi und Nicola ein Zwiegespräch vor Publikum entwickelt hat, das deutlich durch ein „innen" und „außen" gekennzeichnet ist. Vielleicht wendet sich das Kind damit auch an die Lehrerin, die nun nochma <91> auf die Funktion des Erzählpuschels hinweist. Die Lehrerin spricht damit auch direkt an, dass die Erzählung durch die Zwischenfragen und Anmerkungen unterbrochen is <91>. Nicola erhält im Anschluss die Gelegenheit, ihre Erzählung fortzusetzen, und erzählt nun von verschiedenen Losgewinnen. Aus dem Publikum kommt die Frage, ob sie einen echten Fisch <106> gewonnen hätte:

107	<Nicola	**nein**
108	<Franzi	aber dieser große *(unverständlich)*
110	<L	so e **Franzi bitte** \ .. *zu Nicola* gibste mal ab / ja /
111	Nicola	*nickt* hm . *sich umblickend und schließlich Franzi den Puschel zuwerfend* Franzi
112	Franzi	*fängt nicht* ups *bückt sich nach dem Puschel unter ihrem Stuhl*
113	L	aber **Franzi** /
114	Franzi	*während sie noch unter ihrem Stuhl angelt* mhm /
115	L	überleg dir was du **unbedingt erzählen** möchtest \ . ja /

---

[68] Eine genaue Analyse der Erzählkreise ist bisher nicht erfolgt; allerdings scheint die übliche Praxis eher kürzere Verständnisfragen aus dem Kreis der Kinder zuzulassen, während die Lehrerin gelegentlich deutlicher eingreift und nachfragt.

116	Franzi	*mit dem Puschel in der Hand sitzend* ja also
117-	Franzi	*erzählt ca. 2:30 min; unterbrochen nur von der Lehrerin in <138>* - sach noch
147		**einen Satz** / und dann gibst du bitte ab \
148	Franzi	und dann bin ich noch -
148	S	**P u h h**
150	L	Franzi **jetzt** gibste ab \ jetzt mach mal stop \
151	Franzi	*(unverständlich) flehend* bitte – ne und denn war – und denn – bitte noch neee
		(unverständlich) nuschelnd noch ein Satz -
153	L	**nee** Franzi

Vermutlich schließt Franzi mit aber dieser große wieder an die Erzählung von Nicola an; eventuell erinnert sie sich an einen großen Losgewinn <108>. Die Lehrerin spricht teilweise gleichzeitig mit Franzi und beginnt ihren Redezug mit so. Durch **e** sowie die betonte Stimmlage hebt sich **e Franzi bitte** \ <110> von dieser Eröffnung ihres Redezuges deutlich ab. Die Lehrerin unterbricht hier vermutlich ihren ursprünglich geplanten Redezug und schiebt eine Ermahnung an Franzi ein. Nach dieser eingeschobenen Ermahnung bittet die Lehrerin Nicola, den Puschel bzw. das Rederecht abzugeben <110>. Nicola entscheidet sich, den Puschel an Franzi zu übergeben <111>. Ob diese Entscheidung auf der Präsenz beruht, die Franzi durch das Zwiegespräch aufgebaut hat, oder ob Nicola eventuell Kontakt zu Franzi sucht und ihr daher das Rederecht zuweist, ist nicht zu klären. Während Franzi noch den Puschel aufhebt <112,114>, weist die Lehrerin Franzi darauf hin, dass diese sich überlegen solle, was sie unbedingt erzählen möchte <115>. Franzi gibt dabei wohl zu verstehen, dass sie der Lehrerin zuhört, auch wenn sie mit dem Puschel beschäftigt ist <114>. Allerdings könnte sie hier auch schon überlegen, wie ihre „Geschichte" beginnt, die sie schließlich mit ja also <116> einleitet. Franzi entfaltet eine sehr ausführliche und umfangreiche Geschichte mit sehr langen Erzählpassagen, die sie sehr gestenreich vorträgt. Es kommt kurz Unruhe auf[69], die die Lehrerin mit pschsch <132> unterbindet. Das Ende einer Erzählpassage nutzt die Lehrerin und weist Franzi nochmals auf eine Beschränkung ihrer Erzählung hin noch **einen Satz** <138>. Franzi breitet nun erneut eine längere Erzählpassage aus und leitet mit und dann bin ich noch - <147> vermutlich eine weitere Erzählpassage ein. Im „Publikum" wird dies wohl missbilligend kommentiert <148>. Nun unterbricht die Lehrerin energischer und lässt sich auch nicht von Franzis bettelnden Worten abbringen. Franzi gibt den Puschel schließlich an Conny.

Im zweiten Erzählkreis (Transkript *Erzählkreis 2*; Brandt/Krummheuer 1999, 104ff.) äußert sich Julian schon gleich ablehnend, als Franzi den Puschel und damit das Rederecht erhält:

323	Julian	oh die hats jetzt wieder so lang-

Und kurz darauf beschwert er sich:

327	Julian	was / die redet so **schnell** -

---

[69] Diese Unruhe ist allerdings vermutlich auf die Anwesenheit der Kamera zurückzuführen.

Offensichtlich redet Franzi hier sehr schnell und unverständlich; sie kommt dabei in ihrem Redefluss ins „Stolpern". So ermahnt die Lehrerin hier, dass Franzi langsam <328> reden soll. Diese erzählt nun wieder recht ausführlich, wobei sich Petra als „Ko-Erzählerin" einschaltet; Franzi berichtet von einem gemeinsamen Erlebnis der beiden Mädchen im Schülerladen. Auch hier bittet die Lehrerin Franzi nach einiger Zeit, ein Ende zu finden Franzi erzähl . noch eine Sache \ . ja / und dann gibste ab \ <357>. Eventuell ist das schnelle Sprechen ja schon eine „vorbeugende" Anpassung an die Redezeit-Beschränkung, um dennoch ausreichend „Geschichten" erzählen zu können. Franzi erzählt nun von einer Schnitzeljagd auf einem Kindergeburtstag und unterbreitet diese Geschichte in Ko-Produktion mit Petra erneut sehr ausführlich und detailliert, wobei die Lehrerin hier wiederholt interessiert nachfragt und so diese Ko-Erzählung in der Detaillierung vorantreibt; erst nach zwei Minuten stoppt die Lehrerin erneut gut Franzi \ jetzt gibste ab \ <401>. Fast ritualisiert versucht auch diesmal Franzi, noch etwas Redezeit zu erbetteln, allerdings lehnt die Lehrerin wieder energisch ab.

403 Franzi   ein Wort - und da warn und . (unverständlich)

404 L   nee Franzi - nahein . nee Franzi \ wir ham keine Zeit dafür \

5.1.2.1.2 Zusammenfassung

In diesen Kreissituationen fällt damit sowohl Franzis Engagement als auch ihr erzählerisches Talent besonders auf. Sie reagiert sehr direkt auf die Erzählungen anderer Kinder und zeigt damit Interesse an den Erzählungen anderer. Sie nimmt an diesen teil, lässt aber auch an ihrer Erzählung teilnehmen. Ihre Erzählungen sind wortreich und sehr detailliert und übersteigen offensichtlich die Geduld der anderen Kinder. So greift hier die Lehrerin steuernd ein und versucht Franzi in der Redezeit zu beschränken. Allerdings lassen sich die diesbezüglichen Handlungsorientierungen der Lehrerin nur mühsam umsetzen. Mit erzählerischem Talent führt Franzi die ihr noch zugestandene eine Sache detailliert aus und baut unterstützt von einer gestenreichen Inszenierung Spannung auf. Dies wirkt geradezu als „Falle", in die die Lehrerin im zweiten Erzählkreis hineintappt: Sie fragt selber immer wieder nach einigen Details und treibt so die Ko-Produktion von Franzi und Petra weiter voran. Ihre Präsenz im Erzählkreis drückt sich somit einerseits über Interesse an den Erzählungen anderer aus, andererseits aber auch über die Gestaltung der eigenen Erzählungen.

In den oben analysierten, fachlich orientierten Klassengesprächen drückt sich ihr Interesse an den Beiträgen anderer ebenfalls über die Spontaneität ihrer Reaktionen aus. Ihre Präsenz im Partizipationsraum begründet sich aber nicht allein über diese Direktheit und die Länge der Redebeiträge, sondern auch in diesen fachlichen Unterrichtsgesprächen wirkt die gestenreiche Inszenierung ihrer Redebeiträge mit. Und auch hier fragt die Lehrerin nach „mehr Details": Franzis Redebeiträge sind so nicht in den üblichen I-R-E-Dreischritt eingebunden; ihre Antworten auf die ursprüngliche Initiation lösen häufig Folge-Initiationen aus, die direkt an Franzi gerichtet sind. So kommt es in den Klassengesprächen zu dyadischen Sequenzen zwischen der Lehrerin und Franzi, in der die beiden über den üblichen Dreischritt hinaus als wechselseitige Gesprächspartnerinnen zu rekonstruieren sind. Diese erweiterten Sequenzen beruhen allerdings nicht auf einem ausbleibenden passenden „reply" zu einer „initiation" (Mehan 1979, s.o. 1.1.2), sondern auf Antworten, die die ursprüngliche Initiation der Lehrerin aus deren Sicht nutzbringend erfüllen. Dies wird besonders augenfällig in der Episode *Frühling*, in der Franzi gleich zwei Objekte begründet auswählt (s.o. 4.3.1.2). Franzis „raumgreifende" Partizipation besteht vor allem in der Ausweitung der ursprünglichen Rederecht-Zuweisung für ein (passendes) „reply" zu einer „initiation" in einer Frage-Antwort-Kette, die exklusiv an sie gerichtet ist. In diesen Frage-Antwort-Ketten kann sie ihre Ideen wortreich „erzählen".

5.1.2.2 Franzi als Produzentin

Franzis tätig-produktive Partizipation ist in den hier detailliert analysierten Episoden aufgrund ihrer Redezeit beanspruchenden Partizipation sehr umfangreich dokumentiert. Wie der tabellarischen Aufstellung zu entnehmen ist (s.u.), decken ihre Äußerungen fast das gesamte Spektrum der Partizipationsmöglichkeiten der Produktion ab. Wenn man beachtet, dass eigene Argumentationen lediglich in der Wiederholung eigener Gedanken paraphrasierend oder imitierend eingebracht werden können, fehlt in diesem breiten Spektrum der tätig-produktiven Partizipation für die hier interessierenden argumentativen Beiträge lediglich der Traduziererstatus. Hier lässt sich mit Verweis auf Analysen in Naujok (2000) festhalten, dass Franzi in der Tischarbeit durchaus an vielfältigen Kooperationszusammenhängen beteiligt ist. Der wohl eigenständigste Aushandlungsprozess betrifft das „Abgucken" als Kooperationshandlung (Naujok 2000, 166; Interpretation der entsprechenden Szene 135ff.). Die inhaltlichen Bearbeitungsprozesse, die sich in ihrer Zusammenarbeit mit dem Mitschüler Yussuf dokumentieren, sind überwiegend dem interaktionalen Gleichfluss zuzuordnen, es kommt nur zu relativ kurzen interaktionalen Verdichtungen (s. dazu insbesondere Naujok 2000, S. 104, die Szene *Zeitgleiches Arbeiten und gegenseitiges Helfen*, in der der Wechsel zwischen den Interaktionsformen herausgearbeitet wird). Hier benutzt Franzi – im Gegensatz zu Yussuf – die Finger in konventioneller Art und greift auch in ganz üblichen Mustern auf den Rechenrahmen zurück. Der Status der Traduziererin kann für Franzi auch während der Tischarbeit nicht in (fachlich ausgerichteten) Argumentationen rekonstruiert werden. Auf eine Auseinandersetzung mit weiteren Szenen zur Produktion kann hier daher verzichtet werden.

	kollektives Argumentationsformat	eigenständiges Argumentationsmuster	sonstiges
Kreatorin	<E 192>: Begründung für die Wahl des Rechenweges <B 109>: Wortvorschlag	<E 127>: Rechnen mit Füßen als Vorschlag für Jarek <E 232, 235, 237, 243>: Rechnen mit Füßen als eigener Rechenweg <B 182, 184>: Begründung für „B hinten"	<E 104, 107>: fordert Sicht auf Zahlenleiste ein <E 216>: Schwierigkeit der Aufgabe <E 222>: bekundet Mitarbeit <B 178>: bekundet Wissen <B 188>: hebt eigene Leistung hervor <F 26>: bekundet Mitarbeit
Paraphrasierin	<B 180, 182, 184>: greift auf „Sprechen-Hören" als Garant zurück <F 51, 53, 57, 59, 145>: eigene Objektauswahl und Begründung <F 115>: Begründungsversuch „Symmetrie" <F 181>: lehnt Schülervorschlag ab	-	-
Imitiererin	<E 233>: wiederholt Aufgabe <B 114>: Position für B	-	-

5.1.2.3 Franzis Partizipationsprofil im Klassenzimmer

Auffällig sind neben der Anzahl der Beiträge auch die Länge und die damit einhergehende Ausführlichkeit der Beiträge. Von der sprachlichen Formulierungsgenauigkeit her sind diese langen Beiträge allerdings sehr unterschiedlich einzuschätzen. Während ihre Beiträge in der Episode *Frühling* geradezu von sprachlicher Eloquenz überzeugen, sind ihre Beiträge in den anderen Episoden zwar relativ lang und argumentativ sehr dicht gestaltet, allerdings „kämpft" sie hier offensichtlich mit der Formulierung. Sie scheint gewisse Schwierigkeiten in der Bewältigung der „Aufgabe" zu haben, die sie in ihren Beiträgen abarbeitet. Diese

Sequenzen wurden für Franzi als lernförderlich rekonstruiert, und zwar durch die Entwicklung einer neuen Idee (für das B in *gelb* in der Episode *Bb-Einführung*) bzw. im Vergleich mit einer anderen Idee („Rechnen mit den Füßen" in der Episode *Eckenrechnen*). Diese Ideen trägt sie nicht nur wortreich vor, sondern „entfaltet" sie „erzählend" in der jeweiligen Bewältigung der anstehenden Aufgabe. Franzis Partizipation kann somit über das Erzählen von Geschichten charakterisiert werden.

Ihr Partizipationsprofil erscheint so an der *„narrativen Unterrichtskultur"* (Krummheuer 1997, 11), die die Grundschule entscheidend prägt, orientiert. Krummheuer arbeitet heraus, dass die *„Narrationen"* in der Grundschule der *„Sachverhalts-Konstitution"* (ebenda, 12) dienen:

> *„Es wird durch Geschichten auch Neues hervorgebracht. (...) In diesen Fällen ‚erzählen' sie gleichsam, wie sie zur Lösung gekommen sind, oder besser, wie man zur Lösung kommen kann."* *(Krummheuer 1997, 12)*

Dabei werden im Erzählen Schwierigkeiten überwunden, die sich in der konkreten Aufgabenstellung ergeben. Franzis Formulierungsschwierigkeiten in den Episoden *Eckenrechen* und *Bb-Einführung* lassen sich gerade im Vergleich mit den sehr eloquenten Formulierungen in der Frühlingsstunde als „Schwierigkeiten" mit der konkreten Aufgabenstellung interpretieren, die sie entsprechend im Erzählprozess überwinden könnte. Bruner weist auf ein weiteres wesentliches Merkmal des Erzählens hin, das Geschichten prädestiniert, Neues hervorzubringen:

> *„Es ist spezialisiert auf das Schaffen von Verbindungen zwischen dem Außergewöhnlichen und dem Gewöhnlichen."* *(Bruner 1997, 64)*

Franzis „Geschichte der Fußrechnung" weist diese Spannung zwischen dem Außergewöhnlichen und dem Gewöhnlichen auf: Franzi stellt „ihre Geschichte" gewissermaßen Jareks eleganter Methode des „Rückwärtszählens" gegenüber. Während Franzi sich nun gerade auf den Charakter des *„Gewöhnlichen"* ihrer Geschichte beruft und dafür auf die Autorität der Lehrerin verweist, stellt diese die Geschichte von Franzi als das *„Außergewöhnliche"* dar. In dem Misslingen ihrer Geschichte erfährt Franzi zumindest die Schwierigkeiten, die ihrer Geschichte immanent sind – und kann so von der Eleganz der „alternativen" Geschichte „Rückwärtszählen", die für sie eventuell noch außergewöhnlich ist, profitieren.

Soweit lässt sich Franzis Partizipation mit dem Konzept der *„narrativen Unterrichtskultur"* (Krummheuer 1997, 11) in Einklang bringen. Ungewöhnlich ist jedoch die Präsentation dieser Geschichten, die sich in Franzis hohen Redeanteilen ausdrückt. Gewöhnlich werden die Geschichten im Unterricht gemeinsam hervorgebracht und zeichnen sich durch einen häufigen Wechsel der ErzählerInnen aus (ebenda, 12). Hier hat meist die Lehrerin im Unterrichtsgespräch die Kontrolle über den „Plot" der Geschichte[70] und den Wechsel der ErzählerInnen. Franzi erzählt die Geschichten von sich aus. Sie erzählt ihre Geschichten allein oder gemeinsam in einer Frage-Antwort-Kette mit der Lehrerin, ohne die sonst übliche Rotation unter den Beteiligten, die die Lehrerin und verschiedene SchülerInnen einbezieht.

Franzis Partizipation entspricht damit einerseits der narrativen Unterrichtskultur – und damit vermutlich der Orientierung der Lehrerin –, andererseits wird die Kontrolle der Lehrerin über die zu erzählende Geschichte sowohl inhaltlich als auch strukturell unterbrochen. Auch hier lassen sich *„Verbindungen zwischen dem Außergewöhnlichen und dem Gewöhnlichen"* (Bruner 1997, 64; s.o.) entdecken. Indem durch das „Geschichten-Erzählen" die Orientierung unterrichtlicher Gespräche in Franzis Partizipationsprofil abgebildet wird, legitimieren diese Geschichten die Abweichung vom partizipativen Muster.

Mit ihren Geschichten schafft Franzi im Rahmen des Klassenunterrichts günstige Lernbedingungen, und zwar zunächst für sich selbst, da ihren Ideen und Gedanken damit ausreichend Raum gewährt wird und sie dabei ihre Beiträge auch ergänzen und korrigieren kann. Darüber hinaus erfüllt sie mit ihren Beiträgen die Aufgabenstellungen der Lehrerin und weist bezüglich der thematischen Entwicklung ein Gespür für deren gesprächslenkende Bestrebungen auf:

- Sie greift einerseits auf eingespielte Argumentationsmuster zurück und fügt sich in die sich etablierenden Argumentations- und Interaktionsmuster relativ reibungslos ein. Andererseits nutzt sie diese auch, um „Neues" in der Situation zu erzeugen. Insofern kann ihrem Partizipationsprofil eine auf Autonomiezuwachs gerichtete Grundorientierung zugeschrieben werden.

- Weiter sind ihre Geschichten gut in die thematische Entwicklung im offiziellen Interaktionsstrang eingebunden, und so werden mit ihren Beiträgen auch für die aufmerksamen ZuhörerInnen günstige Bedingungen für die Ermöglichung von Lernprozessen geschaffen, sofern diese trotz der ausgesetzten Rotation in den erzählten Geschichten die Aufmerksamkeit aufrechterhalten, um den „Plot" der Geschichten rezeptiv zu erfassen (zum letzten Punkt vgl. Krummheuer 1997, 15).

5.1.3 Jarek – der Auskundschafter

5.1.3.1 Jarek im Rezipientendesign

Jareks Beiträge sind überwiegend auf die thematische Entwicklung im offiziellen Interaktionsstrang bezogen, so dass seine Aufmerksamkeit für das Einbringen eigener Beiträge als „ausreichend" zu bezeichnen ist. Allerdings scheint Jarek durchaus „selektiv" aufmerksam zu sein, zumindest gelegentlich auch den Status

---

[70] Der Begriff *„Plot"* umfasst die Sequenzialität der Geschichte; s. Krummheuer (1997, 15f.).

des „*Bystanders*" in seiner Passung zum Interaktionsgeschehen durchaus zu nutzen. So ist Jarek z.b. in der Frühlingsstunde nicht sehr engagiert, sein Betrag in dieser Episode ist vermutlich aus dem Bystanderstatus erfolgt. Dieses geringere Engagement zeigt sich z.b. auch darin, dass er nicht auf den auf seinen Beitrag bezogenen Einwand Franzis reagiert – es wird hier noch dargestellt, dass er an anderer Stelle sehr wohl engagiert auf Einwände gegen seine Lösungsvorschläge reagiert (s.u. 5.1.3.2.2).

Wie die folgende Aufstellung zeigt, wird Jarek in allen analysierten Episoden Gesprächspartner im offiziellen Interaktionsstrang und fast alle seine Beiträge sind über den Mechanismus der Rederecht-Zuweisung in das Klassengespräch eingebunden:

	Eckenrechnen	Bb-Einführung	Frühling
angeforderte Beiträge	<112, 123, 137, 142, 125, 130, 132>	<147, 253>	<177>
(nachträglich) akzeptierte Beiträge		<128>	-
nicht legitimierte Beiträge	<184>	<128>	-

Die in der Episode *Bb-Einführung* vorgesagte Lösung und Mitte- <128> wird über Aram in den offiziellen Interaktionsstrang eingebracht. Die Zuordnung als „Vorsagen" und damit als eventuell nicht legitimierter Beitrag erfolgt durch Julian. Die Lehrerin „übergeht" allerdings beide Einwürfe, also sowohl das Vorsagen als auch die Anschuldigung Julians. Damit kommt diesem Beitrag eine ambivalente Stellung zwischen „nicht legitimiert" und „akzeptiert" zu (s.o. 4.2.3.1). Lediglich der Einwurf einundzwanzig <184> in der Episode *Eckenrechnen* steht somit außerhalb. Vermutlich macht sich Jarek an dieser Stelle über eine falsche Lösung lustig; insofern ist er inhaltlich dem Interaktionsstrang zuzuordnen. Dieser Einwurf wird kritisiert. Ein ähnlicher Beitrag Jareks wird von der Lehrerin an anderer Stelle ebenfalls kritisiert; darauf wird in 5.1.3.1.2 eingegangen.

Von Jarek sind keine kollektiven Bearbeitungsprozesse während der Tischarbeit festgehalten. Dies mag einerseits an seiner Sitzposition im Klassenzimmer liegen, die nicht unmittelbar im Blickfeld der beiden Kameras liegt. Andererseits scheint Jarek aber auch gewisse Schwierigkeiten zu haben, kollektive Bearbeitungsprozesse in einer für alle Beteiligten produktiven Weise zu gestalten. Diese Defizite werden in einem Gespräch über Jarek als Helfer thematisiert, das hier unter Gesichtspunkten des Rezipientendesigns betrachtet wird.

5.1.3.1.1 Jarek als Helfer

Wie in 5.1.1.2.1 dargestellt, etabliert die Lehrerin ein Helfersystem für den Arbeitsbogen „Die Zahlen bis Zwanzig". Nachdem sie Wayne als Helfer an den Tisch 4 geschickt hat, stellt sich Jarek explizit als Helfer zur Verfügung

(Transkript *Rechenkette 1 - T 4.1*; die fehlenden Zeilen betreffen Wayne als Helfer an Tisch 4 in einem parallelen Interaktionsstrang):

404	Jarek	ö isch könnte das auch machen
406	L	jaha / würdest du zu Wasily gehen /
408	Jarek	ja

Jarek hat als Mithörer das Geschehen aufmerksam verfolgt und Handlungsmöglichkeiten für sich entdeckt. Er spricht die Lehrerin als Gesprächspartnerin an. Diese akzeptiert die Wahl als Gesprächspartnerin und akzeptiert mit jaha / <406> zugleich auch Jareks Zusage, dass er das auch machen (könnte) <404>. Mit dieser gemeinsam Jarek zugeschriebenen Helferkompetenz bietet die Lehrerin ihm an, Wasily zu helfen. Jarek stimmt zu und beendet damit zugleich die von ihm initiierte wechselseitige Gesprächspartnerschaft mit der Lehrerin. Die Kooperation zwischen Wasily und Jarek wird von der Kamera für die Erstellung eines Transkriptes nicht ausreichend dokumentiert.

Wayne hilft erst Efrem, dann Goran. Er teilt dann der Lehrerin mit, dass er ihren Auftrag „erfüllt" hat. Die Lehrerin lässt ihm als Handlungsoptionen offen, an seinen Platz zurückzugehen oder an einem anderen Tisch weiter zu helfen (vgl. Naujok 2000, 131f.). Er *geht zu Wasily und Jarek* <477>:

477	Wayne	äh / das darf man nicht so abgucken \
479	Jarek	na klar darf man das abgucken \
480	Wayne	**nein** \ du sollst ihm nur sagen wie das geht \
.1	Marina	*hält währenddessen inne und verfolgt das Gespräch*
481	Jarek	häh / *(unverständlich)* Mann das **kann** ich \
482	L	ja Jarek \ das ist nämlich so \ . der . Wasily versteht es **nicht** wenn er **abguckt** \ der Wasily **versteht** das aber und kanns **alleine** machen / . wenn du ihm sagst **wie** das geht \ verstehst du Jarek \ wenn du sagst **wie man das macht** \ dann kann er das nämlich selber dann braucht er nicht mehr zu gucken \
488	Jarek	ja -
489	L	ja / mach das mal . **wie** man das macht \ . *(unverständlich)* kriegste hin \
491	Marina	*steht auf, geht zur L und bittet sie um Hilfe*

Wayne geht auf die beiden Partner zu und kritisiert deren Kooperationsprozess. Es ist offen, ob er einen der beiden oder beide zusammen als Gesprächspartner adressiert. Es ist auch möglich, dass er im Sinne einer „Anzeige" das falsche Vorgehen der beiden einem größeren Adressatenkreis meldet. Dann wäre hier sicherlich die Lehrerin mit einzubeziehen. Zunächst reagiert jedoch Jarek; er „macht" sich so zum Gesprächspartner der Äußerung <477>, unabhängig von Waynes ursprünglicher Adressierung (vgl. zum interaktiven Aushandlungsprozess von Rezipientenstatus Levinson 1988, 176). Jarek wählt Wayne als Gesprächspartner. Er akzeptiert damit, dass Wayne sich einschaltet und trägt die Modifikation des Interaktionsstranges von „Helfen" zu einem „Gespräch über Helfen" mit. Allerdings lehnt er Waynes Kritik ab: Während Wayne „Abgucken" in der von Jarek und Wasily praktizierten Form (so) ablehnt, erklärt Jarek, dass man das abgucken (darf) <479>. Wayne äußert daran anschließend seine Vorstellungen von „Helfen" und wählt nun auch Jarek direkt als Gesprächspartner. Dieser wird damit von Wayne für die Form der Hilfe verantwortlich gezeichnet. Marina sitzt am Nebentisch und verfolgt das Gespräch aufmerksam. Spätestens ab <479> ist der Kreis der direkten Beteiligung auf die Kooperationspartner und Wayne, der mit seiner Kritik diesen Interaktionsstrang entsprechend modifiziert hat, eingeschränkt; alle übrigen Kinder im Umkreis sind lediglich MithörerInnen, so auch Marina.

Jarek fühlt sich nun wohl etwas bedrängt und lehnt die Kritik, die Wayne in <479> direkt an ihn gerichtet hat, nochmals energisch ab. Er weist darauf hin, dass er das kann <481>, und bezieht sich damit wohl auf seine Kompetenz als Helfer. Schon in <404> hat er der Lehrerin ja entsprechende Kompetenzen zugesagt. Die Lehrerin hat besondere Zugangsrechte zu den einzelnen Interaktionssträngen (s. Brandt 2001) und schaltet sich nun in diesen Interaktionsstrang ein. Sie unterstützt inhaltlich Wayne in seiner Argumentation, wendet sich aber mit der Namensnennung direkt an Jarek, der somit hier ihr Gesprächspartner ist. Für diese Äußerung fühlt sich wohl auch Jarek als Gesprächspartner angesprochen und er akzeptiert nun etwas kleinlaut und zögerlich die Kritik, die sich damit an seine Art des Helfens knüpft <488>. Abschließend äußert sich die Lehrerin nochmals zuversichtlich und unterstützt Jarek in seiner ursprünglichen Einschätzung, dass er durchaus die Kompetenzen zum „richtigen Helfen" hat. Diese Zuversicht wird auch darin bestärkt, dass das bisherige Misslingen nicht zum Abbruch der Kooperation führt, sondern Jarek weiter Wasily „helfen darf". Diese Zusammenarbeit findet dann außerhalb des Aufnahmeradius statt.

Wayne und Wasily sind von der Lehrerin in ihren Ausführungen ebenfalls angesprochen, sie sind wie Jarek an der Auseinandersetzung *direkt beteiligt*, allerdings lediglich als Zuhörer mit erhöhter Aufmerksamkeitsverpflichtung. Marina gehört weiterhin nicht zum Kreis der direkt Beteiligten, sondern ist als Mithörerin einzustufen. Von den direkt Beteiligten wird jedoch geduldet, dass Marina die Auseinandersetzung verfolgt. Aufgrund ihrer nachträglichen Reaktion lässt sich annehmen, dass auch sie diese Äußerung aufmerksam rezipiert und ihre eigene Handlung daran orientiert: Sie spricht vermutlich aufgrund der als Mithörerin erhaltenen Information über angemessene Hilfe die Lehrerin als Gesprächspartnerin an und eröffnet damit eine neue Interaktion, in der sie an das Mitgehörte anknüpft (s.u. 5.1.4.2.1).

5.1.3.1.2 „Alles falsch"

Die folgende Sequenz findet unmittelbar vor Stundenschluss in derselben Unterrichtsstunde statt. Das Gespräch ist in verschiedenen Transkripten festgehalten, also aus zwei verschiedenen Perspektiven aufgenommen. Alle Äußerungen hier sind aus dem Transkript *Rechenkette 1 - T 4.1* entnommen, allerdings werden einige Zusätze aus der anderen Perspektive übernommen. Jarek hat seine Hilfe an Wayne beendet und den eigenen Arbeitsbogen ausgefüllt, ebenso Robert, der sich um Tisch 3 gekümmert hat (Lehrerin in <412>). Robert ruft aus dem Hintergrund

Frau Fege / ich bin fertig \ <556> und adressiert damit wohl die Lehrerin als Gesprächspartnerin. Wayne geht auf Robert zu und schaut auf dessen Arbeitsblatt und auch Jarek geht auf Robert zu und schaut auf das Arbeitsblatt (siehe Transkript *Rechenkette 1 – T3*). Offensichtlich haben Wayne und Jarek aufgrund der lauten Mitteilung an die Lehrerin Interesse an Roberts Arbeitsblatt entwickelt. Dieses Interesse könnte z.b. darauf begründet sein, dass alle drei Kinder zuvor von der Lehrerin als Helfer ausgeschickt worden waren, in Hinblick auf dieses Arbeitsblatt somit als „Experten" gelten können. Eventuell wollen Wayne und Jarek sich vergewissern, dass Robert diesen Status zu Recht zugewiesen bekommen hat:

558	Jarek	a l l e s **falsch** \ a l l e s **falsch** \
559	L	öh – Jarek \
.1	Robert	*geht nach vorne zur L*
560	Jarek	*leise* war nurn Spaß \
561	L	ach so \ . war aber n **komischer** Spaß *zu Robert* hast du Jarek grad geglaubt /
		aber ich hab gedacht du meinst das ernst Jarek
564	Jarek	ich mach ja **immer Spaß** \

Jarek geht auf Robert zu und behauptet, dass dieser a l l e s **falsch** \ hätte <558>. An Robert gerichtet könnte dies als Hinweis gelten, den Arbeitsbogen noch nicht abzugeben, sondern nochmals zu kontrollieren. Die Äußerung ist allerdings nicht in eine wechselseitige Gesprächspartnerschaft eingebunden. Jarek ist im weiteren Umkreis gut zu vernehmen, der Adressatenkreis ist daher wohl etwas weiter zu stecken. Wayne, der neben Robert steht und ebenfalls auf dessen Arbeitsblatt schaut, kann zusammen mit Robert als Gesprächspartner angenommen werden, weitere Kinder am Tisch sind wohl als ZuhörerInnen zu sehen. So könnte diese Äußerung ähnlich wie das Lachen über eine falsche Lösung einen diffamierenden Charakter haben (s.o.). In dieser Art mag wohl auch die Lehrerin Jareks Äußerung verstehen, die ihn in <559> direkt als Gesprächspartner anspricht und vermutlich hinsichtlich seiner (vermeintlich diffamierenden) Äußerung ermahnt. Derweil geht Robert nun zur Lehrerin nach vorne. Er nimmt so Jareks Äußerung wohl nicht zum Anlass, die Aufgaben nochmals zu kontrollieren; auch beschwert er sich nicht über die vermeintliche Diffamierung. Eventuell sieht er schon in der Äußerung der Lehrerin seine Rechte wahrgenommen.

Jarek äußert nun leiser, dass es nurn Spaß war <560>. Der leise Tonfall wirkt entschuldigend, eventuell wird ihm durch die Ermahnung der Lehrerin der diffamierende Charakter seiner Äußerung deutlich. Zumindest wirkt er nicht erstaunt, sondern „weiß" wohl, was die Lehrerin kritisiert. Jarek rechtfertigt sein „nicht erwartungskonformes" Verhalten als Spaß.

Die Lehrerin nimmt diese Entschuldigung an, auch wenn sie diesen Spaß wohl nicht gutheißt. Sie wendet sich nun an Robert und damit an den Betroffenen der Äußerung <558>, die sie ursprünglich als Diffamierung verstanden hat. Es ist ihr wohl wichtig, dass auch er registriert, dass Jarek nur einen Spaß gemacht hat. Ohne eine (im Transkript bzw. von der Kamera festgehaltene) Reaktion Roberts wendet sie sich gleich wieder Jarek zu. Wie um ihre Kritik ein Stück weit zurückzunehmen, erklärt sie, dass sie die Äußerung zunächst nicht als Spaß verstanden habe, sondern ernst <561> genommen hat. Mit aber deutet sie eine Differenz an. Eventuell hat Robert ihr durch eine Geste oder einen Blick zu verstehen gegeben, dass er sehr wohl die Äußerung schon vorher als Spaß interpretiert hat. Dies ließe auch seine fehlende Reaktion auf den Vorwurf alles falsch \ <558> erklären. Den drei Jungen als „Experten" war vermutlich sofort der widersinnige Gehalt der Äußerung <558> zugänglich, der diese offenkundig zum „Spaß" werden lässt. Gleichwohl missbilligt die Lehrerin weiter Jareks Äußerung, die im gesamten Klassengeschehen als „ernst" verstanden werden kann und als „ernster" Beitrag nicht tragbar ist.

Jarek merkt an, dass er ja immer Spaß \ <564> macht. Somit gibt er den Vorwurf ebenfalls ein Stück weit zurück, da aus seiner Sicht den übrigen Beteiligten ja eigentlich klar sein müsste, dass er alles „nicht so ernst" nimmt. Insofern ist eventuell auch sein Lachen über falsche Lösungen aus seiner Sicht „nicht so ernst" zu sehen; er empfindet vielleicht tatsächlich die Lösungsvorschläge als „lachhaft" (im Sinne eines Witzes), ohne darin eine Diffamierung für das entsprechende Kind einzuschließen. Dies ist aus der Perspektive des anderen Kindes sicherlich so nicht immer nachvollziehbar und auch Jarek scheint zu ahnen, dass dies nicht den üblichen Erwartungen im Klassenzimmer entspricht, da er auf eine sehr moderate Kritik der Lehrerin „entschuldigend" reagiert. – Diese hingegen mindert ihre Kritik nochmals ab.

5.1.3.1.3 Zusammenfassung

Unter Gesichtspunkten der Rezeptionsanalyse ist die letzte Szene einerseits interessant, da Jarek sich hier als Mithörer offensichtlich in etwas einschaltet, was zumindest in dieser Form nicht akzeptabel ist, nämlich die Evaluation der Arbeiten anderer. Dies ist der Lehrerin vorbehalten. Andererseits wird er hier von der Lehrerin zum Gesprächspartner gewählt und als solcher kritisiert – dies trifft auf das Gespräch über ihn als Helfer ebenfalls zu. Seine Reaktion auf derartige Kritik ließe sich durchaus unter produktiven Gesichtspunkten analysieren, allerdings ist hier keine fachlich-inhaltliche Argumentation gegeben, die in dieser Arbeit von besonderem Interesse wäre. Entscheidend ist hier seine Reaktion auf Kritik, die ihn als Adressaten (Gesprächspartner) betrifft. Während er sich gegenüber Wayne zunächst verteidigt, nimmt er in beiden Szenen gegenüber der Lehrerin eher eine zurückziehende Haltung ein und diese relativiert in beiden Fällen ihre Kritik. Damit wird Jarek auch in den kritisierten Punkten ausreichend Kompetenz zugesprochen, ggf. „erwartungskonform" handeln zu können.

Auch mit der wechselnden Aufmerksamkeit in fachlich orientierten Klassengesprächen gelingt es Jarek, den Eindruck eines „guten Schülers" zu hinterlassen. Somit zeigt sich hier über die Rezeptionsanalyse die Möglichkeit, durchaus nicht immer „erwartungskonform" sowie aufmerksam und dennoch erfolgreich am Unterricht „teilzunehmen". Insgesamt ist Jarek bezüglich des Rezipientendesigns jedoch eher unauffällig. Ein markanteres Profil erhält Jareks Partizipation auf der tätig-produktiven Seite und damit in der inhaltliche Dimension der interaktiven Kompetenz.

5.1.3.2 Jarek als Produzent

Jarek kann in seiner sehr spezifischen tätig-produktiven Partizipation als ein Auslöser für diese Arbeit gesehen werden: Seine tätig-produktive Partizipation weist eine immanente Lernorientierung auf, die mit dem Konzept des „Lernens in Formaten" aus meiner Sicht nicht ausreichend gefasst werden kann, da er (im Mathematikunterricht) „eigenständiger" agiert, als dies über einen Rollentausch in standardisierten Interaktions- bzw. Argumentationsmustern erklärbar ist. Dies deutet sich in den hier analysierten Episoden lediglich an und wird in einigen ergänzenden Szenen daher noch weiter ausgearbeitet:

	kollektives Argumentationsformat	eigenständiges Argumentationsmuster	sonstiges
Kreator	<E 112, 123, 137, 142>: Lösungen im Rechenspiel	<E125, 130>: rückwärts zählen als Rechenweg	
Paraphrasierer	<B 253>: eigenes Kompositum zu Ball <F 177>: schlägt Tier vor		
Imitierer	<E 184>: wiederholt neckend Lösungsvorschlag <B 128>: Position *Mitte* für das B <B 147>: wiederholt Kompositum als eigenen Vorschlag	<E 132>: wiederholt eigene Idee	

In der Episode *Eckenrechnen* zeigen sich seine rechnerischen Kompetenzen, die zumindest in dieser Klasse auffällig sind.[71] In dieser Episode gelingt es ihm nach Nachfrage durch Franzi, mit dem „Rückwärtszählen im Kopf" ein formathaftes Lösungsmuster als Kreator einzubringen, das so wohl noch nicht zum „Standardlösungsmuster" in der Klasse gehört. In den hier analysierten Szenen war dies wohl die einzige Stelle, an der Jarek seine die Argumentationsmuster der Klasse überschreitenden Kompetenzen im Mathematikunterricht zeigen konnte. Die bei-

---

[71] In anderen Klassen mag dies weniger „bemerkenswert" erscheinen; diese Klasse ist jedoch in einem Berliner Brennpunktbezirk angesiedelt und weist einen relativ hohen Anteil an nicht muttersprachlich deutschen Kindern auf – so auch Jarek als Aussiedlerkind, der mit seinen sprachlichen Kompetenzen eher zu den „Risikokindern" zu zählen ist.

den folgenden Szenen aus dem Mathematikunterricht werden als ergänzende Szenen herangezogen, da hier Jareks Kompetenzen und Orientierungen im Mathematikunterricht deutlicher hervortreten (s.a. Brandt 1999, 2000). Die erste Szene ist dem interaktionalen Gleichfluss zuzuordnen, in der zweiten Szene emergiert schließlich eine Podiumsdiskussion zu Jareks Antwort.

5.1.3.2.1 Jarek als Mitspieler in Mister X

Die folgende Sequenz entstammt der Episode *Mister X*, für die in dieser Arbeit schon Efrem als Rezipient analysiert wurde (s.o. 5.1.1.1.1).

Es sei daran erinnert, dass Wayne sich eine Zahl ausgedacht hat, die erraten werden soll, und zwar in Form von Rechentermen. Für die erste genannte Zahl 18 nennt die Lehrerin beispielhaft den Term 10+8=18. Wayne ruft nun Kinder auf und es werden, eingebunden in ein Interaktionsmuster, in dem die Lehrerin zumeist das Bindeglied *ist gleich* übernimmt (als Aufforderung zur Vervollständigung des Termes), folgende Terme genannt: 10+10=20; 10+0=10; (11+19, 10+10=20 19+1=20); 10+9=19; 10+1=11; 10+2=12; 10+7=17. Die in Klammern gesetzten Terme werden von der Lehrerin abgelehnt. Schließlich ruft Wayne Jarek auf:

107	Wayne	Jarek -
108	Jarek	achzehn minus **vier** \ . s vierzehn \
110	L	**gut** gerechnet \

Der Spielraum der eigenständigen Gestaltung der Beiträge ist hier durch die Spielregeln sehr eng gesetzt, will man „erfolgreich" am Spiel teilnehmen: Man muss eine Rechenaufgabe produzieren, deren Ergebnis eine noch nicht genannte Zahl zwischen zehn und zwanzig ist. Während die anderen Kinder hier eng an der Vorgabe der Lehrerin bleiben, bringen sie keine neue Idee ein: sie drücken die dezimale Zerlegung mit eigenen Worten (einer eigenen Aufgabe) aus und übernehmen diese so paraphrasierend. Julian, der die oben in Klammern gesetzten Terme nennt, versucht hier anderes, scheitert aber. Jarek hingegen „kreiert" eine Minusaufgabe, die Subtraktion kann als seine Idee angesehen werden, in diesem engen Rahmen einen eigenständigen Beitrag zu produzieren. Er ist somit Kreator. Die Subtraktion wird von der Lehrerin ausdrücklich gelobt. Allerdings nennt Aram danach wieder einen Term in dezimaler Zerlegung, greift also auf das bewährte Muster zurück. Terme mit diesem Muster sind besonders einfach zu (re)produzieren; somit sind diese „einfachen" Produktionen eventuell auch der Rahmung der Situation als Spiel geschuldet. Für Jarek besteht dieser spielerische Charakter eventuell gerade im Zusammenhang mit einem Term, der etwas Neues bietet.

5.1.3.2.2 Jareks Umgang mit der Rechenkette

Nach der Begrüßung und der Besprechung einiger allgemeiner Klassenangelegenheiten hält die Lehrerin eine Perlenkette hoch so \ . ich . bin mal gespannt was die Kinder sagen \ <92>. Den Kindern ist die Perlenkette als Objekt aus dem Mathematikunterricht vertraut. Dieser Impuls genügt, um den Kindern als eine erste Antwort die Anzahl der Perlen zu entlocken. Dies erfolgt zunächst durch unaufgeforderte Einwürfe, durch die das vorherige Gespräch geprägt war und die Lehrerin führt steuernd das Klassengespräch in die gewohnte Melde- und Aufrufprozedur zurück. Nachdem die Anzahl der gezeigten Perlen dreizehn auch als legitimierter Beitrag genannt wurde, nehmen die meisten Kinder ihre Meldungen zurück, so z.B. auch Marina. Die Lehrerin fordert jedoch weitere Beiträgen ein und ruft dazu Jarek auf, der sich weiterhin meldet:

104	L	Jarek /	
105	Jarek	äm .. drei plus zehn \	
106	<L	oder \ .	. Marina /
107	<Marina	*zeigt betont auf*	zehn plus . drei \
108	L	oder \ oh . die Kinder sehen ganz schön viel ne / . das ist immer dasselbe aber die sehen ganz schön viel	

äm .. drei plus zehn \ <105> entspricht der dezimalen Zerlegung der Zahl 13, die als Anzahl der Perlen schon genannt wurde. Jarek erweitert damit den Rahmen für mögliche Antworten auf den Impuls der Lehrerin. Vermutlich trifft er die Erwartungen der Lehrerin und greift auf ein stabiles Antwortmuster zurück. Dennoch ist er in dieser situativen Umsetzung als Kreator der Idee zu sehen. Hingegen „schnappt" Marina die Idee der Zerlegung erkennbar auf und wiederholt sie durch das Vertauschen der Summanden als Paraphrasiererin <107>. Marinas Lösung wird von der Lehrerin als „von Jarek verschieden" gewertet. Sie bestätigt damit die Richtung der bisherigen Antworten; die Zerlegung der an der Rechenkette vorgegebenen Anzahl der Perlen kann als die gemeinsame thematische Entwicklung rekonstruiert werden. Julian bietet 11+2 als nächste Möglichkeit an, die durch gegenläufige Veränderung der Summanden aus Marinas Lösung hervorgeht. Er „trifft" damit die bisherige thematische Entwicklung und zeigt Ansatzpunkte zur weiteren Entfaltung (für neue Zerlegungen) auf. Die Lehrerin ruft nun wieder Jarek auf, der an dieser Stelle unerwartet antwortet:

112	Jarek	sieben minus null \
113	L	sieben minus null /
114	S	häh /
115	S	häh /
116	L	versuchen wa mal \ . komm mal nach vorne / sieben minus null / (...)

Für diese unerwartete Antwort ist Jarek als Kreator zu sehen. Er greift nicht die von ihm eingeführte Idee der Zerlegung auf, sondern geht zur Subtraktion über. Der Zusammenhang zu den gezeigten dreizehn Perlen ist nicht sofort ersichtlich. Die Lehrerin wiederholt Jareks Antwort in fragender Intonation <113>. In dieser „Umformulierung" der Antwort als Frage greift sie Jarek als Traduziererin auf; diese Traduktion wirkt als Ablehnung der Antwort. Einige Kinder äußern sich im Anschluss ebenfalls ablehnend – zumindest jedoch skeptisch gegenüber Jareks Lösung. Nun allerdings fordert die Lehrerin Jarek auf, seine Lösung an der Rechenkette zu demonstrieren. Er soll hier aus ihrer Sicht wohl vor der Klasse seinen Fehler demonstrieren, also ihre Idee als Paraphrasierer vorführen. Jarek überrascht aber auch hier:

| 123 | Jarek | *hält seine Kette hoch und zählt* eins, zwei, drei, vier, fünf, sechs, sieben *Perlenkette:* ●●●●●●●. minus null *lässt das abgezählte Ende fallen, zeigt:* ●●●○○○○○○○○○○ ist dreizehn \ |

Jarek präsentiert eine Demonstration an der Rechenkette, die seine Lösung in <112> sinnvoll erscheinen lässt. Er führt offensichtlich sehr sicher und zügig eine Verknüpfung des Zahlensatzes „7-0 ist 13" mit der Rechenkette vor. Dabei zählt er die sieben schwarzen Kugeln vom linken Kettenende her ab. Dies lässt vermuten, dass er wohl schon in <112> auf die bei der Lehrerin in der Hand verborgenen sieben schwarzen Kugeln rekurriert hat und ihm bekannt ist, dass die Rechenkette aus zwanzig Perlen besteht. Den Zwischenraum zwischen den sieben schwarzen und restlichen 13 Kugeln scheint er als Null zu verstehen; „minus" übersetzt er durch das Fallenlassen und Umgreifen. Im Umgang mit der Rechenkette ist er also erneut als Kreator zu sehen; er hat sich nicht in die Rolle des Paraphrasierers drängen lassen und die Demonstration seines Fehlers ist „aufgeschoben".

Im sich anschließenden Unterrichtsgespräch wird in der bekannt kleinschrittigen Vorgehensweise unter der Autorenschaft der Lehrerin dargestellt, dass Jareks Aufgabe 7-0 und sein Umgang mit der Rechenkette im Sinne der „normierten" Praktik der Rechenkette nicht zueinander passen. Dabei wird sowohl die „richtige" Ausführung der Aufgabe 7-0 an der Rechenkette gezeigt als auch die Aufgabe 20-7 als „passend" zu Jareks Demonstration genannt. Allerdings distanziert sich Jarek in einem weiteren Erklärungsversuch von der ihm durch die Lehrerin unterstellten Aufgabe 20-7 und erklärt nochmals, etwas anderes gemacht zu haben. Auf diesen zweiten Erklärungsversuch soll hier nicht mehr eingegangen werden, da er partizipationstheoretisch Jarek als Kreator für einen eigenständigen Umgang mit der Rechenkette lediglich bestätigt (s. Brandt/Krummheuer 1998). Insgesamt bekundet die Lehrerin aber durchaus, dass Jarek mit dem Rückgriff auf die Gesamtheit der Perlenkette und der Differenzbildung erstaunliche Einsichten in die Rechenkette und den Zahlenraum bis 20 demonstriert hat, auch wenn die Antwort so nicht „akzeptiert" werden kann du bist echt toll \ ja ganz toll \ <180>.

Als nächste Aufgabe hält die Lehrerin 15 Perlen hoch. Wayne nennt die unpassende Zerlegung 10+4, korrigiert sich dann und nennt die korrekte Anzahl 15. Erneut wird Jarek aufgerufen:

210	L	oder . oder . Jarek /
211	Jarek	dreiundzwanzig minus acht \
212	L	sehr gut \ *lacht* . so weit haben wir ja noch gar nicht gerechnet \ . hast du aber **sehr gut** gemacht - . das **gefällt** mir \ . Carola *hält immer noch die Kette hoch, jetzt in ihre Richtung*
215	Carola	zehn plus fünf \
216	L	*macht eine Geste des Einverstandenseins zu Carola*

Jarek antwortet nun „mathematisch korrekt" und bietet 23-8 als Antwort an. Er kann erneut als Kreator gesehen werden, allerdings versucht er nun, seiner „Kreation" (Konstruktion) eine neue Richtung zu geben. Er formuliert erneut eine Subtraktion, hält sich dabei diesmal aber an die für die natürlichen Zahlen üblichen Regeln und kommt so zu einer akzeptablen Antwort. Er verlässt darüber hinaus auch den Rahmen der Rechenkette. 23-8 kann nicht mehr an der Rechenkette umgesetzt werden. Somit interpretiert Jarek die 15 nicht als Kardinalzahl zerlegbar (was sich an der Rechenkette durch entsprechende Lücken markieren lässt), sondern als Rechenzahl. Damit weist er gewissermaßen „in die Zukunft", indem er nicht nur den durch die Rechenkette vorgegebenen Zahlenraum verlässt, sondern auch auf „abstraktere" Zahlenvorstellungen rekurriert. Damit reagiert Jarek hier in gewisser Weise auf die Kritik seiner Lösung „sieben minus null" für die dreizehn hochgehaltenen Perlen.[72] Die Lehrerin lobt ihn diesmal ausdrücklich, macht aber auch deutlich, dass diese Antwort den von ihr erwarteten Rahmen verlässt. Entsprechend ist auch Carolas Antwort, die wieder auf die schon etablierte (dezimale) Zerlegung zurückgreift, eine angemessene Antwort, die die Lehrerin lediglich in einer Geste als „den Erwartungen entsprechend" akzeptiert.

5.1.3.2.3 Zusammenfassung

Jarek kann in den Szenen und Episoden, die dem Mathematikunterricht zuzuordnen sind, durchgängig als Kreator rekonstruiert werden. Kommt es hier zu längeren Aushandlungsprozessen, die auch Argumentationen umfassen, so führt er eigenständige Argumentationen aus. Im zugrunde liegenden Partizipationsmodells wird dieser Status für Lernprozesse in Argumentationsformaten ausgeschlossen. Jarek wäre damit in den Szenen nicht mehr als „Lernender" zu begreifen: Er greift hier auf Argumentationen zurück, für die er schon „Experte ist" (Krummheuer/Brandt 2001, 59).

Hervorgehoben wird jedoch die Möglichkeit, anderen durch rezeptive Partizipation günstige Bedingungen für Lernprozesse bereitzustellen, sofern sich eine entsprechende interaktionale Verdichtung ergibt. Dies ist insbesondere davon abhängig, ob die Lehrerin die Beiträge als „Ad-hoc-Entscheidung" (ebenda, 66) aufgreift und die Rolle der Lehrerin betont. Allerdings müssen die SchülerInnen auch entsprechende Beiträge produzieren, die geeignet sind, in einer Podiumsdiskussion aufgegriffen zu werden. Jareks Beiträge werden von der Lehrerin häufig aufgegriffen, und zwar sowohl korrekte als auch fehlerhafte, denen sie offensichtlich dennoch einen Sinn unterstellt, dem es nachzuspüren lohnt. Jareks Beiträge erscheinen in dieser Hinsicht also geeignet, günstige Bedingungen für

---

[72] Dieses „Einspuren" auf die Gewohnte Sichtweise mag sicherlich der gewünschten Konvergenz auf artihmetisch korrekte Terme geschuldet sein. Allerdings trägt diese Ausrichtung der Interaktion aber auch zu der arithmetischen Ausrichtung des Mathematikunterrichtes bei (vgl. Brandt 2000a, 139), die gerade auch nach den Ergebnissen der jüngsten internationalen Vergleichsstudien immer wieder kritisiert wird.

Lernprozesse zu erzeugen. Dies soll für den Mathematikunterricht zunächst mit Hilfe des Konzepts der „sociomathematical norms" (Yackel/Cobb 1996 und Voigt 1995, s.o. in der Einleitung) erläutert werden. Über diese Normen werden mögliche Handlungspraxen für den Mathematikunterricht „festgelegt" und auch Bewertungsmaßstäbe beschrieben.

Während Yackel/Cobb (1996) die Rolle der Lehrerin in den Aushandlungsprozessen über die Evaluationen betonen, kann Jarek in dieser Klasse als ein wesentlicher „Mitgestalter" der klassenspezifischen „sociomathematical norms" gesehen werden (s. Brandt 1999, 2000b). Jarek interpretiert die schulischen Interaktionsprozesse (zumindest im Mathematikunterricht) als Situationen, in denen hohe Originalität und Kreativität gefragt und in der die „Normen" wie Spielregeln auszuhandeln sind. Entsprechend lässt sich seiner Produktion eine Orientierung an eigenständigem und autonomem Handeln zuschreiben, die sich im Kreatorstatus seiner Beiträge in der Interaktion ausgestaltet. Diese Beiträge weisen dabei sowohl auf fest etablierte Normen (Spielregeln) hin, auf zukünftig zu etablierende oder – wie in der Antwort sieben minus null – auch auf die Grenzen des Möglichen:

- Die schnellen Lösungen der Aufgaben in der Episode *Eckenrechnen* beruhen vermutlich auf schon vertrauten Zahlensätzen; die entsprechenden Automatisierungen liegen durchaus im Rahmen der aktuellen „*sociomathematical norms*". Auch die Idee der dezimalen Zerlegung, die er in der Episode *Rechenkette* einbringt und die von vielen Kindern aufgegriffen wird, liegt unmittelbar im Rahmen der Erwartungen.

- Das „Rückwärtszählen" als Lösungsweg in der Episode *Eckenrechnen* und die Subtraktionsaufgabe der Episode *Mister X* könnten im Rahmen der „*sociomathematical norms*" für diese Klasse als ein nächster, schon greifbarer Schritt gesehen werden, sind aber noch nicht die aktuelle Praxis aller Kinder. Die Subtraktion 23-8 scheint noch ein Stück weiter von der aktuellen Praxis vieler Kinder entfernt zu sein – so wird es zumindest für diese Klasse von der Lehrerin durch das ausdrückliche Lob an Jarek dargestellt – und steckt so Horizonte für zukünftige Praxen ab.

- Die Subtraktion in der Antwort sieben minus null wird von der Lehrerin zurückgewiesen. Die Möglichkeit, Veranschaulichungsmittel anders zu deuten und so zu anderen, ebenfalls „logisch" begründbaren Antworten zu kommen, wird ausgeschlossen und liegt somit außerhalb der aktuellen und wohl auch der zukünftigen „*sociomathematical norms*" dieser Klasse. Hier erfindet Jarek ein neues „Spiel", das die Lehrerin nicht bereit ist, „mitzuspielen".

Ganz im Sinne von Markowitz (1986) schafft Jarek hier somit durch seine „*Teilnahme*" am Mathematikunterricht einen Orientierungsrahmen für mögliche Handlungen, bietet also den anderen beteiligten Lernerden in ihrem aktuellen „*Teilsein*" Handlungsmöglichkeiten für die eigene „*Teilnahme*". Eingebunden in interaktionale Verdichtungen werden hier günstige Bedingungen für rezeptive

Lernprozesse geschaffen, und zwar auch durch die Abgrenzung des nicht Möglichen.

Gerade in der Abgrenzung des nicht Möglichen liegen aber wohl auch für Jarek „günstige Lernbedingungen" durch seine tätig-produktive Partizipation im Status des Kreators: Er erzeugt hier auch für sich einen Orientierungsrahmen, indem er die Grenzen für die Variationen des Vertrauten (vgl. Huber/Roth 1999, 96) erprobt.

In diesem Spielen mit den Argumentationsmustern der Klasse kann damit seine Lernorientierung gesehen werden, die sich so im Rahmen seiner Möglichkeiten nun auch in der hier analysierten Stunde aus dem Deutschunterricht erkennen lässt. In der Episode *Bb-Einführung* greift er zunächst ein Muster auf, das er dann aber „variiert". Dabei sind hier seine Grenzen aufgrund seiner sprachlichen Kompetenzen sicher enger als im Mathematikunterricht. Insbesondere das „Differenzieren" von Buchstaben (Lauten) durch „Sprechen" und „Hören" ist für Jarek sicherlich nicht ohne weiteres möglich, da er Schwierigkeiten mit der Aussprache hat, insofern ist hier die Variation als Paraphrasierer durchaus ein angebrachter Ausweg. Innerhalb dieser Grenzen geht er dann aber wieder weiter als z.B. Marina mit Handball <269>, indem er mit american football <253> schon englisch <254> „variiert". Auch hier wird er besonders gelobt und so in seinem „Spielen" bestätigt.

Bringt Jarek seine durch „spielerische Variationen" der Argumentationsmuster erzeugten „Konstruktionen" im Kreatorstatus ein, so weisen die sich damit ermöglichenden Lernprozesse aus dem Modell der „Partizipation in Argumentationsformaten" hinaus. Jareks individuelle Wahrnehmung der „Rechenkette" als (mathematisches) Objekt der Wirklichkeit ermöglicht ihm, darin „Strukturen" zu erkennen, die so von der Lehrerin nicht intendiert sind – und wohl auch nicht ohne weiteres von ihr darin „wahrgenommen" werden können. Damit offenbart sein kreativer Umgang mit der Rechenkette, dass die Wahrnehmung der Wirklichkeit ein individuelles Konstrukt ist. Jareks Partizipation erinnert so an die konstruktivistische Lernkonzeptionen, die im ersten Kapitel angesprochen wurden.

5.1.3.3 Jareks Partizipationsprofil im Klassenzimmer

In Hinsicht auf das Rezeptionsdesign ist Jarek eher „erwartungskonform" zu rekonstruieren und er scheint hier durchaus bemüht, diese „Unauffälligkeit" wieder herzustellen, wenn er aus dem Rahmen des „unauffälligen" Partizipationsspielraum herausfällt. Hingegen scheint die Produktion auf Kreativität ausgerichtet, die gerade auch überraschende Elemente erzeugt – und so im Partizipationsspielraum der Produktion auffällig ist. Diese gegenläufige Tendenz macht dabei das Typische in Jareks Partizipationsprofil aus.

Unerwartete und ungewöhnliche Antworten bieten gute Anschlussmöglichkeiten für interaktionale Verdichtungen (vgl. Krummheuer/Brandt 2001, 66). So können auch Jareks Beiträge für die Gestaltung von Interaktionsprozessen mit günstigen

Bedingungen für kollektive Lernprozesse aufgegriffen werden. In dieser Hinsicht erwartet wohl auch die Lehrerin von Jarek geeignete Beiträge, die ihr Anschlusspunkte bieten. Seine Kreativität kann so in die thematische Entwicklung im offiziellen Gesprächsstrang eingehen und ggf. durch Ad-hoc-Entscheidungen der Lehrerin in interaktionalen Verdichtungen zu intensiven Auseinandersetzungen führen. Ihr hoher Erwartungshorizont und der progressive Umgang mit Jareks Kreativität lässt sich z.B. durch folgende Äußerung belegen, in der sie Jarek nochmals das Rederecht erteilt, obwohl sie kurz zuvor eigentlich schon die Erklärungen an der Tafel beendet hat (s.u. 5.1.4.2.1) (Transkript *Rechenkette 1 – Tafelszene*; Brandt/Krummheuer 1999; 62ff.). Jarek meldet sich und fragt, ob er an der Tafel etwas erklären dürfe (das Tafelbild entspricht den ersten beiden Zeilen des Arbeitsbogens „Die Zahlen zwischen Zehn und Zwanzig"; s.o. 5.1.3.1.1):

● ● ● ● ● ● ● ● ● ● ●	10
	10 | 0
● ● ● ● ● ● ● ● ● ● ● ○	11
	10

69	L	stop \ stop \ stop \ alle Kinder . schließen bitte den Mund \ Julian \ der **Jarek** hat gerade ne Idee und ich glaub die ist ziemlich gut \ ..

Hier baut sie im Sinne einer interaktionalen Verdichtung nochmals eine erhöhte Aufmerksamkeitsverpflichtung auf und gibt Jarek die Möglichkeit, auf dem Podium seine Idee vorzuführen, von der sie schon vorab erwartet, dass sie ziemlich gut ist <69>.

Gerade in der sich an diese Aufforderung anschließenden Erklärung zeigt sich aber auch, dass Jareks „Ideen" auf die steuernde Funktion der Lehrerin im Klassengespräch angewiesen sind, um auch für andere günstige Lernbedingungen zu schaffen.

71	Jarek	ich weiß ja immer / *deutet auf die Zehn in der ersten Spalte der Tabelle* weil hier so äm *zeigt auf die Null in der zweiten Spalte rechtes Kästchen* keine **so** ist \ *kreist mit dem Finger um die beiden obenen Kästchen mit der zehn und der elf* deshalb weiß ich dass das hier **zehn** ausrechnen muss *deutet auf die Eins in der vierten Spalte rechtes Kästchen* und hier **elf** \
76	L	ach so - *kreist mit dem Finger um die Elf in der dritten Spalte* du meinst das was hier **oben** steht - das muss immer ausgerechnet werden \ *zeigt in der vierten Spalte auf das linke und rechte Kästchen* unten in den **Kästchen** \
79	Jarek	aber - ich weiß ja auch **warum** \ *zeigt auf die Elf in der dritten Spalte* weil hier so gar kein **Strich** ist \
81	L	richtig \
82	Jarek	*zeigt auf den unteren Teil der Tabelle* wenn hier kein **Strich** ist / *geht zu seinem Platz zurück* dann weiß man nicht was man **ausrechnen** muss \

Jarek erklärt zunächst, welche Kästchen immer ausgerechnet werden müssen, nämlich die oberen, die er einmal mit dem Finger umkreist, dann aber auch benennt hier **zehn** (...) und hier **elf** \ <71>. Die Lehrerin hat zuvor das zeilenweise Eintragen der Zahlen vorgeführt (s.u. 5.1.4.2.1). Das von Jarek angesprochene generelle Muster erinnert jedoch eher an das vertikale Vorgehen, das auch Wayne und Efrem entwickelt haben; soweit paraphrasiert ihn auch die Lehrerin in <76>. Er begründet weiter das „Ausrechnen müssen" mit dem fehlenden Strich in den oberen Kästchen **keine so ist** \ <71>. Dies wird von der Lehrerin nicht aufgegriffen. Er geht dann in <79> nochmals darauf ein und führt diesen Strich bzw. das Fehlen explizit als Begründung für das Ausrechnen an. Da oben der Strich fehlt, weiß man nicht, was man ausrechnen soll. Für Jarek steht oben die Ergebniszahl, während der Strich zwischen den unteren Kästchen zum „plus" wird. Er „sieht" in der Anordnung der Kästchen somit unmittelbar einen Rechenterm, den er nicht mit der Rechenkette oder der Kreisdarstellung in Verbindung bringt.

Es ist nur schwer vorstellbar, dass Jarek auf dem Hintergrund dieses Zugangs zum Arbeitsblatt, in Verbindung mit seinen sprachlichen Schwierigkeiten, den Arbeitsbogen „erklären" kann, so dass Wasily diesen „versteht".Hier zeigen sich mögliche Grenzen, die asymmetrische Kooperationsprozesse für eigene Zugänge und kreative Ausgriffe setzen, wenn derartige Kooperationsprozesse nicht, wie das Beispiel von Carola und Marina zeigt, in den interaktionalen Gleichfluss des Abguckens münden sollen. Ob Jarek diesen Anforderungen in der Kooperation mit Wasily genügen kann, wie die Lehrerin ihm motivierend zuschreibt, ist leider nicht rekonstruierbar.

Für das Klassengespräch hingegen stellen Jareks Beiträge gute Bedingungen auch für rezeptive Lernprozesse bereit.

- Einerseits kann die Lehrerin gleichsam als Vermittlerin zwischen Jareks Kreativität und der thematischen Entwicklung dessen Ideen als Paraphrasiererin oder auch Traduziererin aufgreifen und für eine interaktionale Verdichtung übernehmen, und zwar

    - „Gute Ideen", die auf mögliche oder künftige Praxen verweisen, kann sie in Paraphrase reformulieren und so Anknüpfungspunkte schaffen (s. Tafel
    szene).

    - Über das Ziel hinausschießende Ideen kann sie als Traduziererin wieder in den gewohnten Rahmen zurückholen – wie sie dies z.B. mit seiner Antwort **sieben minus null** praktiziert, die mit dem korrekten Umgang an der Rechenkette in einer Podiumsdiskussion verhandelt wird.

- Andererseits wird Jarek immer wieder bestätigt und gelobt und seine Beiträge werden auch im interaktionalen Gleichfluss hervorgehoben. So kann das spielerische Ausnutzen der etablierten Muster auch ohne weitere Vertiefung Vorbildfunktion im interaktionalen Gleichfluss erhalten. Seine Äußerungen werden eventuell auch im interaktionalen Gleichfluss „aufmerksamer" verfolgt als Beiträge anderer Kinder: So übernimmt z.B. Marina sowohl in der Episode *Dreizehn Perlen* als auch in der Episode *Bb-Einführung* eine Idee, die von Jarek maßgeblich vorangetrieben wurde (auch wenn sie im zweiten Fall nicht „seine" Idee ist).

Insgesamt wird Jarek viel aufgerufen und seine Ideen werden so im offiziellen Interaktionsstrang über legitimierte Beiträge nachdrücklich berücksichtigt. Die Lehrerin erwartet wohl in seinen Äußerungen häufig günstige Anschlusspunkte für die thematische Entwicklung, auch wenn nicht durch jeden Beitrag Jareks *„eine interaktionale Verdichtung im Sinne einer Podiumsdiskussion evoziert"* wird (Krummheuer/Brandt 2001, 66).

5.1.4 Marina – die Mitwirkende

5.1.4.1 Marina im Rezipientendesign

Marinas Partizipation ist ein Grenzfall zum Partizipationsprofil einer „stillen Schülerin". Ihr Partizipationsprofil ist daher auch immer in Abgrenzung zu diesen in den Transkripten gänzlich fehlenden Kinder, die dennoch im Gesamtgeschehen „vorhanden" sind, zu betrachten (s.o. 3.2). Alle anderen fokussierten Kinder weisen auch nicht legitimierte Einwürfe auf, hingegen können Marinas Beiträge durchgängig als legitimiert rekonstruiert werden und sind damit unmittelbar dem offiziellen Interaktionsstrang zuzuordnen. Ihr Beitrag in der Episode *Eckenrechnen* ist auch ohne namentlichen Aufruf als angeforderter Beitrag zu sehen, da hier die Melde- und Aufrufprozedur kurzfristig zugunsten einer Erweiterung des Gesprächskreises ausgesetzt war. Die Legitimation bestätigt sich in der unmittelbar anschließenden Evaluation, die Marinas Beitrag damit als Antwort für die Initiation akzeptiert. Damit ergibt sich folgende Zuweisung:

	Eckenrechnen	Bb-Einführung	Frühling
Angeforderte Beiträge	<195>	<221, 269>	<83, 87, 193, 142>
(nachträglich) akzeptierte Beiträge	-	-	-
nicht legitimierte Beiträge	-	-	-

Aufgrund der wenigen produktiven Beiträge lassen sich keine eindeutigen Aussagen über das Aufmerksamkeitsniveau ihrer rezeptiven Partizipation treffen. Da weiterhin viele ihrer Beiträge in schon weitgehend routinisierten Argumentationsprozessen eingebunden sind (s.u. 5.1.4.2), könnte sie überwiegend im Status des *„Bystanders"* dem Unterrichtsgeschehen folgen. Allerdings erfolgen einige ihrer Beiträge sicher im Anschluss an eine aufmerksame Rezeption, also aus dem Status einer aufmerksamen Zuhörerin. Weiter lässt sich der Beitrag in der Episode *Eckenrechnen* als Hinweis auf eine hinreichende Aufmerksamkeit in vielen Situationen verstehen: Hier klagt sie ein, dass etwas Entsprechendes „schon mal" behandelt wurde, eine erneute Wiederholung also aus ihrer Sicht nicht notwendig erscheint.

In der folgenden Szene zeigt sich, dass sie auch das Gesamtgeschehen der Tischarbeit relativ aufmerksam aufnimmt.

5.1.4.1.1 Marina sucht Hilfe

Etwas ausführlicher werden Marinas Versuche betrachtet, für den Arbeitsbogen „Die Zahlen bis zwanzig" Hilfe zu erhalten. Sie hat ähnlich wie Efrem zunächst Schwierigkeiten mit der Bearbeitung des Arbeitsbogens. An dem Tisch von Marina und Efrem kann nur Carola das Arbeitsblatt sofort erfolgreich ausfüllen (Goran, ein weiterer Junge an diesem Tisch, erhält auch von Wayne Hilfe; s.o. 5.1.3.1.1); Marina setzt sich mit Erlaubnis der Lehrerin neben Carola (s.o. 5.1.1.2.1) und versucht hier, Hilfe zu erhalten. Marina bemüht sich zunächst intensiv, von Carola Hilfe für den Bearbeitungsprozess zu bekommen. Auch Carola bemüht sich, Marina in eine Vorgehensweise einzuführen. Damit lässt sich die dyadisch gestaltete Interaktion zwischen den Beiden als stabiler kollektiver Bearbeitungsprozess im interaktiven Gesamtgeschehen der Tischarbeit begreifen, der jedoch in den interaktionalen Gleichfluss zurückfällt, ohne dass Marina den Arbeitsbogen selbstständig bearbeiten kann (s.u. 5.1.4.2.1 für eine Auseinandersetzung mit der tätig-produktiven Partizipation). Im Sinne einer Selbsthilfe guckt Marina nun wiederholt bei Carola ab (vgl. Naujok 2000, 130; Transkript *Rechenkette 1 – T 4.2*), als folgender Wortwechsel am Tisch zustande kommt:

42	Efrem	iss kanns ganz *guckt kurz zu Carola und Marina* Wayne hat mir beigebracht \ *lächelnd* ich kanns jetzt ganz **alleine** \
44	Carola	... Marina guckt hier ab \
45	Marina	*schaut zu Carola; hält inne; schaut vor sich hin*
		Im Hintergrund ist das Gespräch über Jareks Hilfe zu hören.
51	Marina	*steht auf, geht zur L*
52	L	ich **komm** \ ich **mach** \ dann versuch **ichs** dir mal zu erklären *geht mit Marina zum Platz*

Efrems Beitrag lässt sowohl einen gewissen Stolz auf die eigene Leistung als auch eine Anerkennung für Waynes Hilfe erkennen (s.o. 5.1.1.2.1). Zugleich wird damit der Unterschied zwischen der erfolgreichen Kooperation von Efrem und Wayne und der zumindest nicht unmittelbar fruchtbaren Interaktion von Marina und Carola deutlich. Er wendet sich vermutlich an Carola und Marina, die er somit als seine Gesprächspartnerinnen wählt. Somit könnte Efrem hier Kritik an dem Vorgehen der Beiden äußern, das im „Abgucken" (lassen) endet. Allerdings kann dieser Beitrag auch lediglich als „Information" interpretiert werden, so dass sich nicht unbedingt eine Reaktion anschließen muss.

Carola scheint in ihrer Reaktion die Verantwortung für das Abgucken Marina anzulasten. Damit könnte sie Efrems Äußerung durchaus auch als Vorwurf verstanden haben, die Kritik aber von sich weisen bzw. allein Marina die Verantwortung zuschreiben. Adressiert ist vermutlich Efrem – Marina ist durch die Einbeziehung in der dritten Person als direkte Gesprächspartnerin auszuschließen (vgl. Levinson 1988, 166; s.a. Wortham 1996). Carola ist nicht bemüht, Marina als Lauscherin von der Rezeption auszuschließen; so ist Marina aufgrund der durch

Efrem im Redezug zuvor aufgebauten Adressierung und der unmittelbaren Tischnachbarschaft als Zuhörerin zu bezeichnen, also wohl auch von Carola als Rezipientin der Äußerung „mitgedacht". Carolas Äußerung ist für sie in diesem Status durchaus als Vorwurf zu verstehen.

Marina schaut zwar kurz zu Carola, reagiert aber nicht, sondern verfolgt nun das Gespräch, das sich auf Waynes Kritik an dem Hilfeprozess zwischen Jarek und Wasily anschließt (s.o. 5.1.3.1.1). Für dieses Gespräch ist sie nicht „mitgedacht" und lediglich als Mithörerin rekonstruiert worden. Gleichwohl scheint sie dieses Gespräch relativ aufmerksam zu verfolgen. Sie geht im Anschluss daran zur Lehrerin und bittet diese um Hilfe. Obwohl sie zuvor mit dem Abgucken einen Weg zur Selbsthilfe gefunden hat, ergreift sie hier erneut die Initiative, fremde Hilfe zu erbitten. Vermutlich reagiert sie hier auf die Feststellung der Lehrerin, das Abgucken (lassen) keine geeignete (Selbst)Hilfe ist und fühlt sich in ihren eigenen Vorstellungen eventuell sogar bestätigt, denn sie war ja durchaus bemüht, eine andere Hilfe zu erhalten.

Die Lehrerin wendet sich schließlich mit ich komm \ ich mach \ dann versuch ichs dir mal zu erklären <52> Marina zu. In der deutlichen Betonung dann versuch ichs dir mal zu erklären könnte sich ein Unterschied zu einem anderen Erklärungsversuch mit einer anderen Person ausdrücken. Vermutlich hat also Marina nicht nur um Hilfe gebeten, sondern auch von dem erfolglosen Kooperationsversuch mit Carola berichtet. Carola hatte ihr die Verantwortung dafür zugeschrieben, während die Lehrerin in dem von Marina aufmerksam verfolgten Gespräch insbesondere dem helfenden Jarek die Verantwortung zuschreibt. Somit könnte sich Marina hier auch von dieser Verantwortung entlastet an die Lehrerin wenden.

5.1.4.1.2 Zusammenfassung

Auch wenn Marinas Partizipation sich zunächst nicht so eindeutig als „aufmerksam" präsentiert, ist sie wohl insgesamt als aufmerksame Zuhörerin einzuordnen. Dabei scheint sie das Gesamtgeschehen in der Klasse nach für sich sinnvollen Informationen „abzusuchen". Sie nutzt diese aufmerksame Rezeption, um sich an Stellen tätig-produktiv einzubringen, die offensichtlich auch von allen anderen als „geeignet" empfunden werden. Marina hat die Zugänglichkeit zu der Auseinandersetzung um Jareks Hilfe genutzt, um Informationen über geeignete Hilfsformen zu entnehmen, und diese auf ihre eigene Situation bezogen. Dabei könnte auch Efrems Bemerkung sie in ihrem Eindruck bestärkt haben. Sie hat weiter die Lehrerin als potenzielle Helferin im geeigneten Augenblick angesprochen (s.a. Brandt/Krummheuer/Naujok, 2001). Diese wendet sich sofort nach der Bitte Marina zu, andere Kinder, z.B. auch Efrem und Franzi, mussten häufig warten oder wurden sogar explizit auf „später" vertröstet (s. Brandt/Krummheuer 1998). Damit wird hier ein Gespür für die Struktur(ierung)en in dem relativ komplexen Gefüge paralleler Interaktionsstränge deutlich. Die Zugänglichkeit zu schon bestehenden Interaktionssträngen und die Aufnahme neuer Stränge wird interaktiv geregelt, wobei sich auch bestimmte Abmachungen innerhalb eines Klassenzimmers nachzeichnen lassen, die Marina hier offensichtlich ausreichend berücksichtigt. So bewegt sie sich innerhalb des interaktiven Gesamtgeschehens während der Tischarbeit als Rezipientin „unauffällig". Die interaktive Verflechtung der Interaktionsstränge während der Tischarbeit ist mit dem Mechanismus der Rederecht-Zuweisung im Klassengespräch vergleichbar. Im Klassengespräch drückt sich diese „Unauffälligkeit" in ausschließlich legitimierten Beiträgen aus.

Ihre Vorstellungen zu den strukturellen Aspekten der Interaktion („*form*" als Dimension der interaktiven Kompetenz bei Mehan 1979; s.o. 1.1.2) gehen in dem Mechanismus der Rederecht-Zuweisung bzw. in der interaktiven Verflechtung der Interaktionsstränge in der Tischarbeit auf; „aufgehen" soll hier von einer ausgehandelten Übereinstimmung mit den Vorstellungen der Lehrerin zum Mechanismus der Rederecht-Zuweisung und einer entsprechend bewussten Übernahme abheben. „Aufgehen" ist zu verstehen als eine (An)passung an die interaktionalen Strukturier(ung)en, die mit allen „Veräußerungen" dem Erwarteten entspricht. Diese (An)passung ist im alltäglichen Interaktionsfluss unauffällig und wird dort nicht weiter thematisiert. In der Rekonstruktion wird diese (An)passung gerade über die fehlende Thematisierung wahrnehmbar.

5.1.4.2 Marina als Produzentin

Marina hat von den fokussierten Kindern quantitativ die wenigsten Beiträge in den analysierten Episoden hervorgebracht. Mit Hilfe des Produktionsdesigns lässt sich ihre tätig-produktive Partizipation wie folgt zusammenfassen:

	kollektives Argumentationsformat	Eigenständige Argumentationsmuster	sonstiges
Kreatorin	<B 221>: Wortvorschlag (Semantik bleibt unklar)		<E 195>: lehnt weitere Auseinandersetzung ab <F 83> Nachfrage
Paraphrasiererin	<B 269>: eigenes Komposita zu Ball <F 87, 139, 142>: eigene Objektauswahl und Begründung		

An der thematischen Auseinandersetzung beteiligt sich Marina vor allem als Paraphrasiererin in den sich jeweils etablierenden Argumentationsformaten der Episoden. Ihre Beiträge sind hinsichtlich der entsprechenden Argumentationsformate korrekt, allerdings nicht sonderlich originell: Sowohl in der Episode *Bb-Einführung* für das Argumentationsmuster „Komposita zu Ball" als auch in der Episode *Frühling* für das Argumentationsmuster zur „Begründung einer Objektauswahl" ist ein passender Beitrag zunehmend auch aus dem Status des „*Bystanders*" möglich und erfordert kaum mehr eigenes kreatives Engagement. Die meisten Beiträge hat sie in der Frühlingsstunde. Hier ist das Risiko, mit einer Begründung oder einer Auswahl abgelehnt zu werden, eher gering, die Produktion „korrekter" Antworten innerhalb des sich stabilisierenden Argumentationsformates daher vergleichsweise einfach. Marina beteiligt sich im Klassenunterricht nie traduzierend oder imitierend.

Die Rekonstruktion ihrer produktiven Partizipation soll mit einem Einblick in die Hilfssituationen für den Arbeitsbogen „Die Zahlen bis Zwanzig" aus der Tischarbeit ergänzt werden, die oben schon unter den Gesichtspunkten des Rezipientendesigns betrachtet wurden.

5.1.4.2.1 Marina erhält Hilfe für den Arbeitsbogen „Die Zahlen bis Zwanzig"

Zunächst wird hier nachgezeichnet, wie die Lehrerin den Arbeitsbogen im Klassenzimmer eingeführt hat, um die Besonderheiten der beiden Hilfen im Vergleich zu dieser Einführung herauszuarbeiten. Für die Erklärung im Klassengespräch hatte die Lehrerin ein Tafelbild angezeichnet (s.o. 5.1.3.3), an dem sich folgende Szene entwickelt (Transkript *Rechenkette 1 – Tafelszene*). Die zweite Reihe wird im Klassengespräch ausgefüllt:

	10	
●●●●●●●●●●	10	0
	11	
●●●●●●●●●● ○	10	

17	L	zählt die ausgefüllten Kreise in der zweiten Reihe ab eins zwei drei vier fünf sechs sieben acht neun zehn *schau zu den Schülern .. zeigt auf den unausgefüllten Einer in der zweiten Reihe und ein Einer / dreht den Kopf zu den Kindern* ist gleich \ *zeigt auf die Elf im oberen Kästchen*
21	Robert	elf \

Die Lehrerin führt hier zunächst das „Abzählen" der Kreise ein, wobei sie nur die zehn dunklen Kreise zählt und dann den unausgefüllten Kreis als Einer bezeichnet. An den Kreisen zeigend formuliert sie die Zerlegung zehn und ein Einer ist gleich und zeigt dann auf die schon eingetragene 11 im oberen Kästchen, so dass Robert als Imitator elf ergänzt. Die erste Plusaufgabe wird somit im Wechselspiel zwischen Kreisebene und Kästchendarstellung genannt, das Muster von der Lehrerin vorgeführt, wobei Roberts Beitrag in ihren Redezug eingebunden ist. Die Elf wird mehrfach bestätigt, dann geht die Lehrerin auf das noch leere Kästchen über:

27	L	zehn / und / *zeigt auf das leere Kästchen in der vierten Zeile*
28	S	eins \

Auch hier ergänzt wieder ein Kind aus der Klasse mit eins \ <28> den von der Lehrerin in <27> eröffneten Redezug. Nachdem die Lehrerin diese Zerlegung nochmals an den Kreisen „gezeigt" hat, erklärt schließlich Nicola mit Unterstützung der Lehrerin:

38	<Nicola	..äm . da neben dem Zehner da ganz unten muss ne Eins hin \
39	<L	*zeigt auf das Kästchen* warum / warum /

41 Nicola   weil es ja **elf** sein solln \

Nicola paraphrasiert hier die von der Lehrerin eingeführte Idee, dass die Zerlegung in Zehner und Einer (die auf der Kreisebene farblich hervorgehoben wird)
in die Kästchen einzutragen ist. Damit ist für Nicola eine Rollenverschiebung innerhalb des von der Lehrerin vorgeführten Argumentationsformates zu erkennen,
in das Robert und ein weiteres Kind imitierend eingebunden waren. Nicola übernimmt diese Rollenverschiebung im Klassengespräch stellvertretend; alle sollen
nun diesen Arbeitsbogen, jeweils in Einzelarbeit, auch entsprechend „paraphrasierend" ausfüllen: ihr dürft jetzt gleich. mit . eurer . Kette / diese . Aufgaben . lösen \ <54>.

Wie schon erwähnt, hat Marina zunächst Schwierigkeiten mit dem Arbeitsblatt
und wählt sich Carola als Helferin. Diese bietet ihr, leider für Carola unverständlich, einen ersten Erklärungsansatz an, der aber offensichtlich noch nicht ausreicht. Nun ergreift Marina nochmals die Initiative und formuliert ihr bisheriges
Verständnis der Aufgabe (vgl. Naujok 2000, 133 für die bei Marina als Hilfe-
Nehmende zu rekonstruierende aktive Vorgehensweise; Transkript *Rechenkette 1
– T 4.2*):

21 Marina   (ich muss) hier immer **abzählen** *zeigt mit der Radiergummiseite des Bleistifts
auf ihren Arbeitsbogen; fährt die oberen beiden Reihen entlang* und dann muss
ich **gucken** wieviel hier / .. gucken wie – wie viel **dis** is / muss ich dann *schaut
dann auf Carolas Blatt* hier **reinschreiben** /

25 Carola   *schaut auf ihren eigenen AB .. also – ä m - .. zeigt mit ihrem Stift etwas auf
ihrem AB (unverständlich)* Zahl hin / *(unverständlich)* da oben **hinschreiben** /
und da unten da (musst du) vier **plus** und so \ *arbeitet weiter*

28 Marina   *schaut in Carolas Richtung; kaut an ihrem Bleistift* ... dann muss ich **so** machen
/ *tippt mit ihrem Bleistift auf ihren AB; zählt so die Kreise* eins zwei drei vier fünf
sechs sieben acht neun **zehn** /

Indem Marina zunächst auf das Abzählen der Kreise verweist und dann auf die
Kästchen übergeht und reinschreiben möchte wie viel **dis** is / <21>, greift sie auf das
von der Lehrerin vorgeführte Muster zurück, wobei ihr wohl noch nicht alle Ein-
zelheiten vertraut sind. So bleibt relativ unklar, was **dis** ist, auch wird der ebenfalls ungenaue „*Topos des Guckens*" (Naujok 2000, 129) durch die teilweise
recht vagen Handbewegungen nicht präzisiert. Das Gemeinsame, die Zerlegung
bzw. Plus-Aufgabe, wird nicht artikuliert.

Carola scheint hingegen, ähnlich wie Wayne, den Arbeitsbogen nur auf der Kästchenebene anzugehen; für diese formuliert sie deutlich eine Plus-Aufgabe, aber
nicht in der Weise, wie sie in das von der Lehrerin vorgeführte Argumentationsformat eingebunden werden sollte. Vielmehr drückt sich mit vier **plus** und so schon
ein von der Anschauung weitgehend gelöstes Verständnis aus. Marina beharrt
nochmals auf dem Abzählprozess, allerdings geht Carola nicht mehr darauf ein,
und so bleibt auch Marinas letzte Frage, die sich auf die Kästchen bezieht, unbe-
antwortet .. was soll ich denn hier **reinschreiben** <32>.

Marinas Äußerungen lassen sich damit als der Versuch verstehen, das Argumentationsmuster der Lehrerin zu paraphrasieren, wobei ein wesentliches Bindeglied

zwischen den Darstellungsebenen, die Zerlegung, nicht mit berücksichtigt wird. Dieses Bindeglied wird zwar von Carola genannt, jedoch ohne Rückgriff auf die Anschauung, und damit außerhalb des von der Lehrerin vorgegebenen Argumentationsmusters.[73] Dies wird verstärkt, da Carola in der angedeuteten Plusaufgabe vier plus und so entgegen der Darstellung auf dem Arbeitsblatt die Einer nach vorne stellt. Wie oben dargestellt (5.1.4.1.1). endet der stabile Bearbeitungsprozess hier und Marina behilft sich selbst mit Abgucken, bis sie schließlich die Lehrerin an den Tisch holt.

Auf den Erklärungsprozess mit der Lehrerin soll nur kurz eingegangen werden, da das Vorgehen weitgehend ihrer Hilfe bei Efrem entspricht. Hier werden die Abschnitte betrachtet, die sich deutlich von dem dort rekonstruierten Muster unterscheiden. Zunächst lässt die Lehrerin die Kreise auf dem Arbeitsbogen Marina abzählen und gibt explizit vor, welche Reihe abgezählt werden soll. Wie Efrem ist Marina in diesen Abzählprozess, der einen Teil des Argumentationsmusters ausmacht, zunächst als Imitiererin eingebunden. Nun folgt eine kurze Sequenz, die so nicht in dem Gespräch zwischen der Lehrerin und Efrem zu rekonstruieren ist:

63	L	und was fällt dir auf wenn du hier . diese **linke Seite** anguckst \ .. vor allem die Seite *(unverständlich)*
65	Marina	da sind immer **m e h r** von \
66	L	richtig -
67	Marina	*tippt hörbar mit ihrem Bleistift* da ist immer eins **m e h r** von \
68	L	genau \ und auf **der Seite** /
69	Marina	da sind alle **gleich** \

Diese Sequenz ist von der Lehrerin sehr kleinschrittig durch Fragen gegliedert, so dass hier das Basismuster I-R-E durchgängig hervorgebracht wird (die letzte noch fehlende Evaluation erfolgt im nächsten Redebeitrag durch den Anschluss einer neuen Frage). Dabei wird hier der „*Topos des Guckens"* (Naujok 2000, 129) präzisiert: Das Arbeitsblatt ist unter der Vorgabe der „beiden verschiedenen Seiten" zu betrachten. In der Interaktion ist dabei unstrittig die Seite <63> mit den roten und auf der Seite <69> mit den gelben Kreisen verbunden; was erblickt werden soll, ist damit schon vorgegeben. Allerdings muss Marina das so „Erblickte" eigenständig formulieren und kann dies insbesondere für die gelben Kreise sogar genauer präzisieren. Es wird nicht nur einfach **m e h r**, sondern da ist immer eins **m e h r** von <67>. Das Musterhafte der Kreisdarstellung gibt die Lehrerin durch ihre Frage vor; die genaue Art dieses Musters wird von Marina formuliert. So ist sie hier als Paraphrasiererin eingebunden. Die einleitende **linke Seite** <63> der Lehrerin könnte zunächst lediglich die linke Seite des Arbeitsbogens bezeichnen,

---

[73]   Wie in 5.1.3.3 ausgeführt, hat Jarek an der Tafel eine Interpretation des Arbeitsblattes vorgestellt, die ebenfalls auf die Anschauung verzichtet. Eventuell ist auch Nicolas Arbeitsweise durch Jareks Beitrag, den die Lehrerin in seiner Bedeutung hervorgehoben hat, angeregt.

auf der die Kreise dargestellt sind. Andererseits ist es auch möglich, dass hier die Seitenangabe der roten und gelben Kreise „vertauscht" aus der Perspektive der Lehrerin, also „über Kopf" erfolgt. Da die Verständigung in der Interaktion reibungslos verläuft, ist hier keine der Interpretationen auszuschließen; aufgrund der „Unstimmigkeit" wird jedoch in beiden Interpretationen Marinas Orientierung an der Perspektive der Lehrerin deutlich. Achtet man nun auf die Betonung der Äußerungen, so fällt auf, dass die Lehrerin und Marina in dieser vertauschten Perspektive gemeinsam durch ihre jeweilige Betonung das Muster des Arbeitsbogens linke Seite – mehr und auf der (rechten) Seite – gleich verbal hervorheben. In das Eintragen der Zahlen in die Kästchen ist Marina wieder wie auch Efrem als Imitiererin eingebunden; d.h., Marina zeigt jeweils nur die richtigen Kästchen. Allerdings scheint hier die Lehrerin das Musterhafte auch stärker hervorzuheben. Auf die Frage wo schreibst du die Zehn immer rein \ <73> zeigt Marina das richtige, linke Kästchen; ebenso wird den jeweils rechten Kästchen das zugewiesen, was sich immer verändert <75>. Damit erhält sie hier eine ganz konkrete, in ein sich wiederholendes Muster eingebundene Antwort auf ihre letzte Frage an Carola, die das sich Wiederholende nur vage angedeutet hat, ohne diese Frage an die Lehrerin wiederholt zu haben. Insgesamt scheint es, als hätten sich Marina und die Lehrerin in der Musterhaftigkeit der sprachlichen Äußerungen verstärkt.

5.1.4.2.2 Zusammenfassung

Auch in der Tischarbeit wiederholt sich der Eindruck, dass Marinas Beiträge eher auf Sicherheit und Anpassung an die vorgegebenen Formate ausgerichtet sind als auf vage eigenständige Versuche. Partizipationstheoretisch drückt sich dies in der überwiegend paraphrasierenden Wiedergabe sich stabilisierender Argumentationsformate aus. Dies wird insbesondere in der Differenz zwischen den Hilfsangeboten deutlich, die sie von Carola und der Lehrerin erhält. Carola ergänzt in <25> mit der Andeutung der Addition Marinas Ausführungen, in denen gerade die Plus-Aufgabe als Bindeglied zwischen den Darstellungsebenen fehlt. Allerdings ist diese Hilfe nicht in das Argumentationsformat des Arbeitsbogens eingebunden, sondern zeigt schon Ausblicke auf spätere Argumentationsmuster ohne Veranschaulichungsmittel – weist also eine weiterreichende Allgemeingültigkeit auf. Hingegen führt die Lehrerin die einzelnen Schritte des von ihr an der Tafel vorgeführten Argumentationsmusters nochmals „einübend" mit Marina durch, deren Beiträge als Imitation oder Paraphrase eingebunden sind. Dabei heben sie gemeinsam über die Betonungen ihrer Äußerungen das Musterhafte besonders hervor. So kann Marina dann das vorgeführte Muster, das auf das Arbeitsblatt eingeschränkt funktional ist, anschließend ausführen. Auf die sich hier aufzeigende Differenz zu Efrem, der gerade die engen formatierten Vorgaben der Lehrerin nicht umsetzen kann, an Waynes von der Anschauung gelösten Bearbeitungsprozess aber Anschlüsse findet, wird in Kap. 5.2 genauer eingegangen.

Als weiteres Beispiel, das die Suche nach Mustern illustriert, kann die Übernahme der dezimalen Zerlegung in der Episode *Eckenrechnen* gesehen werden.

Nachdem sie zunächst ihre Meldung zurücknimmt, „schnappt" sie Jareks Lösungsidee auf, was durch das betonte Aufzeigen hervorgehoben wird. Mit dem Umdrehen der Summanden variiert sie paraphrasierend das vorgegebene Muster minimal. Auch in der *Bb-Einführung* ist Handball eine sehr „sichere" Variation eines schon etablierten Musters – das sie eventuell auch von Jarek übernimmt.

In dieser vorsichtigen Übernahme etablierter Argumentationsmuster lässt sich durchaus eine Lernorientierung im Sinne zunehmender Autonomie erkennen. Marina ist offensichtlich bemüht, sich stabilisierende Argumentationsformate aufzugreifen – dazu muss sie diese durch vorherige aufmerksame Rezeption den Interaktionsmustern entnehmen. Unter dieser auf Musterübernahme ausgerichteten Partizipation ist sie wohl in der Episode *Frühling* tatsächlich erstaunt, dass der Lehrerin **genau** <88> an dem von ihr gewählten Objekt etwas auffällt, da das sich bis dahin stabilisierende Argumentationsmuster auf Beliebigkeit ausgerichtet war. In ihrem Versuch, durch den Namen der/des Malerin/Malers eventuell noch einen neuen Aspekt in dieses Argumentationsmuster einzubringen, wird sie zurückgewiesen, wobei auch hier die Lehrerin betont musterhaft auf Marina eingeht:

140	L	so \ es is eigentlich **nich** so wichtig / von **wem** das Bild is \ sondern die Mari findet das schön **weil** /
142	Marina	dis sind so schön leuchtende \

Auch hier scheint also die Lehrerin Marinas „musterhafte" produktive Partizipation zu unterstützen.

Somit wiederholt sich auch in der Produktion die „Unauffälligkeit" der Partizipation, die durch die reibungslose (An)passung an sich stabilisierende Argumentationsformate bedingt ist.

5.1.4.3 Marinas Partizipationsprofil im Klassenzimmer

Der Schwerpunkt der Partizipation Marinas als individuelle Handlungsorientierung liegt auf der rezeptiven Seite des offiziellen Interaktionsstranges und ist der mit einer vorwiegend auf verbale Äußerungen ausgerichteten Analyse schwer greifbar. Betrachtet man die wenigen Beiträge, so weisen diese eine hohe Konformität mit den von der Lehrerin vorgegebenen Mustern aus. So vermittelt sich hier der Eindruck, Marina gehöre zu den Mädchen, die unterstellen, „LehrerInnen erwarten keine unkonventionellen Antworten von ihnen" (vgl. Olson/Bruner 1996, 11: *„that teachers expect them not to come up with unconventional answers";* mit Verweis auf Goodnow 1996). Ich möchte in meiner Arbeit die Geschlechtsproblematik nicht weiter thematisieren, zumal Franzi in meiner Studie dieser Zuschreibung nicht entspricht, auch wenn natürlich in diesem Zitat nicht ausschlossen wird, dass Mädchen auch andere Orientierungen haben können. Vielmehr möchte ich eine tiefer greifende Vorstellung von Lernprozessen herausstellen (die eventuell nicht geschlechtsunabhängig ist).

Marinas Partizipation ist sowohl in der strukturellen wie auch der inhaltlichen Dimension „unauffällig" und zeichnet sich durch (An)passung aus. Ihre Partizipation lässt sich so als vorwiegend „Teilsein" beschreiben (Markowitz 1986, 9). Dieses „Teilsein", mit dem zunächst die rezeptiven Aspekte der Partizipation angesprochen sind (ebenda; s.o. Kap. 2), ist in gewisser Weise gerade auch das Charakteristikum ihrer tätig-produktiven Partizipation. Ihre tätig-produktive Partizipation „ist Teil" des offiziellen Interaktionsstrang, und zwar in zweierlei Hinsicht:

- Alle Beiträge sind als eingeforderte Antworten auf Fragen der Lehrerin und in den interaktionalen Dreischritt der Interaktion eingebunden, wenn auch in der Episode *Eckenrechnen* ihr Beitrag nicht an einen namentlichen Aufruf gebunden ist, sondern eine weniger dominante Form der Rederecht-Zuweisung zugrunde liegt.

- In der paraphrasierenden Übernahme schon eingespielter Argumentationsmuster überträgt sich ihr „Teilsein" in der Interaktion auf ihre Beiträge als „Teilsein" in der gemeinsamen thematischen Entwicklung. Merkmal dieser Beiträge ist, dass sie nicht „auf der Bearbeitung des eigenen (...) Wissens beruhen, sondern auf Paraphrasen von Lehreräußerungen, der unreflektierten Übertragung von bereits erprobten Verfahren sowie der Aktivierung spezifischen Schülerwissens" (Becker-Mrotzek 2002, 69).

Diese Suche nach Mustern bzw. Regelmäßigkeiten und die (An)passung an das Klassengeschehen in der beschriebenen Unauffälligkeit trifft nicht nur für die der thematischen Entwicklung zuzuordnenden Argumentationsmuster zu, sondern auch für die interaktionalen Strukturierungsprozesse, in die sich Marinas Partizipation reibungslos einfügt. Somit ist ihre interaktive Kompetenz insgesamt auf Gesetzmäßigkeit und (An)passung ausgerichtet. Die Verantwortung, die Marina dabei für eine möglichst „musterhafte" Abwicklung der Interaktion zeigt, betrifft auch das Miteinander in der (Tisch)Gruppe. Marina übernimmt z.B. in der folgenden Szene während der Tischarbeit die Einführung von Abmachungen und die Überwachung für das Einhalten der ausgehandelten Regeln; folgende Äußerungen Marinas aus dem Transkript *Stifte* (Brandt/Krummheuer 1999, 23ff.) sind hier symptomatisch (vgl. Naujok 2000, 100f.):

226 wollen wir uns **alle** Stift **teilen** /
281 *zeigt auf ihre zweite Federtasche für Malstifte* **hier** nehmt mal von **mir** Stifte
294 der kriegt dann von uns **auch keine** Stifte

Ihr kommt damit eine integrative Funktion in dem Prozess „Stifte teilen" zu. Diese integrative Funktion steht in Einklang mit dem hier rekonstruierten Partizipationsprofil. Marina ist offensichtlich bemüht, über Muster und Regelmäßigkeiten einen „Gesamtüberblick" im Interaktionsgeschehen zu erhalten und die musterhafte Gestaltung im Rezipienten- wie auch im Produktionsdesign voranzutreiben. Ihre Partizipation scheint darauf ausgerichtet, gegenläufige Tendenzen, sofern sie in ihrem unmittelbaren Umfeld auftreten, „musterhaft" umzugestalten. Das oben angeführte Beispiel der „erfolglosen" Kooperation mit Carola kann als fachliches Beispiel dienen, das durch ein organisatorisches Beispiel ergänzt werden soll: Efrem teilt die Rechenketten aus und gibt zuerst allen Kindern an Tisch 4 eine Kette (s.o. 5.1.1.1.2). Marina sitzt an diesem Tisch und Efrem als ihr unmittelbarer Tischnachbar gehört zu „ihrer" Tischgruppe. Efrem teilt zunächst aber nur an die Kinder aus, die am Tisch sitzen, legt also keine Kette an seinen Platz. Marina ermahnt ihn gib noch für dich <234.1>. Efrem will dies später erledigen. Efrem gibt jedoch die letzte Kette der Lehrerin (s.o. 5.1.1.1.2) und geht zunächst leer aus. Marina beanstandet erneut schaut auf Efrems Platz du brauchst auch noch eine - <251>. Sie sieht in der Hinsicht zunächst noch nicht die Bedingungen für den Beginn der Übung gewährleistet, allerdings hat Efrem letztendlich doch eine Kette – wobei aus der Kameraführung nicht erkenntlich ist, wie er zu dieser kommt. Auch hier zeigt sich Marinas „Mitverantwortlichkeit" für den reibungslosen Ablauf des Unterrichtsprozesses.

Eine Gefahr in der starken Ausrichtung der Partizipation auf Muster und Regelmäßigkeiten liegt in möglichen Überinterpretationen, die den Lernprozess durchaus behindern können (aber, wie aus dem Spracherwerb bekannt, auch gerade Kennzeichen für die Möglichkeit derartiger Lernprozesse ist). So kritisiert Marina eine Lösung von Goran, die im Sinne der Aufgabenstellung richtig ist, jedoch aus Marinas Sicht nicht dem Muster der Lehrerin entspricht: An der Rechenkette sollen die Kinder 14 Perlen legen und die Ketten am Tisch vergleichen. Die meisten Kinder nehmen zehn helle und vier dunkle Perlen und damit die Farbgebung der Lehrerin. Goran wählt die umgekehrte Farbgebung. Marina, die mit Goran an einem Tisch sitzt, betrachtet seine Kette und wendet sich an Goran (Transkript *Rechenkette 1 – Dreizehn Perlen*; Brandt/Krummheuer 1999; 56ff.):

269	Marina	nein . du hast es f a l s c h \
272	Goran	doch *(unverständlich)* den Blick auf seine Kette gerichtet
274	Marina	nein . du musst dis hier machen streicht über ihre Kette und zeigt ihr ihre Darstellung der Vierzehn

Marina misst hier offensichtlich der Farbgebung eine bestimmte Funktion zu. Dies ist bei Schulanfängern nicht unüblich und auch darin zu erkennen, dass die meisten Kinder die Farbgebung der Lehrerin gewählt haben. Bei der Suche nach Mustern oder Regelmäßigkeit wird hier der Farbgebung mehr zugeschrieben, als eigentlich „gemeint" ist: Während die unterschiedliche Farbgebung in der in der Klasse benutzten Unterteilung (zehn helle und zehn dunkle Perlen) üblicherweise „nur" auf die Zehnerzerlegung rekurriert, weist Marina der Farbgebung auch noch die Unterscheidung zwischen dem ersten und zweiten Zehner zu. Dabei ist die gerade von der Lehrerin benutzte „Reihenfolge" ausschlaggebend für diese Zuweisung. Dass Marina hier Goran darauf anspricht, kann erneut als Zeichen ihrer gewissenhaften Wahrnehmung des gesamten Geschehens gesehen werden. Gleichzeitig zeigt sich in der Eindringlichkeit, in der sie Goran hier korrigiert, auch die Übernahme von Verantwortung für Dinge, die um sie herum geschehen. Marinas Handlungsorientierung scheint somit auf einen möglichst reibungslosen

Ablauf des Interaktionsgeschehens ausgerichtet, in dem die kollektiven Lernprozesse unter der „Obhut" schon kompetenterer GesprächspartnerInnen organisiert werden.

Gerade in dem Fehlen einer suchenden Haltung nach eigenen, kreativen Anschlussmöglichkeiten kann aber im Sinne des „Lernen in Formaten" eine auf Lernen ausgerichtete Handlungsorientierung unterstellt werden, die auf das Sich-Einlassen in Interaktionsmuster abzielt. Im Vertrauen auf die Sinnhaftigkeit der vorgeführten Muster lässt sich eine zukünftige Autonomie in den Interaktionsmustern anvisieren. Hier werden Muster angesprochen, die als *„implizite Pädagogik"* (Miller 1986, 66) in frühkindlichen Sozialisationsprozessen dominieren. Dabei kann vorrangig auf den Begriff „Format" verwiesen werden, den Bruner (1982) im Zusammenhang mit dem Spracherwerb konzipiert hat (vgl. *„scaffolding"* in Bruner 1978, 254): Durch die Vorgaben der kompetenteren GesprächspartnerInnen (Lehrerin und MitschülerInnen) gelingt Marina die Teilnahme an einer ihren Entwicklungsstand noch übersteigenden Praxis (vgl. Sutter 1994, 58; Wieler 2002, 130). Sie vertraut so auf die im Interaktionsmuster durch Rollenverschiebung mitangelegte zunehmende Übertragung der Verantwortung in späteren Situationen. Sutter (1994, 58f.) führt mit den Begriffen *„guided participation"*, der *„Skript-Theorie"* und der *„participatory interaction"* weitere, ähnliche Konzepte für die frühe Eltern-Kind-Interaktion an. Hier lässt sich somit aus relativ verschiedenen Ansätzen heraus durchaus ein ähnliches Phänomen rekonstruieren, das frühkindliche Sozialisationsprozesse bestimmt und so auch als Lern-Vorerfahrung in die alltagspädagogische Vorstellung der Kinder eingeht.

Für Marinas Lernprozess liegt somit die Verantwortung weitgehend bei den kompetenteren Gesprächspartnerinnen und Gesprächspartnern der „formathaften Interaktionsprozesse"; in der „erfolglosen" Kooperation mit Carola lässt sich aber die Orientierung zur Hervorbringung formathafter Interaktionsprozesse als gestaltende Kraft in Marinas Partizipation erkennen. Marinas situative Entscheidungen, diese Interaktionsmuster so weitgehend mitzutragen, kann als ihre „Mitgestaltung" schulischer Interaktionsprozesse gesehen werden. In der gemeinsamen Herstellung der Unterrichtssituation übernimmt sie gegenwärtig Verantwortung für die Stabilisierung eingeführter Argumentationsmuster:

- Einerseits greift sie diese Argumentationsmuster relativ zuverlässig auf, womit sie in Abgrenzung zu gänzlich stillen Schülerinnen/Schülern auch die „Verbreitung" mit vorantreibt. So schafft sie auch für andere SchülerInnen günstige Bedingungen für in Argumentationsmuster eingebundene Lernprozesse, sofern diese die Muster noch nicht vorher erfasst haben.

- Andererseits gefährdet sie die Muster nicht durch eigenständigere Beiträge, wie dies etwa bei Efrems Partizipation denkbar wäre (s.o. 5.1.1.3). Insofern ist die Einschätzung, dass keine unkonventionellen Beiträge erwartet werden, durchaus als zugrunde liegende Handlungsorientierung denkbar.

5.2 Partizipationsprofile und alltagspädagogische Vorstellungen

In diesem Abschnitt werden die für die einzelnen Kinder rekonstruierten Partizipationsprofile miteinander verglichen. Für diesen Vergleich werden die beiden aufgestellten Dimensionen der interaktiven Kompetenz genutzt, die auch schon zur Ausarbeitung der Partizipationsprofile herangezogen wurden: die strukturelle, vor allem über das Rezipientendesign erfasste, und die inhaltliche, eher über das Produktionsdesign erfasste Dimension (s.o. 1.1.2). In diesem Vergleich werden die schon in den Einzelanalysen angesprochenen Handlungsorientierungen polarisierend gegenübergestellt. Ziel ist es, die Begriffe des Partizipationsmodells mit den dort rekonstruierten „typischen Handlungsorientierungen" in Verbindung zu bringen und dabei die Partizipationsprofile von den hier betrachteten Kindern abzulösen.

Abschließend werden die bereits in 5.1.1-5.1.4 aufgezeigten Parallelen zwischen den Partizipationsprofilen der Kinder und verschiedenen lerntheoretischen Konzepten nochmals in der Gegenüberstellung verdeutlicht. Diese Parallelen werden den Kindern nicht als „gewußte singuläre Perspektiven" unterstellt, sondern sie können den Partizipationsprofilen mit „guten Gründen zugeschrieben werden" (Reichertz 1997, 101; s.o. 1.3). Im Folgenden wird neben der schon dargestellten Unterscheidung zwischen „Teilsein" und „Teilnehmen" (Markowitz 1986, 9; s.o. 1.2) auf die Unterscheidung zwischen „Gewißheitsorientierung" und „Ungewißheitsorientierung" von Huber/Roth (1999) zurückgegriffen.

Zunächst aber der Vergleich zur interaktiven Kompetenz, der die Handlungsorientierungen der Partizipationsprofile über die partizipationstheoretischen Begriffe aus Krummheuer/Brandt (2001) typisiert:

Für die strukturelle Dimension sind die Beiträge der Kinder dahingehend unterschieden worden, ob sie in den offiziellen Interaktionsstrang als legitimierte Beiträge eingebunden waren, d.h., ob die fokussierten Kinder als GesprächspartnerInnen über den Mechanismus der Rederecht-Zuweisung an die offizielle thematische Entwicklung Anschluss gefunden haben. Besonders auffällig ist hier Efrem: Fast alle seine Äußerungen im Klassengespräch werden nicht in die offizielle thematische Entwicklung aufgenommen; seine Beiträge bleiben nicht legitimierte Einwürfe, die er sehr spontan und unmittelbar anknüpfend hervorbringt. Der einzige legitimierte Beitrag in der Episode *Rechenkette 2* wird nicht ernsthaft aufgegriffen. Efrem bewegt sich innerhalb des Partizipationsraumes „Klassengespräch" außerhalb des offiziellen Interaktionsstranges. Gewissermaßen als Gegenpol ist hier Marina zu nennen: Alle ihre Beiträge sind als legitimiert zu werten, d.h., sie sind entweder über die Melde- und Aufrufprozedur oder über offenere Rederecht-Zuweisungen in den offiziellen Interaktionsstrang eingebunden. Marina „ist Teil" des Partizipationsraumes und bewegt sich in diesem relativ unauffällig. Ähnlich unauffällig, wenn auch nicht in der Ausprägung, die sich für Marina rekonstruieren lässt, ist Jareks Partizipationsprofil in dieser strukturellen Dimension. In der Aufnahme seiner Beiträge im offiziellen Interaktionsstrang unterscheidet sich Jarek deutlich von Efrem. Auch er bewegt sich durch (An)passung im Rezipientendesign eher „unauffällig". Hingegen ist Franzi in dieser strukturellen Dimension ähnlich auffällig wie Efrem; auch Franzi äußert sich häufig „spontan" zu der thematischen Entwicklung im offiziellen Interaktionsstrang, ohne hier über den Mechanismus der Rederecht-Zuweisung den nächsten Turn erhalten zu haben. Allerdings werden ihre direkten und spontanen Einwürfe anschließend häufig aufgegriffen und so nachträglich als Beiträge im offiziellen Interaktionsstrang legitimiert. Die (An)passung liegt hier nicht in Franzis Handlungsorientierungen, sondern eher umgekehrt durch die nachträgliche Akzeptanz in der Interaktion. Hinsichtlich der Spontaneität und Direktheit als zugrunde liegende Handlungsorientierung lassen sich Efrem und Franzi somit nicht unterscheiden, wohl aber in der Akzeptanz dieser Spontaneität im Interaktionsgeschehen.

Insgesamt kommt man hier zu der Unterscheidung (An)passung/Unauffälligkeit versus Spontaneität/Direktheit. Betrachtet man diese als die Gegenpole der interaktionalen Orientierung im Rezipientendesign, so sind die Kinder bzw. die über ihre Partizipationsvarianten (re)konstruierten Partizipationsprofile graduell unterschiedlich eher in der Nähe des einen bzw. eher des anderen einzuordnen:

Orientierungen	Art der Beiträge	Zuordnung der Kinder
(An)passung/Unauffälligkeit	angeforderte, legitimierte Beiträge	Marina Jarek
Spontaneität/Direktheit	(nachträglich) akzeptierte Beiträge	Franzi Efrem
	nicht legitimierte Beiträge	

Vergleicht man nun die aufgestellten Partizipationsprofile der fokussierten Kinder hinsichtlich der Produktion, so fällt auch hier zunächst der Unterschied zwischen Efrem und Marina ins Auge: Efrem ist in der Interaktion intensiv um Anschlussmöglichkeiten an eigene Vorstellungen bemüht. Diese Handlungsorientierung kann in den Produktionsstatus des Kreators und des Traduzierers rekonstruiert werden. Für Marina lässt sich hingegen eine stärker an Regelmäßigkeit und Sicherheit orientierte Partizipation nachzeichnen: Fast alle ihre Beiträge sind durch Paraphrase und Imitation vorgängigen Argumentationsmustern zuzuordnen. In Franzis Partizipationsprofil finden sich diese beiden Orientierungen vereinigt: Sie greift sowohl Argumentationsmuster auf und fügt sich so paraphrasierend in die „als gemeinsam geteilt unterstellte Deutung" ein; andererseits bringt sie auch eigenständige Ideen im Kreatorstatus in die thematische Entwicklung ein und treibt so den Aushandlungsprozess über die „als gemeinsam geteilt unterstellte Deutung" voran. Eine stärker polarisierende Gegenüberstellung findet sich wieder zwischen der Partizipation von Jarek und Marina. Jareks Beiträge sind gekennzeichnet durch eine hohe Eigentätigkeit und Kreativität außerhalb der vorgängigen Argumentationsmuster. Die Ausgriffe auf künftig zu Etablierendes oder auf die Grenzen der Veränderlichkeit lassen seine Partizipation als mitgestaltende „Teilnahme" (Markowitz 1986, 9; s.o. 1.2) innerhalb des offiziellen Interaktionsstranges rekonstruieren – ähnlich trifft dies auch für Franzis Partizipationsprofil zu, allerdings nicht in dieser Deutlichkeit, da in ihrer produktivtätigen Partizipation durchaus auch die Orientierung an Regelmäßigkeiten erkennbar ist. Marina „ist Teil" (ebenda) des offiziellen Interaktionsstranges, nicht nur, wie oben aufgezeigt, rezeptiv, sondern auch produktiv; ihre Mitgestaltung der Interaktion beschränkt sich in der Stabilisierung von Argumentations- und Interaktionsmustern. Efrem ist bezüglich der Produktion ein „Außenstehender" der thematischen Entwicklung im offiziellen Interaktionsstrang; lediglich in dyadischen Interaktionsprozessen wird er mitgestaltender „Teilnehmer".

Jarek und Efrem gemeinsam ist die Eigenverantwortlichkeit in den eigenen Beiträgen auch für die argumentative Idee, die als Autonomiebestreben in der aktuellen Situation gefasst werden kann. Die Autonomieorientierung der beiden Partizipationsprofile lässt sich bei Jarek eher als ein „Spielen" mit den Argumentationsmustern rekonstruieren, das auf „zukünftige" Praxen vorgreift und die Grenzen des Möglichen aufzeigt; auch wenn es hier zu „Fehlkonstruktionen" kommt (sieben minus null), stellt er nicht die etablierten Argumentationsmuster in Frage, sondern stellt seine Idee als eine außerhalb der Konventionen stehende Alternative daneben. Efrem ist eher bemüht, die zu etablierenden Argumentationsmuster „zu verstehen" und in die eigenen Konstruktionen zu integrieren. Seine Autonomieorientierung liegt daher in dem Bemühen um direkte Aushandlungsprozesse, in denen das Musterhafte bzw. deren Gültigkeit thematisiert und gegebenenfalls hinterfragt wird. In dem „Teilsein", das das über Marinas Partizipationsvarianten entwickelte Partizipationsprofil ausmacht, ist der Autonomiezuwachs auf spätere Interaktionen hinausgeschoben. Die aktuelle Beteiligung lässt aufgrund der Analysen eine Sicherheitsorientierung unterstellen, die sich durch geringere Verantwortlichkeit in den Beiträgen ausdrückt.

Mit Hilfe der Sprechendenstatus lassen sich hier Autonomieorientierung versus Sicherheitsorientierung als Gegenpole inhaltlicher Dimension, die über das Produktionsdesign beschrieben wird, voneinander abgrenzen. Die Zuordnung erfolgt nicht kategorial, sondern wieder eher graduell:

Orientierungen	Sprechendenstatus	Zuordnung der Kinder	
Autonomieorientierung	KreatorIn / TraduziererIn	↑	Jarek Efrem
Sicherheitsorientierung	ParaphrasiererIn / ImitiererIn	↓	Franzi Marina

Franzi kann hier nicht unmittelbar eingeordnet werden. Ihr Partizipationsprofil umfasst beide Pole. Sie scheint in ihren situativen Entscheidungen nicht eindeutig auf eine Orientierung festgelegt oder anders gesagt: Bezüglich der tätig-produktiven Partizipation nutzt sie einen sehr weiten Partizipationsspielraum, der nicht durch einseitige Orientierungen in der inhaltlichen Dimension eingeschränkt wird. Dabei gestaltet sie wie Jarek in ihrer „Teilnahme" die thematische Entwicklung entscheidend mit.

Mit dieser Unterscheidung zwischen Autonomieorientierung und Sicherheitsorientierung lässt sich an die von Huber/Roth (1999) vorgenommene Differenzierung „Ungewißheitsorientierung – Gewißheitsorientierung" (ebenda, 20ff.) anknüpfen. Huber und Roth verkürzen in ihrer psychologischen Ausrichtung (vgl. ebenda, 13) die Interaktion auf das Zusammenspiel von abhängigen und unabhängigen Variablen (s. für entsprechende Verkürzungen Naujok/Brandt/Krummheuer, erscheint demnächst). Ich möchte hier nicht diese Verkürzungen und die psychologische Ausrichtung aufgreifen; allerdings lassen sich Parallelen zwischen den von Huber und Roth aufgestellten Orientierungsstilen und den hier rekonstruierten Partizipationsprofilen ausnutzen, um letztere zu differenzieren: Huber und Roth beschreiben die beiden Orientierungsstile als „Hinwendung zu Neuem vs. Konzentration auf Bekanntes" (ebenda, 96) und umspielen diese mit den auf die kognitive Tätigkeit des Lernenden ausgerichteten Begriffen „finden" oder „suchen": Mit „finden" verbinden Huber/Roth (1999, 8) das Auffinden eigener Probleme und Lösungsmöglichkeiten. Dieses Bemühen lässt sich – in dem wohl auf „suchen" ausgerichteten Partizipationsspielraum der Klasse – sowohl bei Efrem als auch bei Jarek erkennen. Hingegen verbinden Huber/Roth (1999) „suchen" mit „vorgegebenen Problemen und definierten Lösungen" (ebenda, 8), was Marinas Partizipation passend beschreibt. Weist man diesem Modell folgend Efrem eine ausgeprägte „Ungewißheitsorientierung" zu, die sich z.B. in dem auf eine Kontroverse ausgerichteten Produktionsstatus des Traduzierers begründen ließe, steht dies der der Kommunikation unterstellten Tendenz zur „Ungewißheitsreduktion" entgegen (Huber/Roth 1999, 46). Sein „Scheitern" in der Übernahme einer gestaltenden Teilnahme ließe sich so über eine der „Kommunikation" gegenläufigen Handlungsorientierung erklären.[74] Diese „Erklärung" kommt der in 5.1.1.3 dargestellten Sicht auf Efrems Scheitern relativ nahe: Dort wurde das den Interaktionsfluss gefährdende Potenzial seiner tätig-produktiven Partizipation unter interaktionsitischer Perspektive erfasst. Das Franzi über ihre Partizipationsvarianten zugeschriebene Partizipationsprofil ist auch in dem Spannungsfeld „Gewißheits- und Ungewißheitsorientierung" ambiguos und entspricht so vielleicht der von Huber und Roth für gegenwärtige und zukünftige gesellschaftliche Anforderungen eingeforderten „Balance zwischen möglicher Vereinfachung und notwendiger Offenheit für Komplexität" (ebenda, 7).

---

[74] Hier übernehme ich mit „Kommunikation" die Sprache von Huber und Roth; der Kommunikationsbegriff mit intentional handelnden Einzel-Individuen, die sich über Sprache Gedanken und Absichten vermitteln, ist mit dem von Huber und Roth psychologisch ausgerichteten Ansatz vereinbar.

Diese Beschreibung der Orientierungsstile als *„Hinwendung zu Neuem vs. Konzentration auf Bekanntes"* (s.o.) soll hier die den Partizipationsprofilen unterstellte Lernorientierung stützen. Die den situativen Partizipationsvarianten zugrunde liegenden Handlungsorientierungen der psychischen Systeme beruhen auf einem (momentanen) individuellen Deutungshintergrund. In der vorliegenden Arbeit werden die „lerntheoretischen" Komponenten dieses innerpsychischen Deutungshintergrundes als die individuellen alltagpädagogischen Vorstellungen gefasst. Die Handlungsentorientierung *„Hinwendung zu Neuem vs. Konzentration auf Bekanntes"* wird somit in dieser Arbeit lerntheoretisch gedeutet und auf alltagspädagogische Vorstellungen zurückgeführt, ohne dass diese den Kindern als komplexe Handlungskonzepte „bewusst" und entsprechend auch nicht in Interviews rekonstruierbar sein müssen. In der Anbindung an bestimmte lerntheoretische Konzepte wird die doppelte Bedeutung der Alltagspädagogik als individuelles und kulturelles Interpretationssystem sichtbar: In dem Maße, in dem ForscherInnen auf empirischer Basis lerntheoretische Konzepte entwickeln, lassen sich hier Parallelen zu den der Alltagspraxis zugrunde liegenden alltagspädagogischen Vorstellungen finden.

Mit der *„Hinwendung zu Neuem"* verbindet sich die Bereitschaft, die „aktuellen Kognitionen" ggf. grundlegend umzustellen, um dieses Neue fassbar zu machen; dem konstruktivistischem Konzept Piagets folgend somit eine Bereitschaft zu Akkomadationsprozessen. Die aktive Rolle, die dabei der *„Partizipationseinheit"* (Goffman 1974, 25) SchülerIn zukommt, kann mit der Unterscheidung zwischen dem *„Ort der Konstruktion"* und dem *„Ort der sozialen Lernbedingung"* (Sutter 1994, 92) noch schärfer herausgestellt werden: Das psychische System „Lerninstanz" nimmt wahr, ob in der Komplexität, die das soziale System „Interaktion" bereitstellt, Neues entdeckt bzw. bereits Bekanntes durch kreative Variationen interessant gehalten werden kann. Die dabei entstehenden individuellen Konstrukte des psychischen Systems werden dann wiederum der Interaktion zur Verfügung gestellt. In der Interaktion als sozialem System werden diese Konstruktionen auf Viabilität überprüft (vgl. Bauersfeld 2000, 118); das lernende Subjekt erhält so über die entsprechenden Reaktionen aus dem sozialen System Informationen über die Brauchbarkeit seiner Konstruktionen (in der aktuellen Situation).

In dieser systemtheoretischen Beschreibung lassen sich die stark kontruktivistischen Züge erkennen, die Jareks Partizipationsprofil ausmachen. Damit eröffnet er auch anderen Einblicke in neue Interpretationsmöglichkeiten. Seine Handlungsorientierungen beruhen auf (s)einer alltagspädagogischen Vorstellung von schulischen Interaktionsprozessen als kreative und „offene" Situationen, wie sie von didaktischen Modellen des aktiven und entdeckenden Unterrichts auf konstruktivistischer Grundlage eingefordert wird, allerdings kaum bei allen Lernenden zu erwarten ist (vgl. Huber/Roth 1999, 8).

Auch Efrems Partizipation scheint durch *„Hinwendung zu Neuem"* gekennzeichnet. Hier wird dann auch das Defizit der von Huber und Roth getroffenen Unterscheidung deutlich, da sich die Partizipationsprofile von Jarek und Efrem in der Art der *„Hinwendung zu Neuem"* wesentlich unterscheiden und Efrems Partizipation ihn auch in Bezug auf die tätig-produktiven Partizipation außerhalb der üblichen Praxen des Schulalltags stellt. Partizipationstheoretisch lässt sich diese Differenz vor allem durch den Status des Traduzierers ausmachen. Dem Traduziererstatus wurde einerseits das Bestreben zugeordnet, Neues den eigenen Vorstellungen anzupassen, was mit Piaget ebenfalls konstruktivistisch als „Assimilationsversuch" bezeichnet werden könnte. Andererseits ist der Status des Traduzierers, insbesondere auch bei der Lehrerin, als der Status des Zweifelns und Hinterfragens zu rekonstruieren – und so lässt er sich auch bei Efrem wiederfinden. Scheitert der „Assimilationsversuch", versucht Efrem seinen Zweifel als Traduzierer in die Interaktion einzubringen. Damit zeigt er auch anderen mögliche neue Anschlusspunkte auf, die allerdings der zufälligen Rezeption überlassen bleiben. In den von Efrem eingeforderten Aushandlungsprozessen lassen sich Momente des „argumentativen kollektiven Lernens" ausmachen, die allerdings in den untersuchten Unterrichtsrealitäten nicht umgesetzt werden. Diese auf Dissens beruhenden Aushandlungsprozesse sind in dieser „Direktheit", die sich auch in Efrems Rezeption zeigt, (noch) nicht in den polyadischen Interaktionsprozessen tragbar, sondern können bestenfalls in dyadischen Interaktionsprozessen umgesetzt werden. Diese alltagspädagogischen Vorstellungen lassen sich bei entsprechender Offenheit der InteraktionspartnerInnen in dyadischen Interaktionen umsetzen; für polyadische Interaktionen steht diese Offenheit noch aus und ist sicher immer nur in einem begrenzten Maße möglich.

Marina ist hingegen mit ihrer auf (An)passung und Sicherheit ausgelegten Orientierung in der Interaktion auf die *„Konzentration auf Bekanntes"* ausgerichtet. Sie „sucht" in der bereitgestellten Komplexität der Interaktion nach Bekanntem, „Neues" wird nur wahrgenommen, wenn es in bekannte Interaktionsmuster eingebettet angeboten wird. Sie entwickelt daher ein sehr ausgeprägtes Gespür für derartige Interaktionsmuster und forciert die musterhafte Gestaltung der Interaktion. Hier lässt sich anknüpfen an die Vorstellungen „formatierten" Lernens, deren Autonomiezuwachs auf dem sich Einlassen in Interaktionsmuster und der allmählichen Rollenverschiebung innerhalb dieser Interaktionsmuster beruht. Durch die Übernahme gesicherter Muster wirkt Marinas Partizipation so in der Routinebildung und dem Einhalten der gewohnten Sichtweisen mitgestaltend. Die zugrunde liegende alltagspädagogische Vorstellung dieser Handlungsorientierung ist gekennzeichnet durch das „Vertrauen" in die Sinnhaftigkeit der Handlungsangebote der Lehrerin, das ihr ein „Mitwirken" im Interaktionsgeschehen ermöglicht. In der hier rekonstruierten formatorientierten Partizipation lässt sich die „Eingebundenheit" der Eltern-Kind-Interaktion wiedererkennen. Diese Parallelität erinnert an die „Lokalität" der Entdeckung des Format-Konzeptes, das ursprünglich für (Sprach)Lernprozesse in Eltern-Kind-Interaktionen entwickelt wurde.

Franzi zeigt das weiteste und vielfältigste Partizipationsverhalten, so dass ihrem Partizipationsprofil – zumindest in der inhaltlichen Dimension – keine einheitliche Orientierung zugeschrieben werden kann. Sie ist „offen für Alles", sowohl für die *„Konzentration auf Bekanntes"* als auch für die *„Hinwendung zu Neuem";* d.h., sie übernimmt einerseits vorgegebene Muster und „schmückt" diese in Geschichten aus; sie erfindet aber, angeregt durch die Komplexität der Interaktion, die sie als Komplexität nutzt (und nicht reduziert), auch „Neues" und präsentiert dies ebenfalls in Geschichten. Das Partizipationsprofil wurde daher mit „narrativen Lernkonzepten" in Verbindung gebracht. Das Konzept der *„narrativen Unterrichtskultur"* (Krummheuer 1997, 11) geht hervor aus der Narrativität der Alltagspsychologie (Bruner 1997, z.B. 64f.). Lernen erhält hier eine kulturelle Verankerung, die den radikal-konstruktivistischen Ansatz relativiert: Es muss nicht alles neu erfunden werden, man kann sich auf Überliefertes berufen und verlassen und in diesem kulturellen Spielraum eingebunden Neues schaffen (vgl. Bruner/Olson 1996, 22). In ihrem narrativ geprägten Partizipationsprofil zeigt sich somit auch Franzis kulturelle Verankerung. Ihren situativen Handlungsorientierungen liegt ein sicheres Gespür für das, „was gilt", zugrunde und somit eine Unterscheidung zwischen *„what is known canonically from what they know personally and idiosyncratically"* (ebenda, 22).

Für den Erfolg schulischer Lernprozesse sind sicherlich die für Jarek und Franzi rekonstruierten Partizipationsprofile eher günstig einzuschätzen, wenn sie weiterhin im Interaktionsgeschehen unterstützend integriert werden. In dieser Hinsicht sind die Partizipationsprofile vor allem von Efrem, aber auch von Marina ungünstiger einzuschätzen. Bei Efrem stützt sich diese negative Einschätzung auf die „Verarbeitung" seiner Partizipation im Interaktionsgeschehen, während die inhaltliche Dimension seiner interaktiven Kompetenz erfolgreiche Lernprozesse erhoffen lässt. Hier ließe sich Anschluss finden an die schon erwähnte Abeit von Lambrich (1987), der unter interaktionistischer Perspektive die Selbskonzeption „schlechter" Schüler untersucht. Das für Efrem rekonstruierte Partizipationsprofil zeigt sicher Potenziale für „abweichendes Verhalten", das sich über Stigmatisierungprozesse verstärken könnte. Dies muss in Efrems Biographie keinen Niederschlag finden; hier wird das Partizipationsprofil „gelöst" von seiner Person betrachtet. Marina wird gerade auch in der interaktiven Rückmeldung in ihrer sehr einseitig formatorientierten Partizipation unterstützt. Dies ist für aktuelle Erfolge in der Situation ausreichend und so wird sie in dieser Orientierung bestärkt – allerdings bleibt sie damit auch für weitere Lernerfolge immer abhängig von entsprechend „formatiert" aufbereiteten Interaktionsprozessen und ist der Gefahr der *„Illusion von Autonomie"* (Krummheuer 1997, 42) ausgesetzt.

5.3 Abschlussgedanken

Für die Unterrichtspraxis ist es wünschenswert, die Vielfalt der hier rekonstruierten Partizipationsprofile mit ihren unterschiedlichen Handlungsorientierungen und den sich daraus ergebenden Bedingungen für Lernprozesse im Interaktionsgeschehen wahrzunehmen. Diese Partizipationsprofile sind in ihrer Vielfalt zu pflegen, ohne einzelne Kinder auszuschließen oder einseitig festzulegen. Insbesondere die LehrerInnen müssten neue Deutungsprozesse entwickeln, um in der Lage zu sein, die sich bietende Vielfalt aufzugreifen. Diese Forderung scheint umso dringlicher, als die Lehrerin der hier untersuchten Klasse sehr engagiert war, vielfältige Lernangebote anzubieten, und sehr offen auf die heterogene Zusammensetzung in ihrer Klasse (in einem Berliner Brennpunktbezirk) eingegangen ist und dabei auch auf viele Innovationsvorschläge aus der methodisch-didaktischen Literatur zurückgegriffen hat. Unter dem Handlungsdruck der Praxis wird auf das Gewöhnliche und Bekannte zurückgegriffen und auch mit der „Alltagsbrille" der ForscherInnen konnten die ungünstigen Verfestigungen dieser Alltagsinterpretationen nicht wahrgenommen werden, die in der Zeitlupenaufnahme der Wissenschaft rekonstruiert werden können. So hat sich erst im Forschungsprozess die „Isolation" Efrems gezeigt, der unter der „alltäglichen" Beobachtung sehr präsent und ausreichend integriert erschien. Wie erwähnt, konnte im gesamten Transkriptmaterial für die Klassengespräche in diesen 14 Tagen kein legitimierter Beitrag gefunden werden – mit der Alltagsbrille haben auch die beteiligten ForscherInnen dies so nicht wahrgenommen. Überdenkenswert ist die Einschätzung insofern, da Efrem als nicht-muttersprachlicher Junge zu der Risikogruppe im deutschen Schulsystem gehört.[75] Eventuell lassen sich hier kulturelle Unterschiede in den alltagpädagogischen Vorstellungen ausmachen, die in der – ebenfalls viel zitierten – „andersartigen" Sozialisation „ausländischer" Jungen begründet sein könnte. In diesem Zusammenhang ist Franzis „Erfolg" als Gegenpol zu sehen: Diese ist zumindest in ihrer Auffälligkeit in der kommunikativen Dimension kaum von Efrem zu unterscheiden. Der hier vorliegenden Studie fehlen die entsprechenden Daten, um derartige Aussagen empirisch begründen zu können bzw. detaillierte Differenzen in den kulturellen Hintergründen aufzuzeigen. Allerdings lassen sich die Unterschiede in der Alltagswahrnehmung und ihre Auswirkungen auf die Integration verschiedener Partizipationsprofile im Interatkionsprozess erkennen. Die Alltagsinterpretationen greifen häufig auf eigene schulische Lernprozesse und tradierte Unterrichtsformen als Deutungshintergrund zurück, d.h., die „lernerfahrenen" Unterrichtenden (und die erwachsenen BeobachterInnen)

„... deuten das Heute mit den Konstruktionen vom typisierten Gestern." *(Reichertz 1997, 120).*

---

[75] siehe dazu z.B. etwa die auch in der Presse viel diskutierten Ergebnissen der PISA-Studie

Die Härte dieses Zitates – insbesondere in Hinblick auf die hier analysierte Unterrichtsrealität – macht die Unausweichlichkeit des Rückgriffs auf das *„typisierte Gestern"* im alltäglichen Handlungsdruck deutlich (vgl. Bauersfeld 2002, 41). Bauersfeld fordert daher, die interpretative Kompetenz gegenwärtiger und insbesondere auch zukünftiger LehrerInnen zu stärken und dazu eine neue *„anspruchsvollere Ausbildungskultur"* (Bauersfeld 2002, 44) in der Lehreraus- und weiterbildung zu etablieren. Dabei schließt er explizit auch neue „Lernformen" ein, die neues Erleben von Lernprozessen den eigenen Schülererfahrungen gegenüberstellt. Interpretative Unterrichtsforschung kann hier einen wesentlichen Beitrag leisten, und zwar sowohl inhaltlich als auch strukturell: Einsichten der interpretativen Unterrichtsforschung sind nicht über die *„immer noch übliche Ausbildungskultur der asymmetrischen ‚Fakten'-Vermittlung"* (ebenda, 42) zu „vermitteln", sondern können nur über die zeitlupenartige Auseinandersetzung mit Unterrichtsrealitäten „erworben" werden. Mithin ist eine Einführung in die interpretative Forschungspraxis notwendig, *„in der die Künste des Sich-wechselseitigen-Verständigens und –Interpretierens wie auch des konstruktiven Streitens, Kritisierens und Aushandelns gepflegt werden"* (ebenda, 42).

In dieser Arbeit wurde die (kulturelle) alltagspädagogische Vielfalt, die durch die verschiedenen Kinder *mitgebracht* wird, „wahrnehmbar". Diese Vielfalt kann und muss für die Gestaltung der kollektiven Lernprozesse ausgenutzt werden – als ein Aspekt der „Vielfalt" (s.a. Prengel 1993, 1999), deren Umsetzung in die Gestaltung einer neuen Lernkultur immer wieder gefordert wird. Die rekonstruierten Partizipationsprofile der Kinder lassen sich in dieser Hinsicht optimistisch begreifen.

6 Literatur

Bauersfeld, H. (1978): Kommunikationsmuster im Mathematikunterricht. Eine Analyse am Beispiel der Handlungsverengung durch Antworterwartung. In: ders. (Hrsg.): Fallstudien und Analysen zum Mathematikunterricht. Hannover, 158-170.

Bauersfeld, H. (1982): Analysen zur Kommunikation im Mathematikunterricht. In: H. Bauersfeld, W. Heymann und G. Krummheuer: Analysen zum Unterrichtshandeln. Köln, 1-40.

Bauersfeld, H. (1995): „Language games" in Mathematics Mlassroom – Their Function and their Effects. In: P. Cobb, P. und H. Bauersfeld (Hrsg.): The Emergence of Mathematical Meaning: Interaction in Classroom Cultures. Hillsdale, NJ: Lawrence Erlbaum, 271-291.

Bauersfeld, H. (2000): Radikaler Konstruktivismus, Interaktionismus und Mathematikunterricht. In: E. Begemann: Lernen verstehen – Verstehen lernen. Zeitgemäße Einsichten für Lehrer und Eltern. Frankfurt a. M., 117-145.

Bauersfeld, H. (2002): Zum Zusammenhang von empirischer Unterrichtsforschung und Lehrerausbildung. In: C. Kammler und W. Knapp: Empirische Unterrichtsforschung und Deutschdidaktik. Baltmannsweiler, 30-45.

Bauersfeld, H., G. Krummheuer, J. und Voigt (1986): Interaktionsanalyse von Mathematikunterricht. Methodologische Annahmen und methodisches Vorgehen. Bielefeld: Diskussionspapier für die Arbeitsgruppe anläßlich der Bundestagung der Gesellschaft für Didaktik der Mathematik im März 1986 in Bielefeld.

Baurmann, J., H. Cherubim und H. Rehbock (Hrsg.) (1981): Nebenkommunikationen. Beobachtungen und Analysen zum nicht-offiziellen Schülerverhalten innerhalb und außerhalb des Unterrichts. Braunschweig.

Beck, C. und H. Jungwirth (1999): Deutungshypothesen in der interpretativen Forschung. In: Journal für Mathematik-Didaktik 20/4, 231-259.

Becker-Mrotzek, M. (2002): Funktional-Pragmatische Unterrichtsanalyse. In: C. Kammler und W. Knapp (Hrsg.): Empirische Unterrichtsforschung und Deutschdidaktik (Diskussionsforum Deutsch, Bd. 5). Baltmannsweiler, 58-78.

Berger, P. und T. Luckmann (1969): Die gesellschaftliche Konstruktion der Wirklichkeit. Eine Theorie der Wissenssoziologie. Frankfurt a. M..

Blumer, H. (1954): What is wrong with Social Theory? In: American Sociological Review 19, 3-10.

Blumer, H. (1973): Der methodische Standpunkt des symbolischen Interaktionismus. In: Arbeitsgruppe Bielefelder Soziologen (Hrsg.): Alltagswissen, Interaktion und gesellschaftliche Wirklichkeit 1. Symbolischer Interaktionismus und Ethnomethodologie. Reinbeck bei Hamburg, 80-146.

Bohnsack, R. (1993): Rekonstruktive Sozialforschung. Einführung in Methodologie und Praxis qualitativer Sozialforschung. Opladen.

Bohnsack, R. (1996): Forschungsprozess und Interpretation in wissenssoziologischer Perspektive. Umrisse einer praxeologischen Methodologie. Vortrag auf dem 27. Kongress der Deutschen Gesellschaft für Soziologie in Dresden.

Brandt, B. (1997): Beteiligungsformen im mathematischen Grundschulunterricht – Rekonstruktion von Lern„bedingungen". In.: K. P. Müller (Hrsg. für die GDM): Beiträge zum Mathematikunterricht. Hildesheim, 107-110.

Brandt, B. (1997a): Reconstructions of „Possibilities" for Learning with Respect to the Participation in Classroom Interaction. In: H.-G. Weigand u.a. (Hrsg.): Selected Papers from Annual Conference on Didactics of Mathematics, Leipzig. (im Internet unter webdoc.sub.gudg.de/ebook/e/gdm/1997/index.html; deutsche Kurzfassung siehe Brandt 1997)

Brandt, B. (1997b): Forms of Participation in Elementary Mathematics Classroom Interaction. In: P. Abrantes, J. Porfírio und M. Baía (Hrsg.): The interactions in the mathematics classroom. Proceedings of the CIEAEM 49. Instituto Politécnico de Setúbal, Escola suprior de Educacao, 157-163.

Brandt, B. (1998): Recipients in Elementary Mathematics Classroom Interaction. In: Schwank, I. (Hrsg.): Proceedings of CERME 1. Osnabrück, 27.-30.8.1998, Universität Osnabrück, (im Internet: fmd.uni-osnabrueck.de/ebooks/erme/cerme1-proceedings.html).

Brandt, B. (1998a): Rekonstruktive Unterrichtsanalyse in der Lehrerausbildung. In: M. Neubrandt (Hrsg. für die GDM): Beiträge zum Mathematikunterricht 1998. Hildesheim u.a., 136-139.

Brandt, B. (1999): Jareks Partizipation im Mathematikunterricht. In: M. Neubrandt (Hrsg. für die GDM): Beiträge zum Mathematikunterricht 1999. Hildesheim, u.a., 105-108.

Brandt, B. (2000): Zur Rekonstruktion von Partizipationsformen: Jarek in verschiedenen Lernsituationen. In: O. Jaumann-Graumann und W. Köhnlein (Hrsg): Lehrerprofessionalität – Lehrerprofessionalisierung. Heilbronn, 166-173.

Brandt, B. (2000a): Interaktionskompetenz im Mathematikunterricht der Grundschule. In: A. Kaiser und C. Röhner (Hrsg): Kinder im 21. Jahrhundert. Münster, 133-140.

Brandt, B. (2001): Handlungsstränge im Wochenplanunterricht. In: H.-G. Roßbach u.a. (Hrsg.): Forschungen zu Lehr- und Lernkonzepten für die Grundschule. Jahrbuch Grundschulforschung, Bd. 4. Opladen, 63-69.

Brandt, B. (2002): Classroom Interaction as Multi-Party-Interaction – Methodological Aspects of Argumentation. In: J. Novotná (Hrsg.): Proceedings of CERME 2. Mariánske Lázné, 24.-27.02. 2001. (im Internet pedf.cuni/k_mdm/vedcin/ cerme2frm.htm)

Brandt, B. (2002a): Schulische Interaktion und Individuum: Sabrina im jahrgangsübergreifenden Unterricht. In: H. Petillon (Hrsg.): Individuelles und soziales Lernen in der Grundschule – Kind, Perspektive und pädagogische Konzepte. Jahrbuch Grundschulforschung, Bd. 5. Opladen, 111-117.

Brandt, B. und G. Krummheuer (1999): Verantwortlichkeit und Originalität in mathematischen Argumentationsprozessen der Grundschule. In: mathematica didactica 22/2, 3-36.

Brandt, B. und G. Krummheuer (1998): Zwischenbericht zum DFG-Projekt „Rekonstruktion von 'Formaten kollektiven Argumentierens'". Berlin: unveröffentlichtes Papier am Institut für Grundschul- und Integrationspädagogik des Fachbereichs „Erziehungswissenschaft, Psychologie und Sportwissenschaft" der Freien Universität Berlin.

Brandt, B. und G. Krummheuer (1999): Transkriptband zum DFG-Projekt „Rekonstruktion von 'Formaten kollektiven Argumentierens'". Berlin: unveröffentlichtes Papier am Institut für Grundschul- und Integrationspädagogik des Fachbereichs „Erziehungswissenschaft, Psychologie und Sportwissenschaft" der Freien Universität Berlin.

Brandt, B. und G. Krummheuer (2000): Das Prinzip der Komparation im Rahmen der Interpretativen Unterrichtsforschung in der Mathematikdidaktik. In: Journal für Mathematik-Didaktik 21/3-4, 193-226. (überarbeitete Fassung von: Die Komparative Analyse als methodologisches Prinzip interpretativer Unterrichtsforschung. In: online-Zeitschrift „grundschulforschung" 1/1, 2000: ISSN 1615-5106; die Seitengaben im Text beziehen sich auf die Druckversion)

Brandt, B., G. Krummheuer, und N. Naujok (2001): Zur Methodologie kontextbezogener Theoriebildung im Rahmen interpretativer Grundschulforschung. In: S. von Aufschnaiter und M. Welzel (Hrsg.): Nutzung von Videodaten zur Untersuchung von Lehr-Lern-Prozessen. Aktuelle Methoden empirischer pädagogischer Forschung. Münster, 17-40.

Bruner, J. (1978): The Role of Dialoque in Language Acquisition. In: A. Sinclair und W. Levelt (Hrsg.): The Child's Conception of Canguage. Berlin.

Bruner, J. (1982): The formats of Language Acquisition. In: American Journal of Semiotics 1, 1-16.

Bruner, J. (1987): Wie das Kind sprechen lernt. Bern, Huber. (Originalausgabe: Childs's talk. Learning to use language. 1983)

Bruner, J. (1996): The Culture of Education. Cambridge, MA u.a.: Harvard University Press.

Bruner, J. (1997): Sinn, Kultur und Ich-Identität. Zur Kulturpsychologie des Sinns. Heidelberg. (Originalausgabe: Acts of meaning. London, 1990)

Claussen, C. (2000): Mündliches Erzählen von Kindern . In: F. Heinzel (Hrsg.): Methoden der Kindheitsforschung. Ein Überblick über Forschungszugänge zu kindlicher Perspektive. Weinheim u.a., 105-116.

Cobb, P.und H. Bauersfeld (1995): Introduction: The Coordination of Psychological and Sociological Perspectives in Mathematics Education. In: P. Cobb und H. Bauersfeld (Hrsg): The Emergence of Mathematical Meaning. Interaction in Classroom Cultures. Hillsdale, NJ.: Lawrence Erlbaum, 1-16.

Dann, H. D. (2000): Lehrerkognitionen und Handlungsentscheidungen. In: In: M. Schweer (Hrsg.). Lehrer-Schüler-Interaktion. Pädagogisch-psychologische Aspekte des Lehrens und Lernens in der Schule. Opladen, 79-108.

Deppermann, A. (1999): Gespräche analysieren. Eine Einführung in konversationsanalytische Methoden. Opladen.

Edwards, D. (1993): Principles and Contrasting Systems of Discourse Transcription. In: D. Edwards und M. Lampert (Hrsg.): Talking Data. Transcription and Coding in Discourse Research. Hillsdale, NJ: Lawrence Erlbaum.

Edwards, D. (1997): Discourse and Cognition. London u.a.: Sage.

Ehlich, K. und J. Rehbein (1976): Halbinterpretative Arbeitstranskritpionen (HIAT). In: Linguistische Berichte 46, 21-41.

Ehlich, K. und J. Rehbein (1986): Muster und Institutionen. Untersuchungen zur schulischen Kommunikation. Tübingen.

Erickson, F. (1982): Classroom Discourse as Improvisation. Relationship between Academics Task Structure and Social Participation Structure. In: L. Wilkinson (Hrsg.): Communicating in the Classroom. New York: Academic Press, 153-181.

Füssenich, I. (1981): Disziplinierende Äußerungen im Unterricht – eine sprachwissenschaftliche Untersuchung. (Inaugural-Dissertation zur Erlangung des Doktorgrades der Philosophischen Fakultät der Universität Düsseldorf), Bochum.

Glaser, B. und A. Strauss (1967): The Discovery of Grounded Theory: Strategies for Qualitative Research. New York: Aldine.

Goffman, E. (1974): Das Individuum im öffentlichen Austausch. Mikrostudien zur öffentlichen Ordnung. Frankfurt a. M..

Goffman, E. (1977): Rahmen-Analyse. Ein Versuch über die Organisation von Alltagserfahrungen. Frankfurt a. M..

Goffman, E. (1978): Erwiderungen und Reaktionen. In: K. Hammerich und M. Klein (Hrsg.): Materialien zur Soziologie des Alltags. Opladen, 120-176.

Goffman, E. (1981): Footing. In: ders. (Hrsg.): Forms of Talk. Oxford: Basil Blackwell, 124-150.

Goodnow, J. (1996): Acceptable Ignorance, Negotiable Disagreement: Alternative Views of Learning. In: D. Olson und N. Torrance (Hrsg.). The Handbook of Education and Human Development. New Models of Learning, Teaching, and Schooling. Cambridge, MA: Blackwell, 345-367.

Goos, M., P. Galbraith und P. Renshaw (1996): When does Student Talk Become Collaborative Mathematical Discussion? In: T. Clarkson: Technology in Mathematics Education. Proceedings of 19th Annual Conference of the Mathematics Education Research Group of Australia in Melbourne. Melbourne, MERGA: 237-244.

Hanson, N. R. (1958): The Logic of Discovery. In: The Journal of Philosophy 55, 1073-1089.

Hausendorf, H.. und U. Quasthoff (1996): Sprachentwicklung und Interaktion. Eine linguistische Studie zum Erwerb von Diskursfähigkeiten. Opladen.

Heinzel, F. (2000): Kinder in Gruppendiskussionen und Kreisgesprächen. In: F. Heinzel (Hrsg.): Methoden der Kindheitsforschung. Ein Überblick über Forschungszugänge zu kindlicher Perspektive. Weinheim, München, 117-130.

Huber, G. und J. Roth (1999): Finden oder suchen?: Lehren und Lernen in Zeiten der Ungewißheit. Schwangau.

Kelle, U. (1994): Empirisch begründete Theoriebildung. Zur Logik und Methodologie interpretativer Sozialforschung. Weinheim.

Keppler, A. (1995): Tischgespräche. Über Formen kommunikativer Vergemeinschaftung am Beispiel der Konversation in Familie. Frankfurt a. M..

Krauthausen, G. und P. Scheerer (2001): Einführung in die Mathematikdidaktik. Heidelberg, Berlin.

Krummheuer, G. (1992): Lernen mit „Format". Elemente einer interaktionistischen Lerntheorie. Diskutiert an Beispielen mathematischen Unterrichts. Weinheim.

Krummheuer, G. (1994): Der mathematische Anfangsunterricht. Anregungen für ein neues Verstehen früher mathematischer Lehr-Lern-Prozesse. Weinheim.

Krummheuer, G. (1995): The Ethnography of Argumentation. In: P. Cobb, P. und H. Bauersfeld (Hrsg.): The Emergence of Mathematical Meaning: Interaction in Classroom Cultures. Hillsdale, NJ: Lawrence Erlbaum, 229-270.

Krummheuer, G. (1997): Narrativität und Lernen. Mikrosoziologische Studien zur sozialen Konstitution schulischen Lernens. Weinheim.

Krummheuer, G. und B. Brandt (2001): Paraphrase und Interaktion. Partizipationstheoretische Elemente einer Interaktionstheorie des Mathematiklernens in der Grundschule. Weinheim u.a..

Krummheuer, G. und N. Naujok (1999): Grundlagen und Beispiele Interpretativer Unterrichtsforschung. Opladen.

Lambrich, H.-J. (1987): Schulleistung, Selbstkonzeption und Unterrichtsverhalten. Eine qualitative Untersuchung zur Situation „schlechter" Schüler. Weinheim.

Lapadat, J. und A. Lindsay (1999): Transcription in Research and Practice: From Standardization of Technique to Interpretative Positionings. In: Qualitative Inquiry 5/1, 64-86.

Levinson, S. C. (1988): Putting Linguistic on Proper Footing: Explorations in Goffman's Concepts of Participation. In: P. Drews et al. (Hrsg.): Exploring the Interaction. Cambridge, 161-227.

Lorenz, H. (1993): Veranschaulichungsmittel im arithmetischen Anfangsunterricht. In: ders. (Hrsg.): Mathematik und Anschauung. Köln, 14-24.

Luhmann, N. (1984): Soziale Systeme, Grundriß einer allgemeinen Theorie. Frankfurt a. M..

Luhmann, N. (1991): Das Kind als Medium der Erziehung. In: Zeitschrift für Pädagogik 37, 19-40.

Markowitz, J. (1986): Verhalten im Systemkontext. Zum Begriff des sozialen Epigramms. Diskutiert am Beispiel des Schulunterrichts. Frankfurt a. M..

Mazeland, H. (1983): Sprecherwechsel in der Schule. In: K. Ehlich und J. Rehbein (Hrsg.): Kommunikation in Schule und Hochschule. Tübingen, 77-101.

Mead, G. H. (1973): Identität und Gesellschaft. Suhrkamp: Frankfurt a. M.. (Originalausgabe 1934)

Mehan, H. (1979): Learning Lessons. Cambridge u.a.: Harvard University Press.

Miller, M. (1986): Kollektive Lernprozesse. Studien zur Grundlegung einer soziologischen Lerntheorie. Frankfurt a. M..

Naujok, N. (2000): Schülerkooperation im Rahmen von Wochenplanunterricht. Analyse von Unterrichtsausschnitten aus der Grundschule. Weinheim.

Naujok, N., B. Brandt und G. Krummheuer (erscheint demnächst): Interaktion im Unterricht. In: W. Helsper und J. Böhme (Hrsg.): Handbuch der Schulforschung. Opladen.

Nolda, S. (2000): Interaktion in pädagogischen Institutionen. Opladen.

Oevermann, U., T. Allert, E. Konau und J. Krambeck (1979): Die Methodologie einer „objektiven Hermeneutik" und ihre allgemeine forschungslogische Bedeutung in den Sozialwissenschaften. In: G. Soeffner (Hrsg.): Interpretative Verfahren in den Sozial- und Textwissenschaften. Stuttgart, 352-434.

Olson, D. und J. Bruner (1996): Folk Psychology an Folk Pedagogy. In: D. Olson und N. Torrance (Hrsg.): The Handbook of Education and Human Development. New Models of Learning, Teaching, and Schooling. Cambridge, Massachusetts: Blackwell, 9-27.

Oswald, H. und L. Krappmann (1988): Soziale Beziehungen und Interaktionen unter Grundschulkindern. Methoden und ausgewählte Ergebnisse eines qualitativen Forschungsprojektes. Unter Mitarbeit von C. Fricke. Berlin. Max-Planck-Institut für Bildungsforschung.

Peirce, C. S. (1978): Collected Papers of Charles Sanders Peirce. Cambridge, Massachusetts: Harvard University Press. (Originalausgaben 1931-1958)

Prengel, A. (1993): Pädagogik der Vielfalt. Verschiedenheit und Gleichberechtigung in interkultureller, feministischer und integrativer Pädagogik. Opladen.

Prengel, A. (1999): Vielfalt durch gute Ordnung im Anfangsunterricht. Opladen.

Reichertz, J. (1997): Plädoyer für das Ende einer Methodologiedebatte bis zur letzten Konsequenz. In: T. Sutter (Hrsg.): Beobachtung verstehen, Verstehen beobachten. Perspektiven einer konstruktivistischen Hermeneutik. Darmstadt, 98-132.

Richards, J. und E. v. Glasersfeld (1980): Jean Piaget, Psychologist of Epistomology: A Discussion of Rotman's Jean Piaget: Psychologist of the Real. In: Journal for Research in Mathematics Education 11, 29-36.

Sacks, H. (1998³): Lectures on Conversation. Malden, MA: Blackwell.

Sacks, H., E.A. Schegloff, und G. Jefferson (1974): A Simplest Systematic for the Organisation of Turn-Taking in Conversation. In: Language 50/4, 696-735.

Sahlström, F. (1997): Classroom Interaction and „Footing". In: International Communication Association 47th Annual Conference. Montreal, Canada.

Schneider, W. L. (1997): Die Analyse von Struktursicherungsoperationen als Kooperationsfeld von Konversationsanalyse, objektiver Hermeneutik und Systemtheorie. In: T. Sutter (Hrsg.): Beobachtung verstehen, Verstehen beobachten. Perspektiven einer konstruktivistischen Hermeneutik. Darmstadt, 98-132.

Schütze, F. (1987): Das narrative Interview in Interaktionsfeldstudien: Erzähltheoretische Grundlagen. Teil 1: Merkmale von Alltagserzählungen und was wir mit ihrer Hilfe erkennen können. Fernuniversität - Gesamthochschule - in Hagen (Studienbrief). Hagen.

Schweer, M. und B. Thies (2000): Situationswahrnehmung und interpersonales Verhalten im Klassenzimmer. In: M. Schweer (Hrsg.): Lehrer-Schüler-Interaktion. Pädagogisch-psychologische Aspekte des Lehrens und Lernens in der Schule. Opladen, 59-78.

Schwitalla, J. (1992): Über einige Weisen des gemeinsamen Sprechens. In: Zeitschrift für Sprachwissenschaft 11, 68-98.

Steffe, L. P. und T. Kieren (1994): Radical Constructivism and Mathematics Education. In: Journal for Research in Mathematics Education 25/6, 711-733.

Steinbring, H. (2000): Mathematische Bedeutung als soziale Konstruktion – Grundzüge der epistemologisch orientierten mathematischen Interaktionsforschung. In: Journal für Mathematik-Didaktik, 21/1, 28-49.

Strauss, A. und J. Corbin (1990): Basics of Qualitative Research. Grounded Theory Procedures and Techniques. Newbury Park, CA u.a.: Sage.

Sutter, T. (1994): Entwicklung durch Handeln in Sinnstrukturen. Die sozial-kognitive Entwicklung aus der Perspektive eines interaktionistischen Konstruktivismus. In: ders. und M. Charlton (Hrsg.): Soziale Kognition und Sinnstruktur. Oldenburg, 23-112.

Sutter, T. (2002): Anschlusskommunikation und kommunikative Verarbeitung von Medienangeboten. In: N. Groeben und B. Hurrelmann: Lesekompetenz. Bedingungen, Dimensionen, Funktionen. München u.a., 80-105.

Sutter, T. und M. Charlton (1994): Im Süden alles anders? Argumente für eine strukturgenetische Sozialisationsforschung. In: dies. (Hrsg.): Soziale Kognition und Sinnstruktur. Oldenburg, 11-22.

Terhart, T. (1995): Kontrolle von Interpretationen: Validierungsprobleme. In: König und Zedler (Hrsg.): Bilanz qualitativer Forschung. Band I: Grundlagen qualitativer Forschung. Weinheim, 373-397.

Toulmin, S. E. (1975): Der Gebrauch von Argumenten. Kronberg. (Originalausgabe: The use of argument. Cambridge, 1958)

Voigt, J. (1982): Der kurztaktige, fragend-entwickelnde Mathematikunterricht - Szenen und Analysen. In: mathematica didactica 7, 161-186.

Voigt, J. (1984): Interaktionsmuster und Routinen im Mathematikunterricht – theoretische Grundlagen und mikroethnographische Falluntersuchungen. Weinheim.

Voigt, J. (1994): Entwicklung mathematischer Themen und Normen im Unterricht. In.: H. Maier und J. Voigt (Hrsg.): Verstehen und Verständigung – Arbeiten zur interpretativen Unterrichtsforschung. Köln, 77-111.

Voigt, J. (1995): Thematics Pattern of Interaction and Sociomathematical Norms. In: P. Cobb, P. und H. Bauersfeld (Hrsg.): The Emergence of Mathematical Meaning: Interaction in Classroom Cultures. Hillsdale, NJ: Lawrence Erlbaum, 163-228.

Vollmer, N. und G. Krummheuer (1997): Anfangen – Machen – Helfen. Zur Beziehung zwischen Arbeitsteilung und Aufgabenverständniss während einer Partnerarbeit im Mathematikunterricht. In: Journal für Mathematikdidaktik, 18/2-3, 217-244.

Vygotsky, L. S. (1969): Denken und Sprechen. Berlin. (russische Originalausgabe 1934)

Vygotsky, L. S. (1979): Mind in society. The Development of Higher Psychological Processes. Postum herausgegeben von: M. Cole u.a.. Cambridge, Massachusetts u.a.: Harvard University Press. (Originalausgabe 1935)

Wagner, H.-J. (1999): Rekonstruktive Methodologie. Opladen.

Werner, J. (1996): Literatur im Unterrichtsgespräch – Die Struktur des literaturspezifischen Diskurses. München.

Wieler, P. (2002): Das Literatur-Gespräch in der Schule. Ansatzpunkte für eine sprachlerntheoretisch fundierte didaktische Konzeption. In: C. Kammler und W. Knapp (Hrsg.): Empirische Unterrichtsforschung und Deutschdidaktik (Diskussionsforum Deutsch, Bd. 5). Baltmannsweiler, 128-140.

Wood, T. (1997): Creating a Context for Argument in Mathematics Classroom. Unveröffentlichtes Arbeitspapier, entstanden an der Purdue University, Juli 1997.

Wortham, S. (1996): Mapping Participant Deictics: A Technique for Discovering Speakers' Footing. In: Journal of Pragmatics 25, 331-348.

Yackel, E. und P. Cobb (1996): Sociomathematical Norms, Argumentation, and Autonomy in Mathematics. Journal of Research in Mathematical Education 27/4, 458-477.

Anhang

Die Transkriptionszeichen

Das Transkript setzt sich aus drei Spalten zusammen.

1. In der ersten Spalte werden die Zeilen durchlaufend gezählt. Den hier angegebenen Zeilenangaben liegt die Zählung in Brandt/Krummheuer (1999) zugrunde, um Vergleiche mit vorhergehenden Veröffentlichungen zu vereinfachen, die auf dieselbe Zählweise zurückgreifen. Da die Zeilenumbrüche jedoch davon abweichen, wird jeweils nur die erste Zeilenangabe für den nachfolgenden Redezug angegeben. Im Text wird auf diese Zeilenangaben in spitzen Klammern verwiesen.

2. In der zweiten Spalte werden die Sprechenden, soweit identifiziert, namentlich angegeben; die Lehrerin wird mit L abgekürzt. Kann die Identifizierung nicht zweifelsfrei erfolgen, so wird ein ? hinter den Namen gesetzt. S weist auf eine/einen einzelne/einzelnen Schülerin/Schüler hin, die nicht namentlich identifiziert werden kann; ggf. wird hier durchgezählt, falls mehrere SchülerInnen nicht identifiziert werden können. Kommt es zu Sprechüberlappungen, so erfolgt die Transkription in Partiturschreibweise. Die Gleichzeitigkeit wird mit einer spitzen Klammer (<) vor den Namen markiert. Im folgenden Beispiel würden Name1 und Name2 gleichzeitig agieren; Name 3 spricht anschließend:

   <Name1
   <Name2
   Name3

   Lassen sich die einzelnen SprecherInnen nicht differenzieren, so kennzeichnet Ss mehrere gleichzeitig sprechende SchülerInnen.

3. In der dritten Spalte sind alle verbalen Äußerungen, soweit verständlich, in normaler Schrifttype (Arial 10) festgehalten. Die verbalen Äußerungen werden durch Handlungen und Gestik ergänzt, diese sind jedoch nicht durchgängig transkribiert und werden kursiv (*Arial 10*) notiert.

Folgende Zeichen bzw. Formatierungen werden zur weiteren Differenzierung eingesetzt:

/, \, -	Stimme wird gehoben, gesenkt oder bleibt in der Schwebe
, ...	Sprechpausen: , steht für kurzes Luftholen im Redefluss; die Anzahl der Punkte entspricht der Länge der Pause (pro Punkt ca. 1 sec.). Transkripte enthalten in den Sprechpassagen keine Satzzeichen
g e s p e r r t	gedehnt/langsam gesprochen
fett	betont gesprochene Wörter
+	Ende eines angegebenen Ausdrucks, Gestik, Mimik, Handlung, Atemholen
(Wort)	eingeklammerte Wörter sind nicht zweifelsfrei verständlich
(unverständlich)	gänzlich unverständliche Äußerung

Annemarie Schulte-Janzen

Staunen – Lernen

Staunen und seine Bedeutung für den Sachunterricht der Grundschule

Frankfurt am Main, Berlin, Bern, Bruxelles, New York, Oxford, Wien, 2002.
XIII, 296 S., zahlr. Abb. und Tab., 1 Faltblatt
Europäische Hochschulschriften: Reihe 11, Pädagogik. Bd. 855
ISBN 3-631-39255-9 · br. € 51.50*

Zur begrifflichen Eingrenzung des Staunens werden verschiedene wissenschaftliche Fachrichtungen befragt. Diese in Bezug auf den Grundschulunterricht nicht sehr umfangreichen Aussagen werden zum Denken, Handeln und Fühlen des Grundschulkindes in Beziehung gesetzt. Die Verfasserin verdeutlicht in einem Prozeßverlauf, daß Staunen eine Emotion mit starkem intrinsischen Motivcharakter ist. Staunen setzt einen wertvollen Prozeß des eigentätigen, selbständigen Lernens und Denkens in Gang. Er endet mit der Begriffsbildung. Die theoretischen Erkenntnisse werden durch eine Befragung mehrerer Lehrpersonen näher untersucht. Daraus ergibt sich eine Hypothese, die durch eine experimentelle Unterrichtsreihe geprüft wird. Ergebnis: Es ist möglich, Staunen in eine flexible, eigendynamische Unterrichtsgestaltung (des Sachunterrichtes) mit einzubeziehen, um so die Selbständigkeit und das Denken der Kinder zu fördern.

Aus dem Inhalt: Staunen aus der Sicht verschiedener Wissenschaften · Staunen in der Lebenswirklichkeit des Grundschulkindes · Verlauf des Denk-/ Handlungsprozesses ausgelöst durch Staunen · Prüfung einer Hypothese zum kindlichen Stauen anhand einer Unterrichtsreihe · Impulse für die Gestaltung des Sachunterrichtes

Frankfurt am Main · Berlin · Bern · Bruxelles · New York · Oxford · Wien
Auslieferung: Verlag Peter Lang AG
Moosstr. 1, CH-2542 Pieterlen
Telefax 00 41 (0) 32 / 376 17 27

*inklusive der in Deutschland gültigen Mehrwertsteuer
Preisänderungen vorbehalten
Homepage http://www.peterlang.de